PUBLIC ADMINISTRATION

行政学

西岡　晋・廣川嘉裕〔編著〕

文眞堂

はしがき

日本には公務員がどれくらいいるか，ご存知だろうか。答えは，約334万人である。そのうち，中央省庁で働く国家公務員が約58万人，地方自治体で働く地方公務員が約276万人である（2020年度）。

334万人と聞くと随分と多いように感じるかもしれない。しかし，そのなかに含まれるのは，真っ先にイメージされる市役所や区役所の職員，あるいは東京の霞が関にある中央省庁の本省で働く「官僚」と呼ばれるような人びとだけではない。公立学校の教職員，警察官，消防士，自衛官，福祉事務所のケースワーカーといった人びとも含まれており，数の上では多くの部分を占めている。また，現在の日本の就業者数は，年によってバラツキが相当あるが，おおよその目安でいえば6,500万人ほどである。したがって，単純計算だと，公務員は働いている人のうちの5%を占めるに過ぎない。逆にいえば95%の人，つまりほとんどの人は公務員ではなく，民間企業なり，自営業なり，行政以外の職に就いていることになる。

自分が公務員であれば，行政の実態や仕組みについておおよそのことは知っているだろう。家族のなかに行政関係の職に就いている人がいれば，何となく仕事の中身も分かるかもしれない。しかし，国民の大多数は行政機関では働いていない。行政を身近に感じることも少ないのではないだろうか。本書はそのような，行政とは縁遠い95%の人に向けて書かれた，行政学の入門書である。もちろん，公務員である5%の人びとやこれから公務員になることを考えている人にとっても，新たな発見があり，有益であると信じる。

行政とはどのような仕組みをもち，何をして，どのような機能を担っているのか。行政組織はどのように管理・運営されているのだろうか。本書は，公務員はどのように採用され，どのように出世し，給与額はどのように決まるのだろうか，といった素朴な事柄も含め，行政にまつわるさまざまな疑問に答えていく。一般的にはあまり知られていない行政の実態や仕組みについて解説し，また行政が抱えている諸課題を検討する。本書を読むことで行政について知り，理解を深め，さらには自らの力で考えることができようになることを意図している。

行政にアプローチする学問分野は複数ある。そのなかで本書が依拠するのは行政学である。本書では行政そのものだけでなく，行政学という学問についても縷々述べていく。本書は入門書であるため，行政学の森に分け入って奥深くまで探索するまでには至らないが，おおよその全体像は掴めるはずである。その際，心得てほしいことは，何という人がどのような説を唱えたのかといった基本的な知識の習得は必要なことではあるが，より大切なのは，行政に付随する現象を行政学ではどのようにとらえてきたのか，そのことを理解することである。

学問というのは，行政学に限らず，具体的なものを抽象化してとらえ，物事を一般化し，またその本質を見極めようとする。専門用語や学術用語は物事を抽象化・概念化したものにほかならない。本書にも「行政国家」「最大動員」「大部屋主義」といった用語が登場する。これらの専門用語が出てくると「難しい」と拒否反応を示す人も多い。日常会話のなかではほとんど使われないからである。専門用語の多用は学問を人びとから遠ざける一因にもなっているが，その種の言葉を使う意図は簡単なことを難しくいおうとすることにあるのではない。むしろ，逆である。複雑で混沌としたとらえがたい現実に一定の秩序を与え，「要するにこういうことだ」と的確にまとめて人びとの理解を促進すること，人びとのあいだに共通の見方を作り出すことで議論の見通しを良くし，コミュニケーションを活性化させること，こうした点に専門用語を使う真の狙いがある。専門用語が出てきたら，それを試験勉強のために焦って無理に覚えようとするのではなく，その言葉は何をどのように抽象化したのかを跡づけ，その言葉を使うことで何が明らかにできるのか，丁寧にゆっくりと考えてみてほしい。そうすれば，専門用語，そして学問を自家薬籠中のものにできるだろう。そこから一歩進んで，自分なら別の言葉を使うとか，別の仕方で抽象化してみようとか，教科書に書かれていることに説得されずに自らの意思で思考し工夫できるようになれば，もはや鬼に金棒である。

行政学の教科書はすでに数多くある。類書があるなかで，本書は３つの特徴をもつ。第１に，基礎的な事項をきっちりと扱っていることである。行政や行政学に関する基本的な事柄を知識として蓄え，理解しておくことがまずは大切だと考えたからである。本書は行政学を初めて学ぶ人びとに向けて作られており，書かれている内容の多くは比較的オーソドックスなものである。言い換えれば，流行に左右されず，知識として長持ちする事柄を中心に書かれている。

第2に，他方において，本書は応用編としての側面ももちあわせている。近年の行政学は理論面でも実証面でも，あるいは方法論の面でも発展の度合いが著しい。例えば，従来は自然科学で主に用いられてきた実験的手法が社会科学や行政学の分野でも取り入れられるようになってきている。本書では，それらの最先端の成果にも触れるようにした。

そして第3の特徴は，行政の組織や人事管理の話題を比較的詳しく取り上げている点である。読者の大半は将来組織の一員として働くか，現に働いている方だろう。公務員であれ会社員であれ，組織の一員であることには変わりはない。「組織」というフィルターをとおして行政を見ることで，自分の身に置き換えて行政のことを考えることができるのではないか，そう判断したからである。組織についての学術的考察は働く人びとにとって示唆に富み，読んでいてなるほどと思うことも多い。

本書を読んで，少しでも興味を惹かれるところがあれば，巻末に掲げた参考文献などを手がかりに，さらなる探究の旅に出てほしい。本書はそうした旅人のためのガイドブックとしての役割も果たそうとしている。

ところで，あなたは，なぜこの本を手に取られたのだろうか。行政や行政学について関心をもっているからだろうか。それとも，単に授業の教科書として指定されていたからとか，試験勉強に役立ちそうだから，といった理由だろうか。もしそうだとしたら，あなたにとって，行政学の教科書を読むことはこれが最初で最後になるかもしれない。しかし，それでもなお，本書を読んだことで行政や行政学に対して少しでも興味を抱いてもらえれば，執筆者一同，こんなに嬉しいことはない。

＊＊＊＊＊＊＊＊＊＊＊＊＊＊＊＊＊＊＊＊＊＊＊＊＊＊＊＊＊＊＊＊＊

本書の刊行を企画されたのは編者共通の恩師である藤井浩司先生である。先生は企画から出版に至るまでのすべての道筋をつけてくださった。実質的な第一編者は紛れもなく藤井先生であり，この場を借りて衷心より感謝申し上げる。同じく片岡寛光先生と縣公一郎先生からは行政を論じる基本的な構えと行政学の作法とを教えていただいた。そして何よりも，国民の目線から行政について考えることの重要性を説かれてきた先生方の姿勢から多くのことを学ばせていただいている。3人の先生方から受けた大きな学恩に比べれば，ささやかな返礼に過ぎないが，感謝の念とともに本書を捧げたい。

本書をまとめるに当たり，参考文献の確認やドイツ語文献の収集・解釈に関してハイデルベルク大学・東北大学の博士課程に在籍するホーホロイター氏（Johannes Hochreuther）にご助力いただいた。ここに記して謝意を表したい。

本書の企画が立ち上がってから刊行に至るまでに，想定以上の月日が経過してしまった。度重なる遅延にも関わらず，寛容にもお待ちいただき，新型コロナウイルスのパンデミックという未曽有の事態の最中にあって，最後まで伴走していただいた文眞堂の前野隆社長，前野眞司氏にも心より深謝申し上げる。

（西岡晋・廣川嘉裕）

目　次

第2部　行政の制度

第3部　行政の組織と管理

第５部　地方自治

第 1 部　行政と行政学の基礎

序章

行政のレーゾン・デートル

本章のねらい

行政とは何か，政府はなぜ必要なのか，行政学とはどのような学問なのか。これから行政学を学ぼうとするに当たって，こうした疑問をもつ人は多いだろう。本章では，行政や行政学を学ぶ，あるいは本書を読み進めていく上で基本となる事柄を取り上げる。最も基礎的な事項を理解して，行政学の学習に必要な土台を固めることが本章の目的である。

第1節　行政とは何か

1．行政の定義

本書で学ぶ「行政」とは，そもそも何だろうか。行政という言葉を聞いて，多くの人は国の政府や地元の役所，それらが行っている活動やサービス，そこで働く公務員のことを思い浮かべるだろう。それでは，政府や役所は他の組織，例えば民間企業などとは何が異なるのだろうか，政府が行う活動にはどのような特徴があり，民間企業が提供するサービスとは何が違うのだろうか。

行政とは何かを考えるに当たり，はじめに，行政学の隣接分野である行政法学で「行政」がどのようにとらえられてきたのかを見ておこう。行政法学ではいくつかの見解があるが，大きくは控除説と積極説に分けられる。控除説は，国家作用から立法機能と司法機能を控除した残りの部分が行政であるとする見方である。行政とは何かを積極的には特定していない。これに対して，行政の機能について，その内容を同定しようとするのが積極説である。積極説の代表的な論者の1人である田中二郎は，行政とは「法の下に法の規制を受けながら，現実に国家目的の積極的実現をめざして行われる全体として統一性をもった継続的な形成的国家活動である」と述べている（田中 1957：22）。ただし，行政法学では控除説が通説とされ，積極説はそれほど多くの支持を集めるには至っていない（大橋 2016）。

つぎに，行政学での議論を見てみよう。行政学においてもその定義は複数存在するが，行政に対する一般的なイメージに近いものでいえば，政府が実施する活動，あるいはその組織のことを行政であるとする見方がある。「政府の意図するところを具体化し，これを個別の事務・事業として最終的に国民社会に向けて実施する活動である」（西尾 1990：1），「国家主権に基づく中央政府と地方政府による統治行為の一部としての官僚制の作業集団」（村松 1994：6）といったとらえ方は，その代表的なものである。

これに対して，活動主体を必ずしも政府に限定せずに，より広い視野に立って行政を定義づけようとする試みもある。**辻清明**は「社会集団の目的を実現する手段としての行動または過程」のことを（広義の）行政であると述べている。「社会集団」には政府だけでなく企業や教会などの私的セクターも含まれる。ただし，政府による行政を「公行政」として，私的セクターによる行政すなわち「経営」とを区別し，行政学は主として前者を扱うものとしている（辻 1966：1-2）。より幅広い見地から行政をとらえようとするのが**片岡寛光**である。片岡は，行政とは「社会を共にし，運命を分かち合っている人々が互いに力を合わせて共通のニーズを充足し，人間としてのよりよき存在のために必要な諸条件を整えていくことを目指す集合的な営為」のことであると述べている（片岡 1990：i）。この定義においては，行政は人類の歴史とともにあるといえる。人は誰しも，物理的に他とは隔絶された「個」として存在する。けれども，人は1人では決して生きていけない。他の人と手を携え，協力し合いながら，社会を形成している。そうした社会において，公共の目的を達成しようとする集合的な営み，それが行政なのである（片岡 1976，1990）。

行政学では，一般的に，政府や公的セクターにおける活動やそれを担う組織を「行政」の範疇に収め分析の対象とするが，その特徴は，それがもつ**公共性**と集合性にある。第1に，行政が私的なものではなく，公的なものに関わるという点である。行政は英語で public administration という。このうち，

「public」は「公的な」という風に訳されるが，語源的にいえば「人びと」を表す「people」と近縁関係にあり，「人々全体に関わる」という意味合いがある。これに対して，その反意語である「private」（私的な）には，もともと「引き剝がされた」といった含意がある。全体的・集団的なものには属さない個人的な事柄を指す言葉である（宇佐美 2010：60-62）。すなわち，公的なものとは，特定の個人や集団の一部に関わる私的なものとは区別され，そのサービスや便益が広範囲の不特定多数の人びとに及ぶ，誰もが享受できるものを指す。例えば，津波や高潮に備えて防潮堤を整備すれば，それは特定の個人や一部の人だけでなく，その周辺に居住する不特定多数の人びとの命や家屋，田畑を守ることにつながる。

行政の第 2 の特徴は，それが個人的な活動ではなく，集団的・集合的な営みであるという点である。public administration の「administration」は通常は「管理」と訳されるが，「一定の目的を達成するための協働的集団活動」という意味をもつ（宇都宮 1991：5）。個人の力だけでは人は生きていけないし，社会は成り立たない。何らかの社会的な問題を解決するためには，協働的な集団活動が不可欠となる。先に例として挙げた防潮堤でいえば，それを個人の力で整備するといったことはおおよそ不可能である。資金の調達から，設計，建設，維持に至るまで，多くの人の力と協力体制が必要となる。

このように見てみると，政府と民間企業とでは，それが集団的な活動であるという点では共通するものの，公共性の有無という点で大きな違いが存在することがわかる。企業による活動はもっぱら自らの利潤の追求を第一義とする私的な性格をもつものであるのに対して，政府の活動は公共的な目的を達成することにその存在意義がある。

ただし，公共的な活動を行う主体には政府だけでなく，NPO（非営利団体）や NGO（非政府組織）なども含まれるし，あるいは民間企業であっても部分的にはその担い手であり得る。政府のみが公的な活動を独占しているわけではない。実際に「公」と「民」の境界線は曖昧である（宇都宮 1991）。とはいえ，政府がその中心的な担い手であることは間違いない。したがって，行政の活動とは，政府が治安の維持，環境保全，健康水準の維持，貧困の除去，産業の活性化など，多種多様な公共的な目的の達成に向け，さまざまな組織や人びとが公的な資源や資金を活用しつつ協力して取り組むことを意味する。

2．政府はなぜ必要なのか

ここからは，行政活動を担う主要な主体である政府について概観してみたい（片岡 1990；新藤 2008)。端的にいえば，政府とは，公共目的・公共利益の実現に向けた集合的活動に権力や強制力をもって関与する機関のことである。権力をもって関与するというのは，例えば強制的に税を徴収し，拘束力のある決定をする（逆に決定に従わなければ制裁を加えうる），ということである。政府には中央政府だけでなく地方自治体も含まれる。

それでは，政府はなぜ必要とされるのであろうか。政府の存在理由としては，大きく分けて３つのものが考えられる。第１に，個人で解決できないニーズを満たすには，各人の力を結集することが必要であるためである。例えば，橋や道路といった社会資本の整備などは，個人や家族，近隣の者の集まりだけでは成し得ない。東日本大震災のような災害や新型コロナウイルスのパンデミックといった危機的事態への対応も，そうである。そのため，国や地方といった，より大きな単位で政府が資源を集めて行う必要がある。

第２に，民間では供給しにくいものの人びとの生活にとって必要な財やサービスを供給するための主体が必要である。例えば，国防，外交，警察などといったサービスは，その性質からして料金を支払わない者の利用を排除するのは困難であり，民間企業が供給することはないだろう。こうした公共財と呼ばれる財やサービスについては，政府が強制的に税金を徴収して供給する必要がある。教育や医療などは民間の主体も供給しうるが，利用者から受け取る料金だけでは採算が取れないことが多い。そのため，こうした財やサービスに関してはより多くの人が受けることができるように政府が直接提供したり，税金による補助が行われたりする。

第３に，一般の人びとに代わって専門的な知識や技術をもった行政官が共通のニーズを満たす，公共目的を実現する活動を遂行するためにも政府は必要である。はるか昔には共通のニーズを満たすための活動は専門家でなくても多くの部分はできたかもしれない。しかし，今やそのような事務・事業も高度なものになっている。そこで，事務・事業を有給で専門的に行う人材が必要になった。その受け皿として，政府は大きな役割を果たしている。

政府と国民・市民との関係はどのような性質をもっているといえるのであろうか。行政のメカニズムにおいては，政府が共通目的の達成のために税金や利用料，保険料などといった形で資源を集め，それによって作られた財やサービス（便益）を人びとに配分する（図表序-1）。

ここでは受益と負担が分離しており，ある人が公共目的のために徴収される租税などの負担とその見返りとしてのサービスの大きさには必ずしも対応関係がない。租税は所得などに応じて異なる額が徴収される一方，政府から供給される財・サービスは主に必要に応じて異なる量が配分される。つまり，税金を払えなくても，つまり負担をせずとも一定の公的サービスを享受でき，逆に税金を多く払ったとしても，それに見合うだけの多くのサービスを享受できるわけではない。

これに対して，市場のメカニズムでは，個人，企業などが自らの効用や利潤の極大化を図り，それらが調和することで各人が利益を得るとされる。ここでは，基本的には受益と負担が一致しており，サービスを享受するにはそれに見合った負担をしなければならない（図表序-2）。

この交換関係においては，対価を支払えない者は排除されることになる。例えば，5万円の価格で売られている時計をタダで譲ってくれといわれても無理な話であろう。また，民間の有料老人ホームも代金を払えない者は入所できない。テレビやラジオの民間放送，インターネット上の検索サービス，SNS（ソーシャル・ネットワーキング・サービス）などは，民間事業者が提供しているにもかかわらず無料で利用できるが，通常は広告を出し，広告主から収入

図表序-1　行政のメカニズム

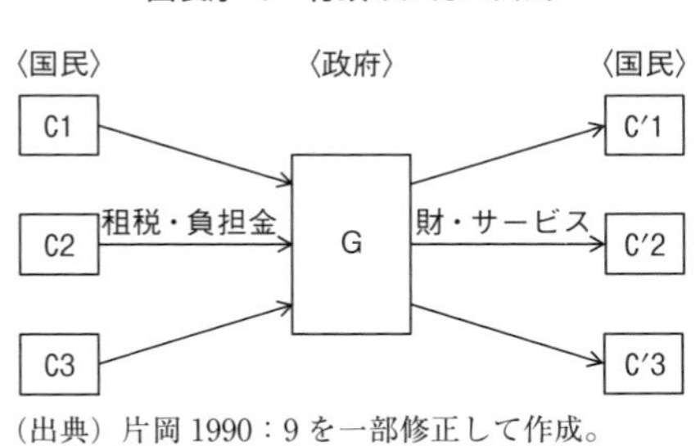

（出典）片岡 1990：9を一部修正して作成。

図表序-2　市場のメカニズム

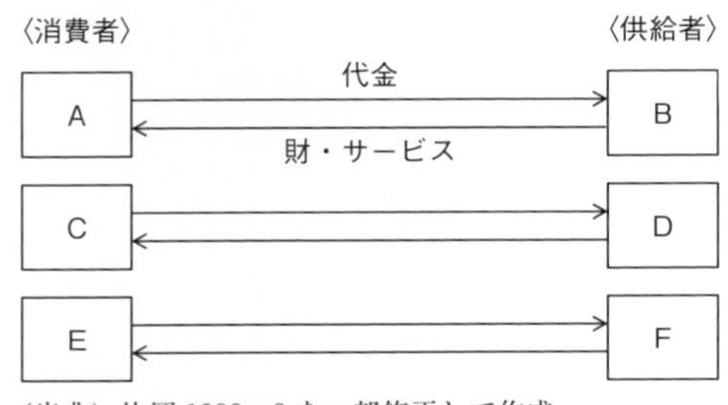

（出典）片岡 1990：9 を一部修正して作成。

を得ることでビジネスが成り立っている。広告主からすると，そのサービスを利用するための対価を支払っていることになる。

しかし，社会におけるすべての関係がこのような市場メカニズムで行われることになると問題であろう。必要な財やサービスの供給，社会の不平等の是正，病気・失業・災害といったリスクへの備えなどにおいては，等価交換を基礎とする市場メカニズムとは異なる，不等価交換を成立させるメカニズムもまた必要となる。そのために政府が存在するのである。

3．公共財の理論

政府の存在理由を理論的に説明する枠組みの1つとして，公共財の理論がある（井堀 2015；また秋吉・伊藤・北山 2020；片岡 1990；土岐他 2011；真渕 2020 も参照）。公共財の理論では，財を消費の**競合性**の有無と**排除可能性**の有無という2つの軸で分類する（図表序 -3）。競合性とは，ある人がその財を消費したときその財を他の人も消費できるかどうか，消費に集団性があるかどうか，ということである。排除可能性とは，その財の利用・消費から特定の個人，とくに料金を支払わない人を排除することが可能かどうか，という点に関わるものである。

競合性と排除可能性の双方の性質を備えるものは**私的財**と呼ばれる。例えば，家にある車を考えてみよう。誰かが車を使っているあいだは他人が同時にそれを使うことはできない（競合性がある）。その車はどうやって手に入れたのだろうか。おそらく，販売会社に代金を支払って車を購入したはずである。

図表序-3　財の類型

		排除可能性	
		あり	なし
競合性	あり	私的財	準公共財 （コモンプール財）
	なし	準公共財 （クラブ財）	公共財

（出典）筆者作成。

代金を払わない人は車を手に入れることはできない（排除可能性がある）。もしそれをしたら，窃盗という犯罪になる。このような性質をもつ私的財は市場メカニズムを通じて民間企業が主体となって供給される。

これに対して，競合性も排除可能性もともにないものは（純粋）**公共財**という。公共財の例としてよく取り上げられるのが灯台である。1隻の船が，灯台の明かりを目印にして航行しているとしよう。そのとき，近くにいる別の船が灯台を利用できないかといえば，そのようなことはないだろう（競合性がない）。このことは，別の観点からすると，その財を利用する消費者が増えても追加的な費用はかからないので，非競合的な財はいったん供給されたら，なるべく多くの人が利用できるようになった方が良い，ということになる。それでは，排除可能性についてはどうだろうか。灯台の利用に際して，その代金を支払わない船を排除できるだろうか。海上に料金所を設けることは物理的に不可能であり，代金を支払わない船だけを利用できないようにすることは難しい（排除可能性がない）。公共財は，対価を支払わずに消費・利用することが可能であるため（「フリーライド」という），市場メカニズムを媒介とした供給が行われにくい。にもかかわらず，国防，警察，消防，公衆衛生などは人びとの暮らしや社会の維持にとって必要不可欠なサービスである。そのため，政府が強制力を用いて税金を徴収し，それを財源としてサービスを提供することになる。

消費の競合性と排除可能性のいずれかの性質をもつものは**準公共財**に分類される。準公共財には2つのタイプが存在する。まず，**コモンプール財**は，排除可能性はないが，競合性をもつ財である。例えば海洋資源から獲れる魚などは，それぞれの漁師が代金を払わずに自由に獲り，それを販売することが可能である（排除可能性がない）。しかし，乱獲されれば資源が枯渇して将来の安定供給が困難になる（競合性がある）。そのため，政府が介入して魚獲量の制限や資源の育成を行う必要があるということになる。つぎに，**クラブ財**は，競合性はないが，排除可能性をもつ財である。例えば衛星放送の番組は，契約して利用料金を支払わなければ視聴できないようにすることでフリーライダーを排除できるが（排除可能性がある），一度システムが構築されると多くの人が同時に利用することが可能である（競合性がない）。契約者であれば同時に複数の人が同じ番組を視聴できる。こうした準公共財については，民間によっても供給可能であるとされる。

政府の基本的な役割は，市場メカニズムを通じてでは社会に供給されにくい純粋公共財の供給や一部の準公共財に対する助成・規制を行うことにあるが，私的財であっても政府によって供給が行われる場合がある。それが**価値財**と呼ばれるものである。価値財は，私的な選択に任せておくと十分な供給がなされないという判断により，政府がパターナリズム（温情主義）の観点から供給するものである。また，消費する個人の利益となるだけでなく何らかの社会的価値や外部経済が認められるものは，政府による直接供給，あるいは民間による供給への助成がなされることもある。これに当たるのが，教育，住宅，医療などである。こうした分野では，私立学校，民間の住宅，開業医なども存在する。しかし，政府は学齢期を義務教育とする，国公立の学校や国公立病院，公営住宅を設立・運営する，さらには，私立の学校に対して補助金を出す，開業医のサービスを受けるに当たっても社会保険や税金を用いるといった関与を行い，公私双方で財やサービスが供給されるのである。なお，価値財の供給に関しては，個人の選好を重視し，消費者主権を実現しようとする考えからバウチャー方式（特定の使途に限定されたクーポン券の配布）を提案する声もある。

4．市場の失敗と政府の失敗

経済学で論じられる「**市場の失敗**」という観点からも，政府の存在理由を説明することができる。その理論によれば，政府が必要になるのは，大きくは以下の４つの市場の失敗に対処するためであるとされる（真渕 2020；田辺

1994；柴田・柴田 1988；宮本 1998；曽我 2013；秋吉・伊藤・北山 2020)。

第1に，公共財の過少供給である。すでに述べたように，非排除性，非競合性や共同性をもつ財・サービスは市場で供給できないか供給困難である。この典型例となるのが，国防，警察，消防といった公共財である。

第2に，**外部性**の問題である。外部性の問題とは，ある者の行動が市場での取り引きを経由することなく直接その影響を受ける者の効用・利益を増減させることをいう。この内，効用・利益を増加させる場合を**外部経済**，効用・利益を減少させる場合を**外部不経済**と呼ぶ。前者に関していえば，プラスの外部効果をもつ財・サービスは市場経済では不十分な供給しかなされないということになる。例えば教育の効果は，教育費を支払った学生のみならず学生を雇用する企業や一般社会にももたらされる。しかし，企業がその教育費を直接的に負担することはない。そのため，市場制度のもとでは教育費に対する支出が過少になってしまうのである。後者については，マイナスの外部効果は社会的費用として累増するということである。この典型的な例が，公害や自然破壊である。企業の生産活動によって公害などの損失が引き起こされることがあるが，経済的利潤の最大化を目指す企業はそうしたコストを自ら引き受けるよりも第三者や社会に負担させる傾向がある。これによって，社会的費用が増加することになる。

第3に，**自然独占**の問題である。ある程度収益をあげるためには大きな初期投資を必要とする，交通・電気・電話などのネットワーク構築型の産業では，規模の経済を活かした先発企業に新規企業が対抗するのは困難である。そのため独占が生じやすく，放置すれば独占企業によって価格が吊り上げられる可能性がある。

第4に，**情報の非対称性**の問題である。つまり，市場において取り引きをする各主体のあいだで情報量の格差が存在するということである。現実には，売り手の方が買い手よりも取り引きする商品についての情報に関して優位に立つことが多い。これにつけ込んで，売り手の方が質の悪い財やサービスを売るという機会主義的行動をとる可能性がある。

こうした市場の失敗に対処するために，公共財の供給に関与する，民間の経済活動を規制する，経済的にプラス・マイナスのインセンティブを与えることを通じて対象者の行動を誘導する，情報を提供するあるいは情報の提供を義務づける，などといった形で政府が関与することになるのである。

他方で，政府にも欠点があるといわれている。市場の失敗に対処するはずの政府もまた失敗するのである。**政府の失敗**と呼ばれる問題である（真渕 2020；田辺 1994）。

政府の失敗の例として第1に挙げられるのが，肥大化の問題，つまり政治家や行政機関の利益追求によってもたらされるサービスの供給過剰である。赤字が税金によって補填される場合，政治家は地元選挙区の有権者からの支持獲得のために，行政に働きかけて採算度外視でサービスを供給する可能性がある。また，行政機関自身も予算を極大化させようとする，あるいは獲得した予算は使い切ろうとする傾向があるといわれており，これによって行政サービスは供給過剰となる傾向がある。

第2に，「**X 非効率**」といわれる問題である。市場競争にさらされる機会の少なさや，個人の業績が直ちに給与などの個人的利得に結びつきにくい点が，行政機関による事業の効率や行政職員の士気にとってマイナスに作用する可能性がある。

第3に，**レントシーキング**の問題である。「レント」とは，政策（とくに規制）によってもたらされる利得のことであるが，これを獲得するために企業が政府に働きかけて制度や政策を維持・変更させようとするのである。とくに新規参入や価格の面でこのようなことが起こりやすく，政治家や官僚が特定の企業や業界の「虜」になってしまう可能性が指摘されている。

「市場の失敗」に対して「政府の失敗」が強調されるようになったのは，1980年代のことである。政府の失敗に対処するために，その後，民営化や民間委託，規制緩和などといった形で市場メカニズムを積極的に導入することが試みられるようになっていった（第1章を参照）。

第2節　行政学とはどのような学問か

1．政治学と行政学

行政学とはどのような学問なのだろうか。非常に単純にいえば，「行政学は，行政を対象とする社会科学である」（辻 1966：1）。この定義は研究の対象が何であるかを重視したものである。確かに，この定義は分かりやすいが，行政を対象とした学問分野は行政法学や財政学など他にも存在する。これらの隣接学問分野と行政学とでは何が異なり，どこが類似しているのだろうか。

はじめに，行政学が学問全体の広い括りのなかでどこに位置するのかを確認しておこう。行政学は社会を対象とした学術分野，すなわち社会科学の１つである。社会科学もまた法学，経済学，社会学など多くの分野に分かれるが，行政学は政治学のなかの一分野である。政治学の下位分野としては，政治思想，政治史，政治過程論，国際政治学，比較政治学など多くのものがあるが，行政学はそれらと並ぶものである。

狭義の政治学と行政学とではどのような違いがあるのだろうか。行政は「公共目的を追求する集合的営為そのもの」を指すのに対して，政治は「この目的のために人びとの力を結集し，意思決定の構造を確立して人びとのあいだの役割配分を確立するとともに，必要な支持を調達する過程」を意味する（片岡 1976：17）。この区別に従えば，政治学は主として政策の形成・決定に関連する制度や実態を扱う学問であるということができる。例えば，政治体制，選挙制度や投票行動，政党制，圧力団体，メディアと政治の関係，政治意識，政治参加などが主要な研究対象となる。これに対して，行政学は主として政策の実施についての制度・実態を扱う学問であるといえる。選挙の例に即していえば，政治学は選挙制度の政治的効果や有権者の投票行動に関心をもつが，行政学は高度な公平性・正確性が要求される選挙を実際にどのように実施するのか，開票作業を誤りなくかつ迅速に進めるためにどのような工夫が施されているのか，といった点に関心をもつ（大西編 2013，2017，2018）。政治学は，制度改革がなぜ，どのように行われたのかを明らかにしようとする一方，行政学はなぜ実際には改革がうまくいかないのか，円滑に進めていくにはどうすれば良いのか，といった点を積極的に掘り下げる（牧原 2018）。政治学が権力に焦点を当てるのに対して，それだけでなく技術的な側面も重視する点に，行政学の特徴があるといえる。

しかし，政治学と行政学は完全に区別できるものではなく，重なり合う部分も存在している。政治と行政の境界線は曖昧であるという，**政治・行政融合論**

の立場に立脚すれば，そもそも政治と行政を明確に識別することは難しい（第2章を参照）。というのも，政策実施に関わる機関が政策形成に関与する場合や，政策実施過程においても政治的な要素が介在する場合があるからである。法律案の作成は官庁や官僚が行うことが一般化しており，行政機関による執行活動に政党や政治家が影響を与えることもある。したがって，政治学と行政学の区分も相対的なものに過ぎない。本書でも，狭義の政治学の対象である政策形成・決定過程などについても取り上げている。

2．行政学の隣接学問分野

行政学は行政を研究対象とする学問分野であるが，行政やそれに関連する領域を研究対象とする学問分野は他にも複数存在する。行政法学，経済学，経営学，社会学，財政学などである。これらの隣接学問分野はどのような特徴をもち，行政学といかなる関係性をもつのか，あるいは両者の相違点は何だろうか。

行政学とも密接な関係にある学問分野の１つが行政法学である。名称も一文字違うだけである。けれども，その拠って立つ学問的基盤は相当に異なる。行政法学は法学（公法学）の一分野であり，行政活動を規律する法律についての知識を学ぶものである。法律上の規定，すなわちルールそのものやその解釈の問題などが主に論じられる。これに対して行政学の場合には，法律の実際の運用，ルールのもとでの活動の実態に着目する。もっとも，行政の制度や活動を理解するうえで法律に関する知識は重要であり，行政学でも度々参照される。

先に公共財の理論や市場の失敗論を取り上げたように，経済学もまた行政学と縁が深い。**スミス**（Adam Smith）や**ケインズ**（John Maynard Keynes）をはじめとして，経済学者の思想が現実の公共政策のあり方に大きな影響を与えてきた歴史もあるうえ，さらに近年では経済学の研究成果が行政学にも取り入れられるようになってきている。ただし，経済学は市場と政府とのあいだに共通性を見出し，経済学の論理を後者に適用して分析することを得意とする一方，行政学は政府や行政の固有性・独自性を重視するという点で違いがある。

経営学は組織の管理に関して重要な知見を提供してきた。とくにアメリカの行政学の発展は経営学と密接に関連している（第2・7章を参照）。最近でも，行政の管理や活動に民間企業で培われてきた経営管理上のノウハウを参照することが推奨されており，経営学の重要性はこれまで以上に高まるだろう。労働力が流動化して官民の人材交流が活発化すれば，官と民の組織的な相違は小さくなるかもしれない。しかし，利潤の追求を第一義的な目的とする民間企業と，公共目的の実現を第一とする行政組織とでは，やはり組織管理上の相違が存在し続けると行政学は考える。

社会学は，とくに官僚制の考察に大きな役割を果たしてきた。官僚制の問題を理論化した**ウェーバー**（Max Weber）や，官僚制の逆機能を指摘した**マートン**（Robert Merton）などは社会学者である。心理学は，組織に参加して活動する人びとの行動を分析することに貢献する。モチベーションについての理論仮説を提示した**マズロー**（Abraham Maslow）などは，その後の組織理論の発展に大きな役割を果たした。社会学や心理学は必ずしも行政が主たる研究対象ではなく，研究全体の一部として扱われるのに対して，行政学は行政が研究対象そのものである。

公的部門の財源の調達や配分について扱う財政学は，政府の活動を理解するうえで大変重要である。とくに，財政的な制約が厳しい今日では，財源をどう調達し，それを誰に，どのように，どの程度配分するのか，お金をめぐる論争の種は尽きない。政府が存立しその活動を展開するためにも資金上の手当は必要不可欠であり，財政を抜きにして行政を語ることはできない。財政学はもっぱら政府における経済の働きに着目するが，行政学はそれだけでなく人や組織の問題なども含めて，幅広い観点から行政について考察する。

このように行政学は隣接諸学の学問成果を貪欲に取り込み，行政の実態や構造の解明に役立ててきた。その意味で，行政学は学際性に富む学問分野である。一方で，行政学の独自性や特徴は必ずしも明確ではなく，理論的な体系化も十分に図られてはこなかった。その結果，行政学は「**一体性の危機**（アイデンティティ・クライシス）」に苛まされてもきた。しかし他方で，行政学は自由度が高く，参入障壁の低い，その意味で誰にとっても馴染みやすい学問分野であるともいえる。

第3節　行政をどうとらえるのか

1．行政学を学ぶことの意義

行政学を学ぶ人も学ばない人も，現代社会において，行政とまったく関わりをもたないで生活することはほとんど不可能だろう。例えば，あなたが住む家は，建築基準法や都市計画法などの各種法令によって建物の安全性や容積率などが規制されており，そのもとで建てられたものである。行政の規制があり，それが順守されることで，安全に，また安心して家に住むことができる。あなたが日頃歩く道路は国や地方自治体が整備・管理を行っている。そのための財源はあなたも含めた国民が支払う税金によって賄われる。信号に従わなければならないことは道路交通法で決まっている。あなたが通う大学も，大学の目的や組織などを定めた教育基本法や学校教育法といった関連法令に基づいて設置されている。大学の運営には大抵，何らかの形で多額の税金が投入されている。このように，少し考えてみただけでも，行政が私たちの生活に深く関与していることがわかる。私たちの生活は行政や政府の存在抜きには考えられない。

しかし，私たちが生活を日々営むなかで行政について特段意識することはあまりないだろう。政府は私たちの知らないところで，自らの裁量に任せて活動をしているようにも感じられる。しかし，行政の本来の主体（**プリンシパル**）は誰かといえば，私たち国民である（片岡 1990）。政府は私たちの代理人（**エージェント**）として，公共目的を達成するための活動を行う。実際，政府は政治部門を通じて民主的な統制のもとで運営されている。にもかかわらず，政府が国民の意思に従って行政運営を行うとは限らず，時にそれに反することさえする可能性もある。私たちは政府の活動に対して関心をもち批判的に分析を加えて，政府の判断や活動をより良いものへと方向づける必要がある。そのためには，まずは行政の仕組みや実態，活動を知ることが大切になる。

行政のことを知ろうとしたとき，行政学はその道標となる。行政学は行政の仕組みや活動の中身を整理したり，実証的に分析し，また理論的に説明する。行政の抱える問題点を指摘し，改善点を提案することも行政学の重要な仕事である。私たちがプリンシパルとして政府の活動に判断を下す際に，行政学で学んだことは大いに役に立つだろう。

2．行政学の３つの視座

行政を行政学の観点からとらえようとする際，基本的な3つの視座がある(西尾 2001；村松 2001；森田 2017)。言い換えれば，行政の何に着目するかによって，3つの異なる視点がありうる。第1に，制度に着目する視点である。本書では主に第2部で取り上げる項目である。ここでいう「制度」とは，行政の活動や組織を民主的に統制するための仕組みのことを指す。行政を統制するのは究極的にはその主人公である国民である。代議制民主主義国家では，日常的には，政治家が国民の代理人として直接的に行政を統制する。日本の国家行政機関は**国家行政組織法**や各省設置法などの法律によって組織の基本的構造と任務が規定されているが，法律は法案として議会（国会）に提出され，議会での審議の後に承認されてはじめて法律となる。行政機関の予算もまた議会での承認が必要であり，予算案が議会を通過しなければ行政機関は予算を執行することができない。このように，現代の行政の組織や活動は民主主義のもとで議会，そして究極的には国民の統制に服している。政府は国民に対してさまざまな財・サービスを提供して国民の生活を支えるだけでなく，強力な権力をもち，ときに国民の自由を奪うことさえある。そうであるがゆえに，行政をいかに民主的に統制するのかを考えることはとても重要である。

行政学では，民主的な統制を考える際，政治と行政との関係，国民と行政との関係，それに付随して行政の責任についても多くの考察を重ねてきた。政治が行政をどのように統制しているのか，あるいは統制すべきなのか，また国民自らが行政を統制する手段としてはどのようなものが考えられるのか，行政は誰に対してどのような責任を負っているのか，といった点を明らかにする。

第2が，組織に着目する視点である。本書では主に第3部で扱われる題材である。ウェーバーは近代社会の特徴の1つとして官僚制の誕生と定着を挙げた。合理性と効率性を最大限に発揮する官僚制は近代社会の発展にとって不可欠の要素であると考えたのである（ウェーバー 1960・62)。行政組織はまさに官僚制そのものであるが，理念型としての官僚制と現実の行政組織とでは異なる部分もあるだろう。合理的で効率的であるはずの官僚制が，実際にはむしろ非合理的で非効率的な逆機能に陥る場合も少なからずある。

行政が国民や社会に向けて何らかの活動を行うには，組織上の基盤が不可欠であるが，そもそも行政はどのように組織化され，管理されているのか，そこで働く人びとである公務員はどのように採用され，どのようなキャリアパスを経て退職に至るのか，そこにはどのような課題があるのか，行政学ではこうしたことを検討する。

第3が，政策に着目する視点である。本書では主に第4部で取り上げる。行政とは，公共目的を達成するための集合的営為のことを指すが，それを国民・社会に向けて具体化したものが政策である。政策こそが行政の中核を成す活動そのものである。アメリカのリンカーン（Abraham Lincoln）大統領が演説で語った「人民の，人民による，人民のための政治」という言葉を知っている人も多いだろう。「人民による政治」を保証するための枠組みが既述の「制度」であり，「人民のための政治」は「政策」を通じて達成されることになる。政策について考えることは，政府が「人民のための政治」を行っているのかを判断するための材料ともなる（Benz and Papadopoulos 2006; Rothstein 2009）。

行政学では，政策について，① 形成・決定過程，② 実施過程，③ 評価という3つの次元で分析を行う。まず，政策の形成・決定過程に着目して，そこに見られる政治的な力学を分析する。つぎに，政策が着実に実行されているかどうか，その実施体制を明らかにする。そして，政策がその目的を達成しているかどうか，問題解決に貢献しているかどうか，資源の無駄使いはないかといった点を分析して，政策の有効性や効率性を評価する。

本書は，制度・組織・政策の3つの柱を土台にしつつ，それに基礎編と地方自治編を加えた5部構成となっている。第1部は基礎編である。序章で行政や行政学の根幹に関わる事柄について理解を得た後，近代国家の歴史的発展過程や行政学の学説史を学ぶ。第2～4部は3つの柱にそれぞれ対応しており，第2部は制度，第3部は組織，第4部は政策について取り上げる。第5部は地方自治編であり，地方自治体の制度・組織・政策を概観する。なお，本書が焦点を当てるのは主として日本国内の行政であり，諸外国の行政や国際行政に関しては十分に論じることはできない。優れた教科書もあるので，詳しくは，そちらを参照してほしい（クールマン／ヴォルマン 2021；城山 2013；福田 2012；福田・坂根 2020 など)。

（廣川嘉裕・西岡晋）

第 1 章

国家の発展と行政の変化

本章のねらい

本章では，行政の歴史的展開を跡づけることを通じて行政活動の変化の様相を概観する。19 世紀後半から 20 世紀前半にかけて，国家の性格が「福祉国家」「行政国家」と呼ばれるものに変化していくなかで，行政の活動領域は急速に拡大していった。他方で肥大化した行政はさまざまな課題を抱えるようになり，1980 年代以降，先進国では行政のあり方を見直し，行政の効率化と公共サービスの質の向上を目指す多様な改革手法を導入するようになった。以下では，行政活動が拡大した経緯や行政のあり方を見直す試み（行政改革）を解説したうえで，日本における行政改革の概要と具体的な取組みについて紹介することとしたい。

第 1 節　行政と国家の諸相

1．夜警国家から福祉国家へ

行政の役割は時代とともに変化する。歴史的な経緯を振り返れば，ヨーロッパにおいて絶対王政が打倒された近代国家の時代，革命に大きな役割を果たした市民階級（ブルジョアジー）は自由放任主義（レッセ・フェール）の思想を掲げ，重商主義政策（国家が自国の産業保護を目的としたさまざまな規制を設ける）を経済活動の自由を妨げるものとして批判した。自由放任主義の考え方に基づくならば，経済を発展させるためには国家は社会や市場に対する介入をできる限り控えることが理想とされる。

国家の役割を必要最小限なものに抑制すべきとする考え方は，消極国家観とも称される。このような見方を極端に解釈するならば，国家の役割は国防や国内の治安維持（警察活動など）に限定されることになるため，この国家観を**夜警国家**と揶揄する向きもみられるようになった。いずれにせよ，当時の国家観のもとでは行政の果たす役割も必然的に抑制されたものとなるが，やがて国家を取り巻く環境は大きく変化することになる。

その環境変化とは，19世紀を通じて急速に進展した産業の近代化（工業化）と，それに伴い発生したさまざまな社会問題を指す。急速な工業化は農村から都市への大規模な人口移動（都市化）を促進したが，とりわけ大都市圏に集中した人口は都市のスラム化や衛生環境の悪化など深刻な社会問題を引き起こすようになった。そのため，国家は公共資本の整備や教育・福祉，保健医療・公衆衛生などの政策を実施することにより，社会問題の解決を目指すようになる。また，国家の役割が拡大していくなかで従来の消極的な国家観は修正を迫られるようになり，社会の変化や経済活動から生じるさまざまな問題に対して国家が積極的に介入することを望ましいとする考え方（積極国家観）が浸透していく。

その後，普通選挙の導入とともに大衆民主主義の時代が到来すると，新たに有力な政治勢力として登場した労働者階級の要求に応えていくなかで，現代国家は次第に**福祉国家**の性格をもつようになる。この福祉国家とは，国民の生存権を保障し，税制や社会保障制度を通じて所得の再分配を行い，景気の変動に対応するため金融・財政政策を展開して市場経済に介入する国家を意味する（西尾 2001）。

この福祉国家の形成に至る過程では，①アメリカにおけるニューディール政策の展開（世界恐慌への対応，積極的な金融・財政政策の実施，大規模公共事業の推進），②第1次・第2次世界大戦の政治・経済・社会への影響（総動員体制の構築，国家による統制の強化と国民各層への公共サービスの供給），③資本主義経済を修正する試み（社会主義国家への対抗，社会保障制度の整備など経済格差の是正に向けた取組み），④経済思想の転換（市場経済に対する国家の介入を肯定するケインズ経済学の登場）など，20世紀の前半に生じたさまざまな歴史的事件，政策や思想が大きな影響を及ぼしている（辻 1994）。

2. 行政国家現象

福祉国家としての性格をもつ現代国家では，政府が市民の生活と密接に関連するさまざまな政策を実施している。例えば，国家が国民の生存権を具体的に保障していくためには，社会保障制度（社会保険，社会福祉，公的扶助，保健医療・公衆衛生などの分野）を整備することが必要となる。第2次世界大戦後のイギリスでは，ベヴァリッジ報告（1942年）が提示したナショナル・ミニマム（国家が国民に保障すべき最低限度の生活水準）の概念に基づき国民保健サービス（NHS）を中心とする体系的な社会保障制度を構築し，その後の福祉国家のモデルとなった。日本においても高度経済成長の時代に社会保障制度の整備が進められ，1960年代には国民皆保険・国民皆年金（原則的にすべての国民が何らかの公的医療保険・公的年金制度に加入している状態）が実現している。

現代の国家は，社会保障制度などの福祉政策以外にも，教育，科学・産業の振興，公共資本の整備，警察・消防，外交・防衛など多岐にわたる政策を展開しているが，こうした政策を実施するためには膨大な予算と大規模な行政組織が必要となる。経済協力開発機構（OECD）の調査によれば，OECD加盟国の政府総支出の平均は対GDP比において40.4％に達し，総雇用者数に対する公共部門の雇用者（公務員，公的企業などの雇用者）の割合も平均18%にのぼる（経済協力開発機構（OECD）2020）。日本においても，GDPに対する政府の総支出は39%を占めており（財務省2019），また，国際比較でみれば低い水準にとどまるものの，行政活動に携わる国家公務員は約58万人，地方公務員は約276万人を数える（人事院2020；総務省2020a）。

このような福祉国家における多様な政策の拡充と膨大な政府支出，行政組織の大規模化という現象に注目すると，現代国家は**行政国家**としての性格も有することが理解される。この行政国家とは，「現代国家の装置のなかで，行政の諸活動が，立法・司法の活動との相対関係において，とくに強化・拡大されてきた現象」（辻1966：3）を意味するものであり，消極国家観の時代に標榜された立法国家（立法権をもつ議会が政策の立案を主導し，行政は政策の実施に専念する）の概念と対比される。

より具体的には，行政国家とは，政策の立案・実施の過程において行政が主導権を握り議会に優越する国家の姿とも表現できる。議会の議員と比較した場合，大規模な官僚機構（公務員）を抱える行政は，政策に関する専門的・技術的な知識を組織的・継続的に蓄積できる点において有利な立場にある。そのため，政策を実施する際に必要となる法令・計画・予算の作成は行政の主導で行われることが多い。日本の場合，行政権をもつ内閣が国会に提出する法律案の実質的な作成作業は中央省庁の官僚機構が担い，内閣提出法案の成立件数は国会議員による立法（議員立法）を上回る状況が続いている。毎年度編成される予算においても，内閣が作成した予算案が国会審議において修正されることはほとんどない。さらに，国会が議決する法律では政策の枠組みだけを定めることとし，政令や府・省令（国会の議決を経ることなく行政機関が制定することのできる命令）に，具体的な内容（例えば規制の詳細や技術的な基準など）を詳述する委任立法も多用されている。加えて，行政機関の内部文書としての通達に法令の詳細な解釈などを記載し，これを行政実務の現場において用いることも多い。

このような行政国家現象にはつぎのような問題点も指摘されている。その1つが行政権の優越により，国の権力を分立させる仕組み（三権分立）が形骸化してしまうことである。権力分立の思想には，国家権力が特定の機関に集中することにより生じる弊害を防ぐため，立法・司法・行政の機能を異なる機関に担当させ三権の間で抑制と均衡の関係を保つことにより，民主的な政治を実現するという目的がある。そのため，行政権の優越という問題を克服していくためには，立法権を有する議会が行政活動を適切にコントロールすることにより，市民の意思を反映した行政を実現していくことが必要となる。また，肥大化した行政活動は，非効率な政策の実施（予算の無駄遣い），市民の目線からみて不透明で応答性に欠ける行政活動，行政組織間の権限をめぐる争い（セクショナリズム），不必要な規制による民間部門の圧迫などの弊害を招きやすい。このような問題を解消していくためには，社会経済情勢の変化に応じて，第2節以降で紹介するような行政システムを見直す取組みも必要となる。

第2節　行政のあり方を見直す試み

1．福祉国家の危機とNPM（New Public Management）の登場

第2次世界大戦後の復興から高度経済成長の時代にかけて，先進国では福祉国家の形成が進み，国家の役割の拡大とともに行政はその活動範囲を広げていった。ところが1970年代以降，2度の石油危機を契機として先進国の経済は軒並み低成長に陥り，税収の減少と社会保障制度などの公共政策に支出しなければならない財政負担の増大とが相まって，各国政府は深刻な財政難に苦しむようになった。

そのため，福祉国家のもとで拡大を続けてきた行政活動（いわゆる「大きな政府」）に対する疑問や批判が高まっていく。長引く経済停滞により財政破綻の危機を迎えるなか，元々は「市場の失敗」（市場メカニズムのもとで効率的な資源配分がなされない状態）への対応を目的としていた国家の市場経済に対する介入（公的規制など）が，かえって経済の発展を阻害してしまう「政府の失敗」とみなされるようになった（序章を参照）。また，広範囲にわたる公共サービスの供給を担う非効率な行政活動も問題視されるようになり，市場メカニズムの機能を改めて重視する考え方が広まっていく。このような状況のもと，先進国では拡大を続けてきた行政活動のあり方を見直すため，さまざまな改革に取り組むようになった。

とりわけ1960年代から70年代にかけ「イギリス病」と称されるほど長期にわたる経済の停滞に苦しんだイギリスでは，サッチャー（Margaret Thatcher）政権のもとで，福祉国家モデルの抜本的な見直しを行い，広範な行政改革を実行する。その際に導入された新たな行政改革の手法が**NPM**（New Public Management）である。

NPMとは，1980年代以降，イギリスやニュージーランドなど主に英語圏諸国における行政実務から生じた改革手法の総称を意味する（大住1999）。このNPMの教義（doctrine）には，以下の7つの要素が含まれる（Hood 1991）。①政府（公共部門）では専門家（professional）による実践的な経営が行われる。②業績に関する基準と指標を明示する。③結果に基づく統制（output controls）を重視する。④ 政府（公共部門）の組織を個別の単位（units）に分割する。⑤ 政府（公共部門）における競争をより一層促進する。⑥ 民間企業が用いるマネジメントの手法を重視する。⑦ 資源（resource）の利用においては規律と倹約を強調する。

NPMに基づく行政改革の手法を導入する目的は，政府（行政活動）の運営に対し民間部門（企業）の経営理念・マネジメント手法や成功した取組みを導入することによって，経済性・効率性・有効性を向上させ，税金の支払いに見合った価値のある公共サービスの供給（VFM：Value For Money）を実現することにある。この点，それまでの行政改革が国民負担の引き上げか，あるいは公共サービスの削減か，という二者択一論に偏りがちであったのに対し，企業経営にヒントを得て行政運営を改善し，公共サービスの水準の向上を目指すところにNPMの重要な意義が認められる（大住 2010）。

サッチャー政権による行政改革では，国営企業（航空，鉄道，通信，エネルギーなど）の**民営化**，金融業などを対象とした大規模な**規制緩和**（ビッグバン）の実施，労働分野・社会保障制度の見直しが行われた。さらに，行政組織から事務・事業の実施部門を分離し，自律的な運営と業務の効率化を目指すエージェンシー化や，公共サービスを供給する主体を競争入札（自治体と民間企業が対等な立場で入札に参加することが条件となる）で決定する仕組みの導入が進められた。これらの取組みは長期にわたる経済の低迷に喘いでいたイギリス経済の回復に効果を発揮したものと高く評価され，その後，NPMは日本を含む各国の行政改革にも普及していくことになる。

他方でNPMに対しては，その特徴である顧客主義（市民を公共サービスの顧客とみなす），成果志向（業績に基づく統制を重視），市場メカニズムの重視（競争原理を重んじる）に関し，主権者としての市民の位置づけが希薄化され，公平性・透明性・公正性といった公共サービスに必要とされる観点が損なわれるなどの批判が投げかけられている。また，行政組織のエージェンシー化を進め政府内部において権限の委譲を徹底した場合，組織が断片化してしまい適切なコントロールが難しくなるなどの問題が生じることもある。例えばイギリスの国有鉄道を民営化した際には，鉄道事業を旅客運輸，施設管理，保守整備などの業務に細分化してそれぞれの業務の運営を異なる事業者に委ねたため，サービスの低下や重大事故の多発を招き，その責任の所在が大きな問題となった（ウルマー 2002）。

このようなことから，NPM は対象となる公共サービスの特徴に応じて導入することが求められる（山本 2008）。例えば定型的な業務では NPM の導入により公共サービスの質の改善が期待される。また，業務の遂行に高い透明性の確保が求められる分野では行政が中心的な役割を果たすモデルが相応しく，柔軟かつ革新的な取組みが求められる分野では行政以外の多様な主体も業務に参画し，行政と協働していくネットワーク型のモデルが望ましいとされる。さらに，公共サービスの供給に関わる主体が断片化する問題（安全性が損なわれるなど）に対しては，適切な統制を回復して責任の所在を明確化するために，行政（国・自治体）による包括的で積極的な関与が改めて求められることになる。

2．ガバナンス（governance）の改革

近年，行政のあり方をめぐり注目を集める議論が**ガバナンス**（governance）論である。ガバナンスの概念は，企業における適切な経営（統治）の仕組みに関し，コーポレート・ガバナンス（corporate governance）が議論されるのと同様に，今日ではさまざまな分野で取り上げられるテーマでもある。

政府（公共部門）を検討の対象とする場合，ガバナンスの定義の1つに，「人間の社会的集団の統治に関わるシステムを構成する諸社会的行為者の相互関係の構造と行為者間の相互作用のプロセスが発現する形態」とするものがある（宮川 2002：16）。この定義は，公共空間を形成する主体が国家（中央政府）のみに限定されるのではなく，国際機関や自治体，民間企業，NGO（非政府組織），NPO（非営利組織），市民など，社会に存在する多様なアクターが関わり，複雑なネットワークを構築している今日の社会の実態をとらえた概念と理解される。

ガバナンス論が脚光を浴びる理由として，先にみた福祉国家モデルの限界（政府の失敗）のほか，冷戦の終結以降に顕在化した世界的な社会経済環境の変化も挙げられる。急速に進展した経済のグローバル化やインターネットなど情報通信分野における技術革新，市民の価値観の多様化といった変容は，従来

は当然視されてきた国家による社会の統治可能性を弱めるだけでなく，市民の国家に対する信頼感をも損なわせることにつながった。そのため，国家（中央政府）を統治の頂点に戴く，従来の階層的な統治構造（ガバメント）のあり方を見直す機運が高まりをみせるようになる。

さまざまな視点から議論が展開されるガバナンスの概念には，以下の5つの共通項があるとされる（Bovaird and Löffler 2002：ボベール／ラフラー 2008）。① 多様な利害関係者（stakeholders）が関わるシナリオを前提とする。集合的な問題は行政機関だけでは解決できるものではないため，多様な主体（市民，企業，非営利セクター，メディアなど）との協働が必要となる。その場合，仲裁や調停，自己規制などの取組みが効果を発揮する場合もある。② 公式のルール（憲法，法律，規則など）だけでなく，非公式のルール（倫理規定，慣習，伝統など）の重要性を認める。また，利害関係者間の交渉によりそれらのルールの重要性は変化するものと想定される。③ 舵取りをする機構としての市場メカニズムに焦点を当てるだけでなく，適切な状況のもとでは官僚制のような階層制組織（行政機関）や協働のネットワークなども調整を容易にする仕組みとみなされる。④ 目的と手段，投入（input）と産出（output）などの論理のみに基づき推論することはしない。透明性，誠実さや正直さなど，広く社会において重視される特性に関してはそれ自体の価値を認める。⑤ ガバナンスは政治的なものであり，利益を追求するために影響力を行使しようとする利害関係者の相互作用に関わるものとみなされる。それゆえ，統制を志向する管理主義者（managerialist）や，専門的な意思決定に関わるエリートだけに委ねるべき事柄ではないものと理解される。

このガバナンスの概念にはつぎの4つの類型が見出される（山本 2005）。① 再生化：社会経済環境の変化に対応して国家機能の再生を図る。問題解決の主体は国家にあるが，社会に対する影響力行使の方法を改め，従来型の強力な統制ではなく政策目的を達成するために適切な方法を選好する。そのため，政策の実施部門や政府以外の主体が重視されるようになる。② 委譲化：国家の権限や対処する範囲を限定する。例えば国際的な問題に関する対応は，国際機関（世界貿易機関（WTO）など）や地域統合体（欧州連合（EU）など）に委ねられる。国内では地方分権を推進し，国から自治体に対して権限を委譲していく。③外部化：国家が担ってきた機能を政府以外の組織に委ねる（ただし最終的な責任は国家に残される）。事務・事業を民営化する場合やエージェンシーやNGO・NPOなどに委託するケースが想定される。④ネットワーク化：自己組織化・協働化とも表現される。政府（国・自治体），企業，NGO・NPO，市民など多様な主体により構成されるネットワークが，社会におけるさまざまな問題の解決に当たる。

今日，国家（中央政府）が何らかの政策を実行する場合，企画立案から実施に至るまでのすべてのプロセスを一手に担うことは難しい。例えば環境政策の分野では，国連など国際機関のイニシアティブによる国境を越えた枠組み（国際条約）のもと，中央政府が法令による規制の枠組みを定め，より具体的な取組みは自治体，企業，NPO，市民などに委ねることがある。また，地域社会においても，人口が減少し財政が逼迫するなかで行政が用いる経営資源（ヒト・モノ・カネ）は先細り，自治体行政がすべての公共サービスを一手に担うことは不可能な状況にある。そのため，市民・NPO・企業など地域社会の多様なアクターの協働による公共空間（ローカル・ガバナンス）の構築と，公共サービスの供給における適切な役割分担が求められようになった。このように，ガバナンス論は社会経済の変化の現実と向き合う行政のあり方を議論する際にも有用な考え方とみなされている。

3．経済協力開発機構（OECD）加盟国におけるガバナンス改革

また，OECDの分析によれば，1980年代以降に先進国で実施された行政改革は，各国の統治構造を見直す現在進行形のガバナンス改革ともみなされるものであり，その取組みには以下の6つの特徴が確認されるという（OECD 2005［2006］）。

①「開かれた政府」の実現に向けた取組み：情報公開・行政手続・オンブズマンなどの制度や市民憲章（Citizen's Charter）の導入，行政簡素化策の実行，ICT（情報通信技術）の活用を通じて，透明性が確保され，市民のアクセスが容易で応答性の高い組織の構築を目指す。

②行政活動の業績（performance）の向上：業績と連動する予算編成やマネジメントを導入し，政策の目的と成果との関係を明確化することで，運営に関

する柔軟性や説明責任を確保し，意思決定過程の改善を図る。

③ 説明責任と組織のコントロールの改革：政策評価システムの導入，経済性・有効性・効率性の観点に基づく会計検査の実施などにより，成果に基づく事後的な統制への転換と内部統制の強化を目指す。

④ 政府（公共部門）の組織構造の見直し：地方分権改革，**規制改革**，**民営化**の推進などにより行政組織の再編を進める。また，国や自治体に残された組織においても，企画立案部門から分離された政策実施機能を担うエージェンシーの設立などにより，規模・権限・機能の各側面においても大きな変化が生じた。

⑤ 市場メカニズムの導入：公共サービスを供給する方法に関し，事務・事業の**民間委託**（アウトソーシング）や，行政と民間部門との連携協働を目的とするPPP（Public Private Partnership：公民連携）の活用が進展した。

⑥ 公務員制度の改革：政府（公共部門）に勤務する職員の雇用制度の見直しが検討され，公務員の定員削減，一部では民間企業の雇用形態を参考とした雇用契約の多様化や業績給の導入なども行われた。

OECDによれば，先進国におけるガバナンス改革の特徴は，政府（行政）の役割が縮小したことを表すものではない。各国の行政改革に共通する傾向は公共サービスの供給方式における変化であり，NPMの導入に代表されるように社会経済に対する政府の介入手法の態様や組合せに大きな変化が生じたことを示している。

第３節　日本における行政改革

１．行政改革の経緯と概要

つぎに，日本で実施された行政改革に関し，**臨時行政調査会（第１臨調）**以降の取組みを中心にその経緯と概要を紹介する。

第１臨調（1961～64年）は，高度経済成長の時代に入り急速に進歩する社会経済に比べて立ち遅れがみられた行政の見直しを目的とし，制度や運営の改善に係る基本的事項を調査審議するために設置された内閣総理大臣の諮問機関である。第１臨調では，内閣の機能，中央省庁，共管競合事務，行政事務の配分，許認可，行政機構の統廃合，公社・公団，首都行政，広域行政，青少年行政，消費者行政，科学技術行政，事務運営，予算・会計，行政手続，公務員制度など広範な分野を対象として具体的な改革の提言を行った（田中 1996）。当時これらの提言の多くは実施に至らなかったものの，後年の行政改革において実現することになる内閣機能の強化や内閣府の設置，行政手続法の制定などを構想していたところにその先見性が認められる。

第1臨調以後，行政機構の膨張と公務員の定員を抑制するために，1省庁1局削減の実施（1968年）と総定員法（行政機関の職員の定員に関する法律）の制定（1969年施行）が行われた。この取組みにより18の府省庁において一律に内部部局が1局ずつ削減され，あわせて国家公務員の定員総数に最高限度枠が設けられることとなった。この後，中央省庁が新たな組織の設置や再編を行う場合，その引き換えに相応の組織の廃止や人員の再配置が求められるスクラップ・アンド・ビルドの方式が適用されることとなる。

また，2度の石油危機を経て高度経済成長の時代が終わると，他の先進国と同様に日本においても肥大化した行政の見直しと改善，急速に悪化する財政問題の解決が重要な政治課題として浮上する。そこで，政府が設置した**第2次臨時行政調査会（第2臨調）**（1981～83年）では，「増税なき財政再建」を実現するため，「変化への対応」「総合性の確保」「簡素化・効率化」「信頼性の確保」の観点に基づく，行政制度と行政運営の改善策を提言した（臨調・行革審OB会 1991）。第2臨調の多岐にわたる提言においてとくに注目された事項が，国の公共企業体である3公社（日本国有鉄道，日本電信電話公社，日本専売公社）の民営化の推進である。非効率的な経営体制，複雑な労使関係などの課題に直面していた3公社は，それぞれJRグループ，NTTグループ，日本たばこ産業株式会社（JT）として民営化された。

第2臨調以降に取り組まれた行政改革では，「官から民へ」（民営化の推進，公的規制の緩和）と「国から地方へ」（地方分権の推進）という基本方針が定着していく。このうち「官から民へ」という方針に関しては，**臨時行政改革推進審議会（第1次～第3次行革審）**（1983～93年）において許認可などの公的規制の見直しが中心的なテーマとなる（田中編 2006）。規制緩和の取組みは「規制緩和推進計画」（1995年閣議決定）において実現し，11分野，1,779事項を対象とする規制緩和が実施されることとなった。この後も，経済の活性化や行政の簡素化などを目的とする公的規制の見直しは，経済社会の広範な構造改革をも視野に入れた規制改革と名を改めて継続的に取り組まれている。また同時期には，行政運営の公正さと透明性を確保する観点に基づき，第1臨調の提言以降の懸案事項であった行政手続法も制定（1993年）された。

その後，行政活動の範囲も具体的な見直しの検討対象となり，**行政改革委員会**（1994～97年）では「行政関与の在り方に関する基準」を提示した。この基準では，政府（行政）と民間部門との役割分担に関しつぎの3つの基本原則を示している（行政改革委員会事務局編 1997）。① 「民間でできるものは民間に委ねる」という考え方に基づき，行政の活動を必要最小限とする。② 「国民本位の効率的な行政」を実現するため，国民が必要とする行政を最小の費用で行う。③ 行政の関与が必要な場合，行政活動を行う各機関は国民への「説明責任（アカウンタビリティー）」を果たさなければならない。このような方針に基づき，国と各自治体では，事務・事業の民営化，民間委託などが積極的に推進された。

また，「国から地方へ」という方針に関しては，1990年代以降，**地方分権改革**（第1次・第2次）が推進されたことにより国と自治体の関係は大きく変化した（第13章を参照）。このうち，第1次地方分権改革（1993～2001年）では，従来の中央集権型行政システムを改め，地域社会の多様な個性を尊重する地方分権型行政システムを構築することが目指された。この改革において実現した主要事項は以下のとおりである（地方自治制度研究会編 2015）。① 機関委任事務制度の廃止：自治体の首長を国が包括的に指揮監督する下部機関と位置づけ，国の事務を行わせる機関委任事務制度（都道府県事務の7～8割，市町村事務の3～4割を占めていた）を廃止し，自治体が担う事務を自治事務と法定受託事務に再編した。② 国と自治体とのあいだの調整方法の見直し：国が自治体の活動に関与する場合は個別法令の根拠が必要となり，あわせて国地方係争処理委員会が設置された。③ 必置規制の緩和：施設や職員の配置などに関する国の詳細な規制（義務付け・枠付け）を見直し，自治体の行政活動における裁量の余地を広げた。

その後，第2次地方分権改革（2006年～）では，自治体の行政活動に対するさらなる規制緩和と権限の移譲が実施された。具体的な改正事項としては，施設・公物設置管理の基準等に関する義務付け・枠付けの見直しのほか，国から地方への権限の移譲，都道府県から市町村への権限の移譲，国と地方の協議の場の法制化などが挙げられる（地方分権改革有識者会議 2014）。

地方分権の推進とほぼ同時期には中央省庁の体制も改革の対象とされた。**行政改革会議**（1996〜98 年）では，制度疲労が指摘されていた戦後型行政システムの抜本的な見直しを掲げ，簡素・効率的・透明な政府を実現するため調査審議を行った。その結果，① 中央省庁の再編成（当時の1府 22 省庁から1府 12 省庁に大括りに再編），② 内閣総理大臣の補佐体制の強化（内閣府の設置を含む），③ 行政のスリム化（事務・事業の見直し，組織・人員の削減を含む），④ **独立行政法人制度**の創設（イギリスのエージェンシーに倣い政策の実施機能を分離して法人を設置する）などが実施された。また，国民の声を反映し開かれた行政システムを実現するため，情報公開法（行政機関の保有する情報の公開に関する法律）（1999 年）の制定や，パブリックコメント（意見公募手続）制度（1999 年），政策評価制度の導入（行政機関が行う政策評価に関する法律）（2001 年）も実施された。

この後も，政策金融や特別会計などの改革を目的とした行政改革推進法（簡素で効率的な政府を実現するための行政改革の推進に関する法律）（2006 年）の制定，公益法人制度の改革（2000〜08 年），公務員制度改革（人事評価・採用試験の見直し，幹部公務員人事などを担当する内閣人事局の創設）などが実施されており，行政のあり方を見直す取組みは今日まで継続して行われている。

2．行政改革の多様な手法

近年の行政改革では，行政活動の見直しに当たり多種多様な改革手法が導入されている。以下では，日本において取り組まれた改革手法のうち，民営化，**規制緩和（規制改革）**，事務・事業の民間委託，独立行政法人制度，**指定管理者制度**，**PFI（Private Finance Initiative）**，**市場化テスト（官民競争入札）**を紹介したい。

民営化とは，一般には政府（国・自治体）が保有する企業や事務・事業の経営主体を，民間部門に移行させることを意味する。第2臨調の成果である3公社の民営化はその代表的な例であるが，民営化には，経営に対する政府の関与の程度に応じていくつかのパターンが存在する。まず，一般の民間会社と同様の取扱いを受け，すべての株式を市場に公開（上場）する場合は，完全民営化とみなされる（JR東日本・JR東海・JR西日本・JR九州，日本航空株式会社（JAL）など）。しかしながら，株式の一部を上場するにとどまるケース（日本電信電話株式会社（NTT），日本たばこ産業株式会社（JT），日本郵政（JP）など）や，株式を上場せずに政府が保有し続けるケースもある。後者の場合，対象となる事業は特殊会社として設立された企業（JR北海道・JR四国・JR貨物，高速道路株式会社（6社）など）に移管されているが，政府は安定した経営基盤の確立などを理由として特殊会社の経営に対して大きな影響力をもつ。

規制緩和とは，経済主体（企業など）に対する政府の規制（公的規制）を撤廃あるいはその一部を緩和することを意味し，近年は規制改革という言葉が使われる。公的規制は，経済的規制（許認可などの手段により企業の参入・退出，価格，サービスの質と量，投資，財務，会計などの行動を規制）と社会的規制（労働者や消費者の安全・健康・衛生の確保，環境の保全，災害の防止などを目的として特定行為の禁止・制限を行う規制）に分類されることがある（植草2000）。日本では，規制を総合的に見直すために「規制緩和推進計画」（1995～97年度）を策定して以降，計画の改定や新計画を策定するなかで，経済的規制は原則的に撤廃し社会的規制は必要最小限とする原則のもと，各分野における規制改革が進められてきた。具体的にみると分野横断的な規制では，参入（需給調整）規制（免許・許可制度など），資格制度（業務独占資格など），基準・規格と検査・検定に関する制度が見直しの対象とされている。また，個別分野では，住宅・土地，公共工事，情報・通信，運輸，エネルギー，金融・証券・保険，農業・農産物，保安・環境ビジネス，雇用・労働，医療・福祉，教育，競争政策，法務などさまざまな業界を対象とした規制の見直しが順次実施されている。

民間委託に関しては，主に自治体の事務・事業の見直しにおいて，現業業務などの民間委託が積極的に推進されてきた（総務省2020b）。具体的には，都道府県と政令指定都市では，本庁舎の清掃・夜間警備，学校給食の調理・運搬，道路の維持補修・清掃，情報処理・庁内情報システムの維持，ホームページの作成・運営，調査・集計などの業務に関し，ほぼすべての自治体が民間委託を行っている。市区町村においても，し尿収集，一般ごみの収集，水道メーターの検針，ホームヘルパーの派遣，在宅配食サービス，情報処理・庁内情報システムの維持などの業務を，民間委託する自治体の割合が9割を超えている。これ以外にも案内・受付，電話交換，公用車の運転，総務関係事務について，民間委託を行う自治体が増えつつある。なお，民間委託の場合，公共サービスの具体的な供給方法は民間部門の主体に委ねられるが，供給義務はなお政府（行政）に残されるところが民営化とは異なる特徴となる。

独立行政法人制度は，国や自治体の業務のうち，政策の実施に当たる事務・事業を分離したうえで担当する組織に独立の法人格を付与し，サービスの質の向上，業務の活性化，効率性の向上，自律的な運営，透明性の確保を図ることを目的としている。国においては中央省庁の再編と同時に独立行政法人通則法に基づき各法人が設立され，試験研究機関，博物館・美術館などを中心に87の法人が設立されている（総務省 2020c）。また，自治体においても，地方独立行政法人制度のもと公立大学（76），公営企業（61），試験研究機関（11），社会福祉施設（1），博物館（1）が運営されている（総務省 2020d）。

指定管理者制度は，「公の施設」（体育・文化施設，社会福祉施設など）の管理・運営を，民間企業等に委託することを可能にする仕組みである。この制度を導入する76,268施設（都道府県6,847施設，指定都市8,057施設，市区町村61,364施設）のうち，約4割に当たる30,802施設では，株式会社・NPO法人・学校法人・医療法人などの民間事業者が指定管理者に指定されている（総務省 2019）。

PFIは，公共施設などの建設・維持管理・運営を行う際，民間企業の経営・技術の能力や資金を活用することにより，行政が直接実施する場合よりも低廉なコストで公共サービスの質を高めていくことを目的とした改革手法である。国や自治体が事業主体となるPFI事業において，その活用対象は，文教施設，文化施設，福祉施設，医療施設，廃棄物処理施設，観光施設，農業振興施設，道路・公園・下水道施設・港湾施設，警察・消防施設，事務庁舎・公務員宿舎など広範囲にわたる。

市場化テスト（官民競争入札）は，対象事業とされた公共サービスの実施に関し，行政と民間事業者が対等な立場で競争入札に参加する仕組みであり，価格と質の両面で優れた提案を行った側にそのサービスの提供が委ねられる。これまでの事例をみると，国においては，登記や統計に関連する事務，研修関連の業務，情報システムの管理運営，職員公舎管理業務などが，自治体においては窓口業務（支所，まちづくりセンター，公民館など）の事業が，入札を経て民間事業者が実施することとされたケースがある。

以上の改革手法に加え，行政の応答性や透明性，説明責任を確保するための取組みでは，自治体が国の情報公開法の制定に先駆けて情報公開条例を制定した経緯もあり，これまでにすべての都道府県・政令指定都市とほぼすべての市区町村が情報公開の仕組みを整えている（総務省 2018a）。また，意見公募手続制度（パブリックコメント）は国においては行政手続法にその運用が明記され，政令や省令などの案を検討する際に広く意見を公募し配慮することとされている。自治体においても意見公募手続制度の導入状況は，都道府県（97.9％），政令指定都市・中核市（100％），施行時特例市（97.2％），その他の市区町村（54.5％）となっている（総務省 2018b）。これに加えて政策（行政）評価の取組みも進展しており，自治体レベルではほぼすべての都道府県と特例市が政策評価の仕組みを導入している（総務省 2017）。その結果は，予算の要求と査定，定員管理，年度ごとの重点施策と方針の策定，事務・事業の見直し，総合計画の進行管理，政策方針の達成状況を図るツールとして活用されている。

（大藪俊志）

第2章

行政学の誕生と発展

本章のねらい

本章では行政学の歴史を振り返るとともに，これからの行政学の行方について考えていく。現代行政学はアメリカ行政学を起源とするものであるが，日本の行政学者はドイツ官房学からも多くのことを学んできた。そこで，まず17～18世紀にかけて発展したドイツ官房学の歴史を辿る。つぎに，19世紀以降に発達してきたアメリカ行政学の議論を紹介する。現代行政学ではアメリカ行政学の影響が非常に強いが，ヨーロッパの行政学も興味深い議論を展開してきた。そこで，ヨーロッパの行政学の理論的な展開を追い，また行動行政学などの最新の研究潮流についても概観する。最後に，日本における行政学の歴史を辿ったうえで，行政学の将来像に言及する。

第1節　アメリカ行政学以前

1．ドイツ官房学

行政学の歴史はどの時代まで遡ることができるのだろうか。後述するが，**ウィルソン**（Woodrow Wilson）が1887年に「行政の研究」を発表してからアメリカ行政学が始まり，日本の行政学もアメリカ行政学の影響を受けているので，行政学の歴史は約120年～130年と考えられている。

しかしながら，行政学的な学問がアメリカ行政学以前に存在しなかったわけではない。とくに日本の行政学の授業や教科書では，行政学前史としてドイツ**官房学**に触れることも多い。明治期，伊藤博文らが渡欧して憲法制度を調査した折に，ドイツ官房学の系譜のなかで名高い**シュタイン**（Lorenz von Stein）から直接教えを受け，また草創期の日本の行政学がドイツ官房学から大きな影響を受けたという歴史的背景もある。そこで本章では，ドイツ官房学から行政学の学説史について見ていくことにする（手島 1976；外山 2016；風間編 2018；足立 1971）。

ドイツ官房学は，おおよそ16世紀から19世紀にかけての時期，当時のドイツの諸領邦国家，とくにプロイセンとオーストリアを中心にして成立し，広まった学問である。官房学はドイツ語でKameralismusというが，官房（Kammer）とはもともと君主の部屋を意味する言葉である。この言葉からも分かるように，官房学は，君主の国家経営に資する「君主の家政の学問」として位置づけられており，君主に仕える官吏が必要とする知識や技術のことを指している（足立 1971：11）。この時期のドイツは，神聖ローマ帝国が衰退し，領邦国家が多く存在していた。そのなかで各領邦は絶対主義国家を目指し重商主義を採用することで，自らの領邦を強化すること，すなわち富国施策に注力していた。そのような背景のもと，官房学が広まっていったのである。

ドイツ官房学は，前期官房学と後期官房学の2つに大別できる。17世紀に隆盛した前期官房学は，幸福促進主義を中心的な理念とし，経済や国民国家の確立のためには国民生活の一部（行動や表現）を国家権力によって制限することも必要であると謳った。この時期の国家観は現在の国家観と異なり，君主＝国家の側面もあり，国家を富ませることは君主を富ませることを意味していた。そのために研究された学問領域には，現在でいう財政学や警察学，国家学，経済学，さらには農業，林業，貨幣，貿易，人口の増加策などまでに及び，広範な領域が官房学として包含されていて，現代のような学問領域に分化していなかった。前期官房学の代表的な研究者には，ゼッケンドルフ（Veit Ludwig von Seckendorff）やベッヒャー（Johann Joachim Becher）などがいる。

後期官房学は，1727年にハレ大学とフランクフルト大学に官房学の講座が開設されて以降のものを指す。前期官房学では未分化だった学問領域は専門化・分化が進み，財政学，政治経済学，警察学，行政学などへと分かれていった。この時期の代表的な研究者としては，ユスティ（Johann Heinrich Gottlob von Justi）やゾンネンフェルス（Joseph von Sonnenfels）などが挙げられる。

2．シュタイン行政学

君主のための学問であった官房学は，近代市民社会の成立，立憲主義や法治国家の理念の確立とともに，衰退していった。立憲主義は絶対君主制から立憲君主制へと君主のあり方を大きく変容させ，法治国家の理念のもと，法律に基づいて行政が行われることとなった。官房学の衰退の後，登場してくるのが「シュタイン行政学」とも呼ばれる**シュタイン**の一連の研究である（手島 1976；外山 2016；風間編 2018；足立 1971）。シュタイン行政学の重要な点は「憲政（Verfassung）」と行政「（Verwaltung）」とを区別した上で，両者の関係性を探究したことにある。憲政とは，国家の意思を形成する過程であり，国家を構成する個人がその意思形成過程に参加することである。他方，行政とは，憲政が形成した国家の意思を実現する過程のことを指す。憲政ではさまざまな利害対立が生じ，歪んだ政策が行われる恐れがあることから，利害対立は憲政に委ね，行政は憲政で決定されたことを中立的に実施していくことをシュタインは強調した。ただし，憲政と行政はともに必要であり，両者は双方向的な関係性をもつ。そのことをシュタインは，主著『行政学提要（*Handbuch der Verwaltungslehre*）』のなかで，「行政なき憲政は……無内容であり，憲政なき行政は……無力である」という言葉で表している（von Stein 1887: 28）。

シュタインはドイツの行政学を大きく飛躍させたが，1890 年に彼が亡くなると，その後は急速に衰退していった。代わってドイツでは行政法学が台頭し，影響力を増していく。19 世紀には，市民革命を経て，議会の優位性を認める立法国家の理念が確立した。立法国家のもとでは行政は議会が決定した法律に拘束される。この「法律による行政の原理」によって市民の自由が確保されると考えられたのである。行政に関する法律も次々と制定され，行政裁判所も設置されるようになる。このような状況下で，法律の解釈や判例の注釈に関して専門知識をもつ法律学者へのニーズが高まり，行政法学が盛んになっていったのである（足立 1971）。

第2節　現代行政学の成立と展開

1．政治・行政二分論

アメリカ行政学は，ウィルソンと**グッドナウ**（Frank J. Goodnow）の研究から始まったとされている。ウィルソンは1887年に「行政の研究（The Study of Administration）」を発表し（Wilson 1887），グッドナウは，1900年に『政治と行政（*Politics and Administration*）』を著している（Goodnow 1900）。

その当時のアメリカでは，公務員の任用を党派的な情実によって行う**猟官制**（spoils system）の慣行があった。猟官制は，政治家自身の政治信条と公務員の職に就く者の政治信条が一致するという意味においては評価できる部分もあったが，政治腐敗の要因ともなっていた。投票や選挙運動を手伝った見返りに官職が与えられ，公務員としての資質のない人間がその職に就くことも多くなった。さらに，1881年，ガーフィールド（James A. Garfield）大統領が暗殺されるという事件が起きた。捕まった暗殺犯は，選挙運動を手伝ったにもかかわらず官職を得られなかったと不満を募らせた男だった。こうしたことから，公務員制度改革の機運が高まり，1883年に**ペンドルトン法**が成立する。試験による公務員の任用を基本とする，**資格任用制**（merit system）が導入されることとなった。

このような時代背景のもとで，アメリカ行政学は誕生した。大衆デモクラシーが展開している政治の領域は多様な意見によって利害が衝突したり，その逆に利害を調整したりと効率性や政治的中立性とは無縁の世界であった。そこでウィルソンは，行政は政治から距離を取るべきであり，政治におけるさまざまな利害調整や利害衝突には関わるべきではないと考え，**政治・行政二分論（政治・行政分断論）**を提唱した。ウィルソンは，行政研究の目的は，第1に政府が適切かつ首尾よくなし得ることは何か，第2に政府がいかにその仕事を最大の能力と最小の経費・エネルギーのコストで遂行し得るかの2点にあると指摘した（Wilson 1887）。そして，「行政研究の目的は，経験的な実験のもつ混乱と浪費から執行の手段を解放し，これをしっかりとした原理に深く根ざした基礎の上に確立することである」とし，「行政は政治固有の領域外にある。行政の問題は政治の問題ではない。政治は行政の任務を設定するとしても，その運営を操作することまでは許されない」（Wilson 1887: 210）と述べている。

もう1人のグッドナウは，1900年に『政治と行政』（Goodnow 1900）を著し，政府の機能を国家の意思表明と国家の意思の執行の2つに区分して，前者を政治，後者を行政とした。そして，その行政機能を司法（administration of justice）と狭義の行政（administration of government）とに分けた。さらに，行政は第1に法律の一般的規則の範囲で具体的事案を審査する準司法的機能，第2に単なる法律の執行にとどまる執行的機能，第3に複雑な行政組織の設立・維持・発展にかかわる機能の3つに分けることができ，そのうち，政治が行政を統制する必要性があるのは第2の法律の執行についてのみであるとした。ウィルソンは政治・行政二分論を提唱し，グッドナウはその政治・行政二分論を再構築したことから，アメリカ行政学の創始者と呼ばれている。

この当時のアメリカでは，資本主義が発展し，民間企業の役割も大きくなるなか，経営学の研究が盛んになっていた。民間企業では生産過程や経営における効率化が大きな課題となっており，経営学では科学的管理法が台頭していた（風間編 2018）。**科学的管理法**は，提唱した**テイラー**（Frederick Taylor）の名前から「テイラー主義」とも呼ばれる。テイラーは，工場における作業の重複や無駄を排除し，その効率化を図り，生産性を高めることを考え，工場内の室温や照明の明るさ，作業時間などについて実験を繰り返した。また報酬のあり方として，ノルマの達成次第で賃金が異なる，出来高払いが最も効率的であるとした。ただし，こうした効率一辺倒ともいえる科学的管理法の考え方に対しては「人間を機械のように扱っている」といった批判もあった（第7章を参照）。

科学的管理法は行政の分野にも影響を及ぼすようになり，「行政調査運動（governmental research movement）」と呼ばれる動きにつながった。これは科学的管理法を行政運営に応用しようとしたものであり，とくに1906年に設立されたニューヨーク市政調査会による市政改革が有名である。この当時の行政学は，政治・行政二分論が主流であり，政治から距離を置き，行政は政治的に中立で，かつ，効率的に事務を行うという考えと科学的管理法の考え方が合致していたということであろう。

このような科学的管理法に影響を受けたアメリカ行政学の主眼は行政を管理することであり，行政管理論とも呼ばれる。その最も代表的な成果は，1936年にルーズベルト（Franklin D. Roosevelt）大統領が設置した「行政管理に関する大統領諮問委員会（通称ブラウンロー委員会）」に提出された『行政科学論集（*Papers on the Science of Administration*）』である。この論集を編んだのは，委員会のメンバーの１人でもあった行政学者の**ギューリック**（Luther H. Gulick）と，経営管理の専門家である**アーウィック**（Lyndall F. Urwick）である。ギューリックは，その論集のなかで，「能率は行政の価値尺度における第一公理である」（Gulick 1937b: 192）と述べ，大統領や知事といった行政の最高責任者（執政長官）が果たす機能は「**POSDCoRB**（ポスドコルブ）」にあると指摘した（Gulick 1937a: 13）。P は Planning で計画を，O は Organizing で組織を，S は Staffing で人事を，D は Directing で指揮を，Co は Coordinating で調整を，R は Reporting で報告を，B は Budgeting で予算を指す。しかし，例えば大統領が POSDCoRB をすべて行うことは不可能である。そこで，ブラウンロー委員会は大統領を補佐するための機関の設置を提案した。この提案を受ける形で，アメリカ政府は 1939 年に大統領府を創設した（辻 1961）。

このように政治と行政が分断されたものとしてとらえられ，行政学が政治学から独立して発展していった。これらは「**正統派行政学**」とも呼ばれる。この時期の政治と行政の二分論について，**片岡寛光**は，「政治と行政の二元論は容易に定着し，確乎不動のパラダイムとなって，行政学が政治学から独立した発展を遂げていくのに貢献した。その結果が政治理論と行政学の疎遠であり，『何のための行政か』という問題意識の陥没であった。行政学は政治学に対しての近親感を抱くよりは，経営管理論との間により大きな連帯性を見出していった」と指摘している（片岡 1976：86–87）。

２．政治・行政融合論

有権者の拡大に伴う，大衆デモクラシーの時代の到来とともに，立法府である議会には国民の代表が選出されるようになっていった。貴族や地主，新興の資本家，さらには労働者や農民など多様な背景を有する層の代表が議席を獲得するようになったのである。このような状況によって，議会が利害対立や調整の場となった。

また，19 世紀から 20 世紀初め頃までは，議会が制定した法律に従って政策を実行していくことが行政に求められたことであったが，社会の複雑化・技術の専門化に伴って行政の役割にも変化が生じてくる。国民の代表である議員の集合体である議会だけで，複雑化・専門化した社会への対応策を立案することが困難になり，専門知識を有する官僚によって政策が立案されるようになっていく。

さらに，資本主義の進展に伴って貧困や都市問題なども生じるようになり，行政がそれらの問題に対処することが求められることになった。このように行政が国民生活に関与し，その領域が拡大してくることを**行政国家化**（第1章・第6章を参照）という。1929 年の世界恐慌，1930 年代のニューディール政策，そして第2次世界大戦を経て多くの先進国が市場経済に介入し，景気変動を公共事業や減税などで調整したり，医療や年金などの社会保障制度を整備するようになった。

このように社会が大きく変化していくなかで，政治と行政を分けて考えることができなくなってきた。政策立案の主役が議会から行政へと移り，行政（官僚）が立案した法案を議会が審議し成立させるという現在見られるプロセスが出現することとなったのである。その結果，政治と行政が融合しているものとみなす**政治・行政融合論**という考え方が台頭してくる。理論的にも，アップルビー（Paul H. Appleby），ダール（Robert A. Dahl），サイモン（Herbert A. Simon），ワルドー（Dwight Waldo）らによって政治・行政二分論は批判を受けることとなった。政治・行政融合論では，とくに政策形成における政治と行政の融合に焦点が当てられている（真渕 2020）。アップルビーの『政策と行政（*Policy and Administration*）』のなかで，「行政は政策形成であり，多くの基本的な政治過程のひとつである」と指摘されているように（Appleby 1975[1949]: 170），政策形成が行政の守備範囲であると考えられるようになったのである。

このように政治・行政二分論から政治・行政融合論へと行政学の学説は大き

く変化した。**西尾勝**は，政治・行政融合論の意義として，第1に政治と行政の交錯する領域が従来以上に広がってきている現実に注意を喚起し，行政学の研究対象を政治に関わる領域に引き戻し，これを拡大させたこと，第2に分離論を前提にして価値中立的な原理を探求してきた行政管理論に対して猛省を促したこと，第3に政治・行政のあるべき関係をめぐる規範的な論議が再燃したことの3つを挙げている（西尾 2001a）。しかし同時に，政治・行政融合論への展開は「行政学から認識論上の明確なアイデンティティを奪」う状況を創り出すことにもなった（大森 1976：71）。学問としての固有性が見失われ，行政学の「一体性の危機（アイデンティティ・クライシス）」をもたらすことにもつながっていく。

その後，1960 年代～70 年代のアメリカにおいて，「新しい行政学」を求める動きが出てくる（今村他 2009）。当時，ベトナム戦争の泥沼化と敗戦，公民権運動，そして学生運動などを背景として既存の価値観が大きく揺らぎ，科学や学問の意味も問い直されていた。そうした時代状況のもと，能率や有効性といった伝統的な関心事にとどまらず，倫理問題や社会的公正の追求に行政学の新しい役割を見出そうとしたのである（辻隆夫 1983）。新しい行政学に対してはさまざまな研究者による動きがあったが，政治・行政二分論，政治・行政融合論に匹敵するようなアプローチが定式化されたというわけではなかった。

これ以降，行政学は，アメリカ，ヨーロッパとそれぞれ異なる展開を見せ，公共経営論，行動行政学へと展開していく。

第3節　公共経営論と行動行政学

1．NPMの出現とヨーロッパ行政学の潮流

アメリカ行政学は，ヨーロッパ諸国の行政学にも大きな影響を与えた。しかし，第二次世界大戦後，ヨーロッパ行政学はアメリカ行政学とは異なる独自の発展を遂げ，1970 年代に確立されたと考えられている（Ongaro, et al. 2017）。

ヨーロッパとアメリカの行政学がそれぞれ異なる路線を選択した背景には，各国の政治行政システムの違い，言い換えれば制度構造的な要因が存在する。例えば，アメリカが大統領制であるのに対して，多くのヨーロッパ諸国は議院

内閣制を採用している。さらには，アメリカと異なりヨーロッパにはEUのような超国家機関が設置されている。そのため，アメリカで生まれた行政学の知見，とくに政官関係や政府間関係に関する理論をヨーロッパ諸国の研究にそのまま適用することは必ずしも容易なことではなかった。

また，ヨーロッパ行政学は各国の制度構造的な要因や歴史的・文化的要因の違いを考慮しながら国別に発展したため，例えばドイツ行政学とフランス行政学とでは，それぞれ異なる研究課題が設定されていた。しかし，その一方でヨーロッパ行政学としての共通基盤がなかったわけではない。その共通基盤とは**公共経営論**（public management）である。

イギリスの政治学者であるローズ（R.A.W. Rhodes）らによれば，1970年代から90年代初頭までは政策分析に関する研究が増加していたものの，90年代以降から，公共経営論や行政改革に関する研究が大幅に増加したという（Rhodes, et al. 1995）。

公共経営論とは，「公共サービスの提供と行政府に関する取り決めの設計・運用を研究し実践すること」と一般的に定義され，行政学のなかでも，組織の構造や構成員の行動に注目した研究テーマとして位置づけられている（Hood 2005: 8）。この公共経営論に対する研究関心の高まりは，現実の行政における**NPM**（New Public Management）の出現と大きく関係していた。

1980年代に入ると，イギリスをはじめとする多くの欧米諸国では，行政への民間経営手法の導入や，公的組織の民営化，政府内での分業化といった行政改革が進められた。これらの改革のなかで示された考え方を学問的に定式化したものがNPMである（第1章を参照）。

NPMは，1990年代に実践的な政策アイディアとして行政改革を世界各国へ波及させただけでなく，行政学における学問的アイディアとしても注目を集めた。つまり，NPMは行政改革という共通の研究対象をヨーロッパの行政学者に提供したと同時に，公共経営論というヨーロッパ行政学にとっての共通基盤も生み出したのである。あるいは，NPMが90年代以降のヨーロッパ行政学の強力な推進剤になったといっても良い。このような公共経営論と行政改革研究の隆盛は2000年代以降も継続している（Groeneveld, et al. 2015）。

さらに，ヨーロッパ各国の行政学者は，公共経営論という共通基盤を得たことで研究の国際性を志向するようになり，国家間比較という研究手法をそれまで以上に積極的に用いるようになった。

ヨーロッパ行政学におけるこれらの特徴が，1990年代以降に学問的アイデンティティへと昇華したことで，ヨーロッパ行政学とアメリカ行政学の違いはより明確なものとなってきている。

2．行政学における行動科学の復権

行政改革を主な研究対象として発展した公共経営論は，**設計科学**（design science）としての側面も有していた。例えば，管理職用の研修プログラムが新たに開発された場合，そのプログラムが立案者の意図したとおり管理職のパフォーマンスにプラスの効果を及ぼしているかどうかを研究者は分析し，その結果を実務家に情報提供する。そして，実務家はその情報を基にプログラムを修正したり，つぎのプログラムを設計する。

このように現実の改革によって作り出された政策やプログラムの因果効果を推定し，その推定結果に関する情報を政策立案者にフィードバックすることで行政実務へ貢献する役割も，公共経営論には期待されていたのである（James, Jilke, and Van Ryzin 2017）。さらに公共経営論は，先に述べたとおり組織構成員という個人レベルの行動にも大きな関心を持っていた。

そのため近年，公共経営論に関して，心理学の理論を応用し，かつ**実験アプローチ**を用いた研究が増加し始めている。実験は自然科学だけでなく行政学のような社会科学においても用いられる研究手法であり，計画的に導入された介入（intervention）の効果を観察する研究と定義されている（Shadish, Cook, and Campbell 2001）。ここでいう介入とは，検証したい因果関係の結果に影響を与えると予測される作用のことを指していると考えてほしい。

前述の管理職用の研修プログラムの例で考えてみよう。研修プログラムが管理職のパフォーマンスに及ぼす因果効果を実験によって推定したい場合，研修プログラムの受講という介入が行われるグループと，そのような介入が行われないグループを計画的に設定する。前者のグループは実験群（experimental group），後者のグループは統制群（control group）と呼ばれる。その上で実験参加者（管理職の職員）を実験群と統制群に無作為に割り当て，実験群と統制群の間で職員のパフォーマンスに差が生じているかどうかを確認するのである。仮に，両グループの間に何らかの差が生じていた場合，その差の原因は介入（研修プログラムの受講）の効果ということになる。

以上のような，組織構成員の個人の行動を研究対象として実験アプローチによりミクロ・レベルでの因果関係を検証する方法は，実のところ，**サイモン**（Herbert Simon）らによって1940年代に行われていたものであった。しかし，**行動科学**（behavioral science）や心理学に着目したサイモンらの行政研究は，政治・行政融合論が主流となったアメリカ行政学において批判の対象となったことにより，第二次世界大戦後，行政学の傍流になってしまったのである。そのため，実験という手法が行政学において用いられることは，近年までほとんどなかった。

ところが，現在は行動科学や心理学の知見を行政研究に応用した**行動行政学**（behavioral public administration）という研究潮流が世界的に形成されつつある。このような潮流が，公共経営論をはじめとする行政学に実験アプローチを呼び戻したといえるだろう。

第4節　日本行政学の歴史的展開

最後に第4節と第5節とで，日本行政学の歴史や動向について説明したい。本章の冒頭で述べたとおり，日本行政学はアメリカ行政学の影響を受けながら現在に至った。日本の行政学は，ドイツやアメリカといった欧米の行政学を「輸入」するところから始まり，その後，徐々に「国産化」を果たしたのである。

では，日本行政学は欧米の行政学から具体的にどのような影響を受け，どのように発展してきたのだろうか。また，その結果として日本行政学はどのような特徴や課題をもつようになったのだろうか。

1．「民主主義と能率」のジレンマ

歴史を遡れば，1882（明治15）年から8年間，ドイツ人のラートゲン（Karl Rathgen）が現在の東京大学で初めて行政学の講義を行った。しかし，行政学

に関する大学での講義はその後中断される。行政学講座が改めて開設されたのは1921（大正10）年になってからだった。行政学講座は，東京大学だけでなく京都大学においても開設され，この時から日本での行政学研究が本格的に始まったといえるだろう。1921年当時の東京大学の講座担当は蝋山政道，京都大学の講座担当は田村徳治だった。

1921年の講座開設はアメリカ行政学の刺激を受けてのものであったため，戦前の日本においてもアメリカ行政学は摂取されていた。しかし，蝋山や田村をはじめとする戦前期の行政学者はアメリカ行政学以上にドイツ行政学，とくにシュタイン行政学の影響を強く受けていたとされる。

シュタインは，国家において民主主義を確立する必要がある一方，行政によって国家の統治機能の能率性を高める必要もあると考えていた。しかし，国家の統治機能を拡大させることは，統治される国民の権利を制約することに結びつき，民主主義の発展を阻害する恐れもある。つまり，シュタイン行政学は，「民主主義と能率」のジレンマを前提に行政のあり方を論じるものでもあった。

そのため，シュタイン行政学の影響を受けた日本の行政学者，とくに蝋山は，このようなジレンマを念頭に，民主的行政のあり方だけでなく，行政の能率性や合理性を追求する管理（administration）の側面に着目をした研究を進めた。

2．政治学としての日本行政学の確立

戦後に入り日本行政学を発展させていったのは，蝋山や田村の指導を受けた**辻清明**，吉富重夫，長浜政寿たちである。戦前期の行政学の流れを受けた彼らもまた，「民主主義と能率」のジレンマを強く意識しながら日本行政についての研究を重ねていった。

例えば辻は，日本の状況を「民主主義と能率」の二重の課題に直面していると表現した。辻によれば，国家における民主主義は，絶対主義時代，近代民主主義時代，現代民主主義時代という歴史的発展段階を順番に経て実現するという。しかし，日本は近代民主主義時代を経ずに絶対主義時代から現代民主主義時代へと至ったため，戦後日本は，能率性を高めるための統治制度改革という

課題だけでなく，近代的な民主化の実現というもう1つの課題をいまだに抱えていると辻は論じたのである（辻 1949，1952）。また長浜も，戦後の日本が地方自治を発展させるにあたり，「民主主義と能率」のジレンマについて考える必要があることを指摘した（長浜 1952）。

実際，終戦直後の日本では，新しい公務員制度や地方自治制度を検討するにあたって，能率基準だけではなく民主性や自治性といった基準から各制度のあり方を論じることが求められた。辻によれば，この時期に「行政を論ずることは，そのまま日本の政治（government）を論ずる状況が設定されていた」という（辻清明 1983：6）。そのため，戦後期の行政学者は，民主的行政や地方自治とはどのようなもの（であるべき）かという規範的な問いをより一層強く意識し，行政研究を蓄積させていったのである。

このようにして戦後の日本行政学は，民主主義に関する価値や規範を強く意識しながら，政治学の一部として確立していった。また，そのなかでもとくに，官僚制研究や公務員制度研究，地方自治制度研究といった統治制度に関するテーマの研究が集中的に積み重ねられたのである。これらの傾向は，辻や長浜らの後進にも引き継がれたため，戦後の日本行政学の特徴は，① 歴史意識の強さ，② 官僚制研究への傾斜，③ 地方自治制度研究への傾斜，④ 体制構造分析の指向の4点であると指摘されている（西尾 1983）。

3．アメリカ行政学の受容と偏り

本章の前半で紹介したアメリカ行政学の知見が日本へと本格的に入ってきたのは終戦後からである。戦時中の日本は学問的鎖国状態にあったため，ニューディール期も含めたアメリカ行政学の多様な研究業績を日本行政学が摂取したのは，戦後になってからだった。また，戦後改革によって新たに構築された行政制度の多くがアメリカの制度をモデルにしたものであった事情も関係し，日本行政学はアメリカ行政学を積極的に「輸入」した（西尾 1991）。さらに，アメリカ行政学をはじめとするさまざまな海外理論が入ってきたタイミングで，日本国内の若い行政学者が増加していった。そのため，戦後の日本行政学はアメリカ行政学から非常に大きな影響を受けたとの評価が一般的である。

しかし他方で，戦後の日本によるアメリカ行政学の摂取の仕方には偏りがあった可能性が高いとの指摘がなされている（今村 1983）。その偏りとは，組織理論や行政管理論といった研究テーマの学問的価値を，官僚制研究や地方自治制度研究のそれと比べ過小評価するというものである。ではなぜ日本は，アメリカ行政学のなかでも組織理論や行政管理論を過小評価する形で受容したのだろうか。

4．ワルドーとサイモンの行政学観

その理由は，日本が摂取したアメリカ行政学の研究内容の多くが，政治・行政融合論を前提としていたから，つまり，政治・行政二分論を前提とした組織理論や行政管理論に対する批判的性格の強いものだったからである。

とくに戦後の日本行政学に対しては，『行政国家（*The Administrative State*）』を著したワルドーの影響が大きいといえる。ワルドーは，科学的管理法のような古典的組織論を，統治のあり方という規範的な問題から離れた技術論に過ぎないとして強く批判した。また，彼は組織活動の能率性について検討する行動科学を，組織構成員を機械的にとらえ，実験手法等を用いた自然科学的な研究であると攻撃したのである（Waldo 1948, 1952）。ここでいう行動科学には『経営行動（*Administrative Behavior*）』を著したサイモンの**意思決定論**（第7章を参照）が主として含まれる。

つまり，サイモンの行政学観が科学的アプローチによる**行政科学**（administrative science）だったのに対して，ワルドーの行政学観は規範的アプローチによる行政学と整理できるだろう。そのため，サイモンらの価値中立的な科学は民主的行政について論じる行政学になじまないとワルドーは考えていたのである。

このようなワルドーをはじめとする政治・行政融合論者の行政学観を，戦後日本の行政学者が広く受容した結果，組織理論や行政管理論に対して一定の距離をとった日本行政研究が1950年代以降蓄積されることになった。実際当時，辻清明はワルドーを引用して，科学的管理法や行動科学に対しかなり慎重な立場を表明しており，また長浜政寿も行政学を行政管理の技術論として考えるのは狭すぎると論じた（辻 1962；長浜 1952）。

さらにこの時期，アメリカ行政学が**一体性の危機**（アイデンティティ・クライシス）によって衰えたため，日本の行政学者の多くはアメリカにおける組織理論や行政管理理論のその後の動向にさほど関心を払わないようになってしまった。一体性の危機とは，アメリカ行政学が，政治学だけでなく経営学や心理学など隣接領域の影響を受けて，学問としての一体性と独自性，さらには存在意義を見失っていた状況を指す。前節で述べたようにアメリカ行政学のなかで実験アプローチが衰退したことも一体性の危機が大きく関わっている。

以上のような偏った観点でアメリカ行政学を受容した結果，戦後の日本行政学はいくつかの根本的な課題を抱えることになった。具体的には，① 理論研究と実証研究の乖離，② 研究と教育の乖離，③ 行政管理研究の立遅れ，という3つの課題である。これらの課題点を指摘したのは，辻や長浜らの次世代の行政学者にあたる西尾勝，村松岐夫，今村都南雄たちだった（西尾 1983；村松 1983；今村 1983)。

5．戦後日本行政学が抱えた課題（1）理論研究と実証研究の乖離

まず，理論研究と実証研究の乖離とは，アメリカ行政学の理論が日本行政を対象にした実証研究に応用されていなかった状況を意味している。アメリカ行政学の理論は，戦後発刊された日本の行政学教科書でも度々引用され，理論研究として整理，紹介されていたものの，現実の日本行政を説明するための道具としては用いられていなかった。この傾向は，組織理論や行政管理理論に限ったものでなく，官僚制に関する理論についても同様だった。

このような状況を村松は，アメリカ行政学で提起されていた**中範囲の理論**を日本行政学が十分に消費できていない結果とみなした（村松 1983)。中範囲の理論とは，**マートン**（Robert Merton）によって主張されたものであり，経験的データによって証明された規則性やパターンのことである。また今村はこの問題を，前述のような偏った観点でアメリカ行政学を摂取した結果，日本の理論研究において生じた「歪み」と考えた（今村 1983)。

さらにこの問題は，歴史や文脈の異なる欧米で導きだされた行政の理論を，日本の事例に直接適用することの困難さも意味していたといえるだろう。

6．戦後日本行政学が抱えた課題（2）研究と教育の乖離

つぎに，研究と教育の乖離とは，研究と教育を結節する理論体系の欠如のことを指す。前述のとおり，戦後の行政学教科書においてアメリカ行政学の理論は詳しく紹介されていたものの，日本行政を対象にした実証研究はアメリカの理論を用いて仮説検証するというものではなく，また日本産の中範囲の理論が十分に構築されていたわけでもなかった。そのため，大学での行政学教育の内容と実際の日本行政を素材にした実証研究の内容とが，理論面で体系的に結びついていなかったのである（西尾 1983，1991）。

7．戦後日本行政学が抱えた課題（3）行政管理研究の立遅れ

3つめの課題である，日本の行政管理研究の立遅れは，欧米の行政学と比べても深刻だった。日本と異なり，アメリカ行政学は一体性の危機におちいりながらも，その後，行政管理論の学問的価値を再評価し，研究を発展させていた。例えば，行動科学批判の急先鋒だったワルドーも，1960 年代には，政治・行政二分論を前提とした組織理論や行政管理論を再評価する立場に転じていた（Waldo 1965）。このようにして行政管理研究の継承がなされたアメリカ行政学とは対照的に，日本行政学では行政管理研究が長期にわたって停滞したため，政治学としての性格がさらに色濃くなっていったのである。

ただし，この間に日本行政学において，組織理論や行政管理論に対する関心がまったく払われなかったわけではない。例えば，西尾は，バーナード（Chester Barnard）の組織理論（第7章を参照）やサイモンの意思決定論を再評価して日本の行政組織研究への適用可能性を検討しており，今村はサイモン理論を環境庁の設置過程や自然保護法の制定過程の事例研究に応用した（西尾 1976；今村 1976）。また村松も，中央省庁官僚の認識を調べるためのサーベイを行い，その調査結果の分析においてサイモン理論を用いながら日本の官僚制を論じている（村松 1981）。

彼らがとくにサイモン理論に関心を払った背景には，日本の官僚制研究を発展させるにあたり，官僚制の内側すなわち行政組織の内部構造や個々の官僚の行動をミクロ・レベルで分析するための道具としてサイモン理論が有用であるとの考え方があった（西尾 1983；村松 1983）。また，このような関心をもって

いたからこそ，日本において行政管理論の実証研究が立遅れていることへの危機感をもつようになったのではないかと考えられる。

第5節　日本行政学の現在

1．理論の国産化と教育の標準化

日本行政学は，1980年代後半から2000年代にかけて，理論研究と実証研究の乖離という課題を克服することに成功する。西尾勝らの次世代にあたる行政学者の多くが，欧米の中範囲の理論を日本の事例に応用した実証研究を立て続けに行ったことで，問題を解消したのである。例えば，森田朗はイギリスの行政学者であるフッド（Christopher Hood）の規制執行研究の知見を基に，自動車運送事業に対する運輸省の規制行政がどのように顧客をコントロールしているのかを理論的に説明した（森田 1988）。

このように，1980年代後半以降，個別の政策分野を対象に欧米の理論を応用した実証研究が増えたことで，日本行政を素材にした国産の中範囲の理論が蓄積されていったのである。

さらにその後，**合理的選択論**や**新制度論**が社会科学の領域で世界的に流行したことから，日本行政学でもこれらの理論に基づく実証研究の業績が数多く生み出されていった。例えば，初期の代表的研究である真渕勝の大蔵省研究では，日本の財政赤字の深刻化の要因を財政制度と金融制度の配置とする仮説の検証が行われた（真渕 1994）。真渕の研究のように，ある現象が生じた原因を理論仮説によって予測し，経験的データを使って検証することを**因果推論**という。

以上のように日本行政学では，規則性やパターンといった中範囲の理論の構築作業だけでなく，因果推論が1990年代から2000年代にかけて定着していった。ただし，その研究テーマの多くは伝統的な官僚制研究や地方自治制度研究のままであり，行政管理研究のボリュームは従前と変わらず多くなかった。現代日本の行政学は，サイモンの志向した行政科学というより，**政治科学**（political science）としての特徴を強くして，現在に至っていると考えられる。

また，理論の国産化に成功したことで，日本行政学は教育の面で抱えていた課題も克服していった。教科書の内容に1980年代後半以降の研究成果を取り入れたことにより，現実の日本行政と理論を結びつけた解説が容易になったためである。とくに，西尾勝や村松岐夫がそれぞれ出版した行政学の教科書は体系的であるだけでなく網羅性を備えており，多くの行政学者が用いたことで，日本の行政学教育の標準化が進行した。

2．日本型行政科学の萌芽

前述のとおり，1980 年代以降も日本行政を素材とした実証的な行政管理研究，とくにサイモンの行政学観である行政科学的な研究は限定的だった。しかし，90 年代に入ると，心理学や経営学といった隣接諸科学の先端理論を応用した日本行政研究が登場する。

その代表的研究の１つは，社会心理学者である田尾雅夫によるものである。田尾は心理学や経営学の理論を応用しながら，日本の自治体内の上司と部下の関係や職員の動機づけ要因，課長の管理行動を左右する状況要因など，自治体の組織管理に関するさまざまな内部実態を明らかにした（田尾 1990）。

また，もう１つ注目すべき研究として，稲継裕昭による行政組織の人事管理研究を挙げることができる。稲継は，経営学や労働経済学の理論を基に二重の駒型昇進モデルと呼ばれる記述モデルを構築し，国家公務員の人事管理の特徴を示しつつ，その人事管理システムがいかに能率的であるかを論じた（稲継 1996）（第９章を参照）。

田尾と稲継の両研究は，日本行政を対象として組織の能率性を科学的に論じたものであり，まさに管理を主眼に置いたものだった。双方の研究が当時の日本行政学に与えた影響は大きく，とくに現在の日本行政学における人事研究の多くは稲継の業績を基盤にしている。

このように日本においてもサイモンの行政科学の系譜に連なりうる優れた研究が登場しており，さらに公共経営論や行動行政学といった新潮流が世界的に形成されているなかで，日本型行政科学としての行政学も現在花開きつつあるといえるだろう。

（堀田学・河合晃一）

第２部　行政の制度

第3章

執政制度と首相のリーダーシップ

本章のねらい

日本の場合，国（中央政府）の行政のトップは内閣総理大臣（首相）である。日本の首相は議院内閣制という仕組みに基づいて国会議員のなかから選出されることになっているため，首相が強いリーダーシップで行政活動を指揮できるかどうかは行政府内部だけで決まる話ではなく，首相と議会の関係のあり方によっても左右されることになる。このような行政のトップと議会の関係を規定する制度を執政制度と呼ぶ。ただし，各国を比較してみた場合，この執政制度にはかなりの多様性があるため，本章では，執政制度の種類と分類方法についてまず説明する。そのうえで，日本の中央政府で採用されている議院内閣制の特徴を確認する。本章を通じて読者には，執政制度にはさまざまな種類があること，そして，その制度の種類の違いによってトップのリーダーシップの強さや政策過程のあり方が変わることを理解してもらいたい。

第1節　執政制度とは何か

1．首相のリーダーシップ

日本の首相のリーダーシップは「弱い」とこれまで評価されてきたものの，その評価が近年変わりつつある。首相のリーダーシップの強さは，首相と議会の関係，さらには首相と各省庁（大臣や官僚）との関係によって決まると考えられており，1990年代までは，これらの関係が首相にとって優位なものになっていなかった。しかし，現在の日本の首相は，条件を満たせば強いリーダーシップを発揮することが可能になっている。このことを象徴するように，2012年に第2次政権を発足させた安倍晋三首相は長期政権を維持し，憲政史上最長の首相連続在任日数（2,822日）を記録した。

では，日本の首相のリーダーシップが弱いものから強いものへと変化した背景として，首相と議会の関係，首相と各省庁の関係はどのように変わったのだろうか。また，日本の首相が強いリーダーシップを発揮するための条件とは何か。本章では，この疑問を解き明かすため，議院内閣制という**執政制度**について説明する。ただし，議院内閣制といっても実際にはかなりの多様性があり，さらには議院内閣制の他にもさまざまな種類の執政制度が存在する。そこでまずは，そもそも執政制度がどのような制度なのかを理解するために，執政制度の根本的な考え方についてみていこう。

2．執政制度と権力分立論

執政制度とは，民主主義体制下において行政府の最高責任者である首相あるいは大統領といった**執政長官**（chief executive）をどのように選出し，執政長官と立法府である議会との関係をどのように設計するかについての諸ルールを指す（建林・曽我・待鳥 2008)。このように執政制度は行政府と立法府の関係を決めるルールであるため，より良い統治を目指して，古くから活発に議論がなされてきた。

その典型が**権力分立論**である。権力分立とは，国家における政治権力が特定の個人や組織に集中することで権力の乱用や恣意的行使が起きないよう，権力を異なる機関に分けることを意味する。また，各機関のあいだで権力が相互に抑制・均衡するよう制度設計すべきと考えられていることから，**チェック・アンド・バランス**のための仕組みとも言い換えることができる。

権力分立のあり方には，大別して垂直的権力分立と水平的権力分立という2つの方法がある。前者の垂直的権力分立は，中央政府と地方政府とのあいだの権限配分の問題であり，政府間関係（intergovernmental relations）あるいは中央・地方関係というテーマで議論されてきた。また，垂直的権力分立に関する実際の制度としては，中央政府に多くの権限を残す単一制（unitary system）と地方政府に多くの権限を配分する連邦制（federal system）が存在する。

後者の水平的権力分立は，1つの政府内部における権力を機能別に分立させるという問題であるため，機能的権力分立とも呼ばれる（藤井 1992）。統治に関する権力を立法権・行政権・司法権に分けて，各権能を立法府（議会）・行政府（内閣）・司法府（裁判所）という3つの相互に独立した機関に配分する三権分立は，この機能的権力分立に該当する。

執政長官と議会の関係を決定づける執政制度は，まさに機能的権力分立に基づいた制度と考えてよい。ただし，現実には執政制度の種類によって権力分立の程度に違いが生じる。次節で詳しく説明するが，執政制度は基本的に議院内閣制と大統領制の2つに大別される。両者のうち，立法権と行政権が明確に分立しているのは大統領制といわれており，立法府（議会）と行政府（内閣）の抑制・均衡を重視する考え方を**機関対立主義**という。例えばアメリカの大統領制は，憲法起草者の1人であるマディソン（James Madison）の提唱したチェック・アンド・バランスの関係が忠実に具体化された権力分立的な執政制度と考えられている（粕谷 2014）。

対して，もう一方の議院内閣制は，立法権と行政権とが融合している。つまり，議院内閣制は権力融合的な執政制度であると整理されており，厳密な意味で三権分立になっていないとの意見もある（山口 1989；金井 2018；竹中 2020）。

それでは，なぜ議院内閣制は権力融合的であり，大統領制は権力分立的な執政制度であるといわれているのだろうか。また，議院内閣制と大統領制とのあいだには，その他にどのような違いがあるのだろうか。第2節で，これらの点を検討していく。

第2節　執政制度の類型

1．執政長官の選出・解任方法

議院内閣制（parliamentary system）と**大統領制**（presidential system）の違いを説明するにあたっては，通常，執政長官の選出・解任方法に着目した分類法が用いられる。すなわち，① 執政長官がどのように選ばれるのか，② 執政長官がどのように解任されるのか，言い換えれば執政長官が誰に対して責任を負うか，という2つのポイントによる分類である（Linz 1994; Samuels

2007; 建林・曽我・待鳥 2008)。

第1の選出方法に関しては，有権者の選挙によって執政長官を選出する場合と，議会のなかから執政長官を選出する場合の2つに大別される。前者の場合は大統領制，後者の場合は議院内閣制となる。ここにおいて重要なポイントは，執政長官を選出するための選挙を，議会選挙とは別に実施しているかどうかである。例えば，アメリカの大統領選挙は，全有権者による直接選挙ではなく選挙人による間接選挙であるものの，議会選挙とは別の選挙として実施されているため，アメリカの執政制度は大統領制と理解されている（建林・曽我・待鳥 2008)。

第2の解任方法に関しては，執政長官を任期途中で解任できる場合と執政長官の任期が固定されており任期途中で解任できない場合の2つに大別される。議院内閣制において首相は議会に対して責任を負っているため，議会の多数派が内閣不信任案を可決した場合，一般的に首相は議会を解散させない限り任期途中で解任されることになる。首相が議会に対して責任を負う点に注目して，議院内閣制は**責任内閣制**とも呼ばれる。

それに対して，大統領制の場合，大統領が議会の多数派によって任期途中で解任させられることは基本的にない。大統領は，有権者によって直接選ばれているため，議会に対して責任を負っておらず，憲法で在任期間が保障されているのである。ただし，大統領に対して重大な犯罪行為などが認められた時，議会は大統領を弾劾訴追することができる。

また，大統領制における固定任期は厳格なものであり，仮に大統領が死亡，あるいは病気などによって任期途中で辞職した場合でも，副大統領の昇格や補欠選挙などを経て就任した新大統領の任期は，前任者が残した期間に限られる。

以上のような執政長官の選出・解任方法で，議院内閣制と大統領制を分類すると，議院内閣制が権力融合的，大統領制が権力分立的ととらえられている理由がわかるだろう。大統領制の場合，大統領は有権者の選挙によって選出され，また議会によって解任されることが基本的にないため，立法権と行政権とが明確に分立しており，双方の間でのチェック・アンド・バランスが機能しやすい。他方の議院内閣制でも，議会が内閣不信任案を可決させた場合に首相は議会を解散し総選挙を実施することができるため，立法権と行政権がある程度相互に抑制・均衡し合う関係となっている。しかしながら，首相は議会から選出され，また議会によって解任される可能性があるため，首相のリーダーシップの大きさは議会に大きく依存する。つまり，議院内閣制では立法権と行政権が融合していることから，議院内閣制は大統領制と比べて，立法権と行政権とのあいだでのチェック・アンド・バランスが厳格に機能しにくい構造になっている。

２．議院内閣制と大統領制の例外

ところで，執政制度を執政長官の選出・解任方法によって分類していくと，図表3-1のように，議院内閣制と大統領制とは異なる執政制度が存在することになる。1つ目は，執政長官が議会から選出されていながら議会多数派によって任期途中で解任されない場合である。このような場合の執政制度を，**自律内閣制**と呼ぶ。2つ目は，執政長官が有権者による選挙で選ばれたにも関わらず，議会多数派によって任期途中で解任されうる場合の執政制度であり，**首相公選制**と呼ぶ。自律内閣制と首相公選制はともに，議院内閣制と大統領制の例外として位置づけられているため，これらの執政制度を実際に採用している国は少ない。自律内閣制はスイスなどの数カ国，首相公選制に至ってはイスラエルが一時期採用したという事例があるのみである。

また，議院内関制や大統領制とは異なる執政制度として，**半大統領制**(semi-presidential system）と呼ばれる制度も存在する。半大統領制の特徴は，議会の多数派によって選出された首相と有権者による選挙で選ばれた大統

図表3-1　選出・解任方法に着目した執政制度の分類方法

		執政長官の解任：議会多数派による解任が可能	執政長官の解任：議会多数派による解任は原則不可能
執政長官の選出	議会から選出	議院内閣制	自律内閣制
	有権者による選出	首相公選制	大統領制

（出典）Shugart 2005; 待鳥 2015。

領とが同時に存在し，両者で行政権を実質的に分有する点にある。そのため，首相と大統領の両方が存在する場合でも，一方が象徴的存在で行政権を実質的に有していなければ半大統領制に分類されない。例えば，ドイツやイタリアの大統領は象徴的存在のため，両国の執政制度は，半大統領制ではなく議院内閣制と位置づけられている。

さらに，半大統領制における首相と大統領それぞれの選出・解任方法は，基本的に大統領制や議院内閣制と同じである。つまり，首相は議会多数派によって解任される可能性があるのに対して，大統領は固定任期により議会多数派に解任されることがない。よって，大統領が議会により任期途中で解任させられる場合や，首相の解任権を大統領が独占し議会が首相を解任できない場合は，半大統領制に分類されない。

半大統領制も，議院内閣制と大統領制の例外にあたる執政制度と位置づけられてきたため，1990年代初頭まで，半大統領制を採用している国はフランスやオーストリアなど数カ国だけだった。しかし，冷戦終結後にソ連から独立・民主化した東欧諸国の多くや，2000年代以降に民主化したアフリカ諸国の多くが半大統領制を導入したことにより，現在，半大統領制は20カ国以上の政府で採用されている（粕谷2014）。

3．プリンシパル‐エージェント関係からみた執政制度

執政制度の制度原理を正しく理解するためには，執政長官と議会の関係に着目すると同時に，執政長官と各省庁（大臣や官僚）の関係にも着目する必要がある（西尾2001）。そこでつぎに，**プリンシパル‐エージェント（PA）関係**に基づいて，執政長官と各機関との関係の全体像をとらえ直し，議院内閣制と大統領制それぞれの特徴を整理してみたい。

プリンシパル（principal）は**本人**，エージェント（agent）は**代理人**を意味する言葉である。本人を依頼人と言い換えてもよい。つまり，PA関係とは，何らかの行為の実施を本人が代理人に依頼するといった委任関係を意味する。このPA関係は，ミクロ経済学で雇用主と従業員の関係をとらえるために発展してきたが，現在は政治学でもさまざまな政治現象の説明に応用されており，議院内閣制と大統領制の違いもPA関係で理解することができる。順を追って

確認してみよう。

そもそも現代民主制では，有権者が政治的決定を政治家に委任し，さらに政治家が専門的知識をもつ官僚に政策立案の一部や政策実施に関する業務を委任するという委任の連鎖が成り立っている。しかし，この委任の連鎖の構造は，議院内閣制と大統領制とで大きく異なったものとなる。

有権者が選挙で議員を選ぶところまでは，議院内閣制と大統領制のいずれにも共通するものの，前述のとおり議院内閣制の場合には，議員で構成された議会のなかから執政長官である首相が選出される。そして，首相は閣僚（大臣）を任命して内閣を組織し，首相と大臣で構成される内閣が各省庁の官僚を指揮監督する。つまり，議院内閣制における委任の連鎖は「有権者－議会（議員）－首相－大臣－官僚」という単線的な経路になる。

他方，大統領制の場合，執政長官である大統領は，議会選挙とは別の有権者による選挙で選出されるため，議会と大統領の間にPA関係は成立しない。大統領にとっての本人は有権者のみとなる。そして，大統領は有権者から直接委任を受けた代理人として大臣を任命，内閣を組織し，各省庁の官僚を指揮監督する。よって，大統領制における委任の連鎖は「有権者－議会（議員）」と「有権者－大統領－大臣－官僚」という複線的な経路で示される。

すなわち，第２節第１項で述べた執政長官の選出方法の違いを，PA関係に置き換えて説明すると，議院内閣制の場合，有権者を出発点とする委任の経路が一元的であるのに対して，大統領制の場合は委任の経路が二元的に分立していることになる。このことから，議院内閣制は**一元代表制**，大統領制は**二元代表制**とも呼ばれる。

また，委任の経路に関する議院内閣制と大統領制との違いは，政治家と官僚の関係（政官関係）にも大きな影響を与える。大統領制の場合，官僚にとっての本人は理念的に大統領や閣僚（大臣）のみであり，本来，議会と官僚のあいだにPA関係は成立しない。しかし，各省庁の権限を定めた法律や予算を決定するのは議会であることから，実態として，議会は官僚の行政活動に対し影響力を行使することができる。そのため，大統領制における官僚にとっての本人は，事実上，複数（大統領と議会）となる。このように，大統領から官僚への委任の経路と議会から官僚への委任の経路が並列的に存在する状態で，大統領と議会が対立した場合，複数の本人（大統領と議会）から代理人（官僚）への委任内容が一致せず，代理人は複数の異質な本人に対応しなければならない立場となる。この時，大統領と官僚のあいだの結びつきは弱まりやすい。実際，大統領制では，議会の多数派と大統領の政党の一致が制度的に保証されていないため，議会の多数派と大統領とで政党が異なる**分割政府**（divided government）という状況がしばしば発生する。

一方，議院内閣制の場合，そもそも議会の多数派と首相とのあいだでPA関係が成立しているため，議会と首相の関係が対立・牽制関係に陥る可能性は低い。現実として，議院内閣制では議会の多数派と首相の政党が一致する**統一政府**（unified government）が基本となる。よって，議院内閣制では通常，複数の本人（首相と議会）から代理人（官僚）への委任内容は首相によって集約され，矛盾することなく官僚へ伝わることになる。言い換えれば，議会から首相への委任の経路と，首相から官僚への委任の経路が直列的に結ばれることで，代理人（官僚）にとっての本人は実質的に首相1人ということになる。そのため，大統領制と比べて議院内閣制の方が執政長官である首相の意向を反映した政官関係になりやすい（待鳥 2015）。

ただし，議院内閣制であっても二院制の場合には，第一院（日本では衆議院）において多数派と首相の政党が一致していたとしても，第二院（日本では

図表3-2　議院内閣制と大統領制の委任関係

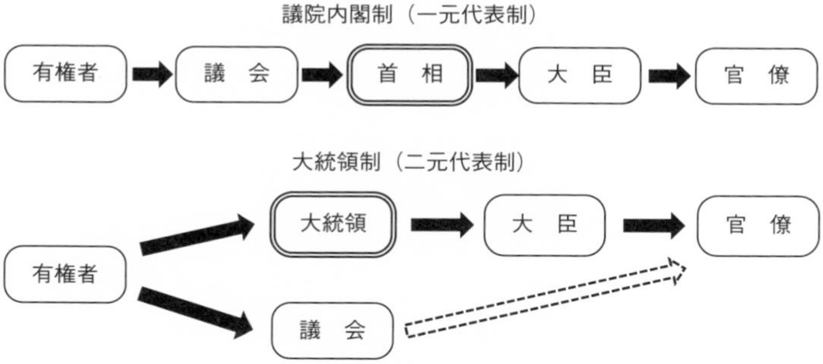

議院内閣制（一元代表制）

有権者 → 議　会 → 首　相 → 大　臣 → 官　僚

大統領制（二元代表制）

有権者 → 大統領 → 大　臣 → 官　僚

有権者 → 議　会 ⇢ 官　僚

（注）矢印は，執政制度が想定している委任関係や委任に伴う影響力の方向性を示している。また，大統領制における議会と官僚のあいだの委任関係は制度上想定されていないものの，実態として存在するため点線で示している。
（出典）Shugart 2005; 曽我 2013 をもとに筆者作成。

参議院）において多数派と首相の政党が不一致となる可能性がある。そのような状況は分裂議会（divided parliament）と呼ばれ，分割政府の一類型として考えられている。日本における「**ねじれ国会**」という現象はこの分裂議会を意味する。

ここまで説明してきた議院内閣制と大統領制における委任の連鎖の違いを改めて示したものが図表3-2である。議院内閣制では，有権者から官僚までが単線的な委任の経路で結ばれているのに対して，大統領制における委任の経路は複線的な構造になっていることがわかるだろう。

執政長官のリーダーシップの観点からみた場合，大統領制よりも，議会の多数派と首相がPA関係で結ばれている議院内閣制の方が，執政長官のリーダーシップが発揮されやすい。さらには，議院内閣制において首相がどの程度強いリーダーシップを発揮できるかどうかも，PA関係である程度説明できるとされている。

首相は，議会の代理人であると同時に大臣や官僚にとっての本人である。そのため，首相のリーダーシップの大きさは，議会が代理人である首相に対し政府の意思決定権を多く委ねていること，さらに首相が各省庁の大臣と官僚を十分にコントロールできること，という２つの条件を満たしているかどうかに左右される。この２つの条件を両方とも満たしていれば，首相は政府内で集権的に意思決定することが可能になり，逆に，条件を満たしていない場合，首相が強いリーダーシップを発揮することは難しいと考えられる（曽我2013）。

４．執政制度の違いがもたらす効果

議院内閣制と大統領制との違いは，政官関係に与える影響や執政長官のリーダーシップの大きさの他に，どのような効果を生み出すのだろうか。ここでは，① 政府運営の効率性，② アカウンタビリティという２つの観点から，それぞれの制度がもたらす効果の違いについて説明する。各効果の違いを確認することで，議院内閣制と大統領制のいずれにも，メリットとデメリットの両方があることを理解してもらいたい。

第１に，大統領制よりも議院内閣制の方が，スムーズな政策決定が行われるという意味で，より効率的な政府運営を実現しやすいとされる（Linz 1994）。

すでに述べたとおり，議院内閣制では，議会の多数派と首相とのあいだでPA関係が成立しているため，首相の提案した法律が議会で否決される可能性は基本的に低い。つまり，議院内閣制の方が，法律を迅速に制定し，効率的な政府運営を行う傾向にある。

これに対して，大統領制の場合，議会の多数派と大統領とのあいだにPA関係はないため，議会の多数派がつねに大統領を支持するとは限らない。とくに，議会の多数派と大統領の政党が異なる分割政府では，議会と大統領のあいだの対立・牽制関係が決定的なものとなりやすい。この時，大統領は，自身の政策を実現するために議会の多数派を説得し，合意をとりつける必要に迫られる。以上のことから，大統領制では，政府運営の効率性がしばしば損なわれやすいとされる。

第2に，議院内閣制よりも大統領制の方が，より高い**アカウンタビリティ**（accountability）を導くと考えられている（Shugart and Carey 1992）。一般的に，アカウンタビリティは説明責任と訳されるが，ここでは，有権者が政府の責任を問うことができる可能性を指すものとしよう（砂原・稗田・多湖 2020）。そのように考えた場合，議院内閣制では有権者が首相を選挙で選ぶことができないのに対して，大統領制では有権者が大統領を選挙で直接選ぶことができるため，大統領制の方が選挙によるアカウンタビリティを確保しやすいことになる。

ただし，大統領制であっても，分割政府が生じた場合には事情が異なってくる。分割政府の場合，仮に政府による政策の失敗が起きたとしても，その責任が対立関係にある大統領と議会のどちらにあるのか，有権者の立場からは分かりにくく，アカウンタビリティが低くなるからである。

第3節　議院内閣制の多様性

1．ウェストミンスター型とコンセンサス型

ここまで，議院内閣制と大統領制の分類方法や双方の特徴に関する説明をしてきたが，現実の議院内閣制や大統領制は国ごとに多様である。つまり，同じ議院内閣制，あるいは同じ大統領制のなかにもバリエーションが存在する。第

2節で特徴を整理した議院内閣制と大統領制は，いわゆる理念モデルであって，議院内閣制と大統領制を分類するための必要最低限の定義でしかない。そこで本節では，日本の中央政府が採用している議院内閣制に焦点を絞り，その分類について説明する。

議院内閣制の分類としては，レイプハルト（Arend Lijphart）が提示した**ウェストミンスター型**と**コンセンサス型**という２つの類型が有名である（Lijphart 2012［2014］）。もともとレイプハルトは，議院内閣制に限らず世界各国の代議制民主主義を大別するためのものとしてウェストミンスター型とコンセンサス型を提示し，双方の特徴を論じたものの，現在，この２つの類型は議院内閣制の分類に有効とされている（大山 2003；竹中 2020）。

レイプハルトによれば，ウェストミンスター型は多数決型ともいわれ，多数代表制の選挙制度によって生み出された二大政党制を前提に，単独内閣による政府運営がなされるという特徴をもつ。**単独内閣**であるため，与党と内閣がより一体的であり，また議会よりも内閣に権限が集中するという。イギリス議会が位置する地名が用いられていることからもわかるとおり，ウェストミンスター型はイギリス政治をモデルにしている。対して，コンセンサス型は合意型ともいわれ，比例代表制の選挙制度によって生み出された多党制を前提に，**多党連立内閣**による政府運営がなされるという特徴をもつ。連立内閣のため，行政権が複数の政党で共有されることになり，さらに内閣と議会の勢力関係も均衡状態となる（Lijphart 2012［2014］）。

両者の特徴の大きな違いは，ウェストミンスター型が多数派である与党単独の意思決定を重視するのに対し，コンセンサス型は与野党協調によって多くの関係者の合意を確保し，その上で意思決定をするということである。また，ウェストミンスター型では，強い首相が想定されているのに対して，コンセンサス型の首相のリーダーシップにはさまざまな制約が加えられている（川人 2015；竹中 2020）。

なお，この２つの類型は，多くの国に見られる特徴を一般的に集約し大別したものと考えられており，実際にあらゆる議院内閣制国家がウェストミンスター型，あるいはコンセンサス型の特徴をすべてもっているというわけではない（待鳥 2015）。例えば，日本の議院内閣制はウェストミンスター型とコンセンサス型それぞれの特徴を部分的に持ち合わせていると評価されている（川人 2015）。しかし，このことを前提としても，レイプハルトによる分類区分が，各国の議院内閣制の特徴をとらえるための有効な視角であることに変わりなく，多くの研究者によって参照されている。

２．議院内閣制の多様性を生み出す要因

前節の第３項で，議会が代理人である首相に対し政府の意思決定権を多く委ねていること，さらに首相が各省庁の大臣と官僚を十分にコントロールできること，という２つの条件を満たしていない場合，首相が強いリーダーシップを発揮することは難しいと説明した。加えて，レイプハルトのウェストミンスター型とコンセンサス型という分類も，根源的には選挙制度や政党システムの違いが関係している。つまり，執政制度以外の制度要因やその時々の政治条件によって，議院内閣制に多様性がもたらされている。また，この多様性によって，首相のリーダーシップの大きさも，国あるいは時代ごとに違ったものになる。それでは，具体的にどのような制度要因が議院内閣制の多様性を生み出していると整理できるだろうか。ここでは主だった３つの制度要因について説明したい。

第１の制度要因は，選挙制度や政党システム，政党組織に関する制度である。レイプハルトの分類でも触れたとおり，多数代表制の選挙制度の場合には二大政党制となりやすく，比例代表制の場合には多党制になりやすい。さらに，二大政党制か多党制かという政党システムの違いによって，内閣が単独となるか，あるいは連立となるかが左右される。そして，連立内閣の場合，首相は多様な意見に配慮しなくてはならないため，思い切ってリーダーシップを発揮することが難しい。また，単独内閣の場合でも政党組織内部の集権度が低い場合，首相のリーダーシップは弱くなる傾向がある。ここでいう集権度とは，選挙での候補者公認や党内での政治資金の配分などについて党執行部がどの程度集権的に管理しているかを意味する（建林・曽我・待鳥 2008）。

第２の制度要因は，行政府内部に関する制度である。ストロム（Kaare Strøm）らは，議院内閣制の多様性を明らかにするに当たり，首相のリーダーシップ発揮を促す諸権限，具体的には，大臣の任免権，閣議の議題決定権，官

僚人事に関する権限などに着目した国際比較分析を行っている（Strøm, Müller, and Bergman 2003）。また，首相や大臣，中央省庁の幹部公務員，与党執行部といった執政中枢メンバー間の公式・非公式なネットワークのあり方に注目した**コア・エグゼクティブ論**（core executive）も，イギリスを中心に展開されている。

第３の制度要因は，議会に関する制度，とくに**二院制**である。第二院に対して第一院と同等の決定権が付与されており，かつ第一院の与党が第二院で多数派を構成していない場合，首相の提案した法律は第二院で否決される可能性が高い。日本でいうねじれ国会は，まさにこの状況を意味しており，ねじれ国会のもとでの首相のリーダーシップは大きな制約を受けることになる。

なお，以上のように議院内閣制の多様性の要因を制度に求める説明に対して，首相などの政治家個人の資質や能力に着目した説明方法も他方で存在する（Poguntke and Webb 2005［2014］）。そのような説明方法の文脈において，高い内閣支持率や自らのカリスマ性を背景に，強いリーダーシップを発揮できる首相のことを**大統領的首相**と呼ぶ。

第４節　日本の執政制度の変容

１．55年体制下の議院内閣制

ここまで，執政制度を分類するためのさまざまな視点や議院内閣制に多様性を生み出している制度要因についてみてきた。最後に，ここまでの議論を踏まえながら，日本の議院内閣制の特徴と首相のリーダーシップの大きさについて考えてみたい。本章の冒頭で述べたとおり，1990年代まで日本の首相のリーダーシップは「弱い」と評価されていたが，現在の日本の首相は以前と比べて強いリーダーシップを発揮できる，という評価が定着しはじめている。では，日本の執政制度のあり様とそれに伴う首相のリーダーシップの大きさは，どのような要因によって変化したのだろうか。55年体制下の議院内閣制と，政治・行政改革を経た現在の議院内閣制を比較する形で確認していく（第10章を参照）。

55年体制と呼ばれる自民党政権は自民党一党優位の単独内閣である。この点で当時の議院内閣制は，ウェストミンスター型に類似の特徴を有していたものの，自民党内部の集権度が低かったため，首相のリーダーシップは事実上大きく制約されていた。この集権度の低さは，中選挙区制という選挙制度によって自民党内に形成された**派閥**と呼ばれる議員集団と，特定の政策領域と深い結びつきをもつ**族議員**によってもたらされたものである。

55年体制下の自民党では，領袖と呼ばれる各派閥の長が党内の権力核となり，閣僚人事や党内人事，政治資金の配分に関して大きな影響力を保持していたため，首相は派閥の意向に配慮しながら政府運営をせざるをえなかった。また，法律の制定に際しては，内閣が法案を国会へ提出する前に，族議員を中心に構成される党内の政務調査会部会で法案の**事前審査**を受ける必要があった。そのため，首相が望んだものであっても，族議員の意向に反する政策の実現は容易でなかった。

以上のような自民党の分権的組織構造が制度的要因となって，首相は意思決定をする際に与党内の合意をわざわざ確保しなければならず，十分なリーダーシップを発揮することができなかったのである。PA関係に置き換えて説明すれば，本人である議会の多数派（与党）が代理人である首相に十分な意思決定権を委譲していなかったということになる。このように不十分なPA関係によって，本来であれば本人と代理人として一体的になるはずの与党と首相が別個の意思決定主体となり，55年体制下では**政府・与党二元体制**という二重の権力構造が生じる結果となった（飯尾2007）。

また，本人である首相と代理人である各省庁（大臣や官僚）の関係においても，首相が強いリーダーシップを発揮できる余地は少なかった。**分担管理原則**にしたがった内閣制度の運用が厳格になされていたため，各省庁に対する首相の指揮監督権の行使は一般的な指示にとどまりやすく，議院内閣制として想定していたような首相と各省庁のあいだのPA関係が成立していなかったのである（曽我2016）。さらに，各省庁の大臣や官僚は，与党の族議員と協調して首相に対抗することさえあった（金井2018）。

このように，議院内閣制の理念モデルで想定されている「議会（議員）－首相－大臣－官僚」という委任の経路に加えて，首相をバイパスした「議会（族議員）－官僚」という別の経路が事実上並存していたことから，55年体制下の議院内閣制を**官僚内閣制**とみなす見解も存在する。官僚内閣制とは，もともと松下圭一（1998）が官僚主導に対する批判として提示した概念だったが，政府・与党二元体制と結びつけて論じられた官僚内閣制論は，「首相－大臣－官僚」のPA関係が破綻している点をより強調している。本来，各省庁の大臣は首相の代理人であるはずだが，官僚や与党の族議員と協調することで大臣が官僚の代理人へと変貌してしまい，その結果，内閣が首相に対し拒否権を持つ大臣の集合体になっているとの批判がなされたのである（飯尾 2007）。

2．政治・行政改革による変化

政府・与党二元体制を前提にした日本の政治と行政は，高度経済成長期まで機能した。しかし，その後，国内外の社会・経済環境が変化するなかで，ウェストミンスター型の典型例であるイギリスの議院内閣制を理想とした政治・行政改革が本格的に検討されるようになり，1990 年代から 2000 年代初頭にかけて選挙制度改革や政治資金制度改革，中央省庁等改革といった大規模な制度変更が立て続けに実行された。この一連の改革の帰結として，日本の執政制度は，政府・与党二元体制から首相に権力が一元化された首相主導型の議院内閣制へと変化したのである。そこで，1990 年代以降の政治・行政改革を，① 選挙制度や政党組織に関する制度の改革と，② 行政府内部に関する制度の改革に大別し，各改革がどのような点で首相のリーダーシップ強化と関係していたのかを，より詳しく確認したい。

第１に，選挙制度改革と政治資金制度改革によって派閥や族議員の影響力が低下し，政党組織内部の集権度が高まった。具体的には，衆議院の選挙制度が中選挙区制から**小選挙区比例代表並立制**に変更されたことで，各選挙区の公認候補の決定権を党執行部が握ることになった。さらに，政治資金規正法による規制強化や**政党助成制度**の創設によって，政治資金も基本的に政党によって集権的に管理されるようになったのである。このように，候補者公認や政治資金配分を党執行部が集権的に管理する仕組みへと変化したことで，党代表としての首相がもつ個々の議員への影響力が大幅に拡大した。

第２に，**中央省庁等改革**によって内閣機能ひいては首相の政策立案・決定権が強化された（第４章を参照）。内閣法の改正により重要政策に関する首相の発議権が法律上明記され，合わせて，首相を補佐する内閣官房に総合調整機能に加え企画立案機能が付与されたことで，首相は自分の意向を反映させる形で重要政策を主体的に立案できるようになったのである。また，首相主導による政策の立案や調整を支えるための組織やスタッフも拡充された。重要政策の立案・調整に関して首相を助ける「知恵の場」として**内閣府**が新設され，さらに，首相または内閣官房長官が議長となって重要政策の基本方針を決定する**重要政策会議**（経済財政諮問会議など）も設置された。加えて，内閣官房の定員も大幅に増加されたため，多くの省庁官僚が内閣官房への出向あるいは併任という形で首相主導の重要政策の立案に携わることになった。

以上のような変化は，日本の議院内閣制の「ウェストミンスター化」と評価されている。本人である議会が代理人の首相に対し政府の意思決定権を多く委ねるようになったこと，その一方で議会（族議員）から官僚への直接的委任が弱まったことにより，ウェストミンスター型の単線的な委任の連鎖がより明確化されたのである（曽我 2016）。また，首相と他のアクターとの接触頻度データからも「ウェストミンスター化」の傾向が確認されている（待鳥 2012）。

３．首相のリーダーシップに対する制約

政治・行政改革を経て，日本の執政制度は，イギリスを典型例とするウェストミンスター型の議院内閣制に近づいた。さらに 2014 年には，中央省庁の幹部人事を一元的に管理する**内閣人事局**が新設されたことで，首相のリーダーシップがさらに強化されたとの見方もある（竹中 2017）。しかし，これらの制度変容は，日本の首相が無条件に強いリーダーシップを発揮できるようになったことを意味するものではない。実際，2000 年代に入ってから長期政権を維持した首相は，2021 年現在において小泉純一郎と安倍晋三（第２次政権）の２人のみであり，その他の首相はリーダーシップを十分に発揮できないまま約１年で交代している。依然として首相交代の頻度は他の先進諸国と比べて高い状態といえる（高安 2018）。

この原因の１つとして，多くの研究者は参議院の存在をあげている。イギリスと異なり，日本の参議院は衆議院とほぼ同等の権限を有しているため，衆議院の多数派による参議院議席の過半数確保という条件を満たしていない場合，

首相のリーダーシップは大きな制約を受けることになる（待鳥 2012；曽我 2016；竹中 2017；高安 2018；河合 2019)。実際，憲政史上最長を誇った第 2 次安倍政権でも，首相が強力なリーダーシップを発揮するようになったのは，参議院の過半数議席を確保して，ねじれ国会，すなわち分裂議会を解消した後といわれている（曽我 2016)。

また，日本が目指したイギリスのウェストミンスター型の議院内閣制と，「ウェストミンスター化」した日本の議院内閣制の間には，参議院の他にもいくつかの違いがある。その 1 つは，55 年体制崩壊後の日本で連立内閣が常態化していることである。選挙制度改革と政治資金制度改革によって，首相の自党に対する影響力は確かに強まったものの，他方で連立を組んでいる他党への配慮が日本の首相には求められている。よって，議会から首相への委任の程度に関しては日英間で差があると考えられる。

もう 1 つは，日本の場合，議会（族議員）から官僚への直接的な委任が弱まったものの，完全に消滅しているわけではないということである。対してイギリスでは，官僚と議員が大臣の同意なく接触することを公務員規範によって制限しているため，議会から官僚への直接的な委任は実質的に存在しない。イ

図表 3-3　日本の議院内閣制の変化

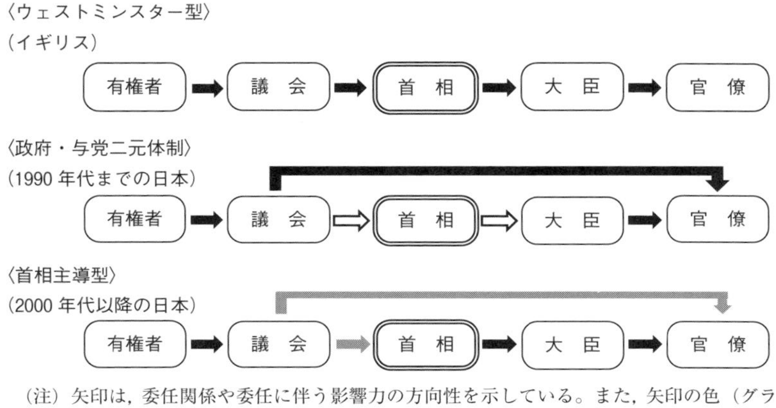

〈ウェストミンスター型〉
（イギリス）
有権者 → 議　会 → 首　相 → 大　臣 → 官　僚

〈政府・与党二元体制〉
（1990 年代までの日本）
有権者 → 議　会 → 首　相 → 大　臣 → 官　僚

〈首相主導型〉
（2000 年代以降の日本）
有権者 → 議　会 → 首　相 → 大　臣 → 官　僚

（注）矢印は，委任関係や委任に伴う影響力の方向性を示している。また，矢印の色（グラデーション）は委任の程度や影響力の大きさを表しており，黒に近い色であるほど委任の程度が大きいことを意味している。
（出典）竹中 2018 を参考に筆者作成。

ギリスの場合，閣内の役職に多くの与党議員が就いているため，閣外の議員に官僚が対応する必要性が小さいことから，このような仕組みがとられている。

以上のような点から，日本の議院内閣制は「ウェストミンスター化」されたことで首相主導型へと変化したものの，イギリスのウェストミンスター型のように完全な単線的委任の連鎖には現在もなっていないと評価できる（図表3-3を参照)。

ただし，ここで注意しなければならないのは，完全なウェストミンスター型の議院内閣制が，有権者にとっての良い統治に結びつくかどうかは別問題ということである。現実にイギリスの議院内閣制も政策パフォーマンスに問題を抱え続けてきたと評価されており，行政改革が繰り返されている（高安 2018)。どのような執政制度が最も望ましいかという問題に対しては，それぞれの国の状況や時代に合わせて考えていく必要があるだろう。

（河合晃一）

第4章

内閣制度と国家行政機構

本章のねらい

1885（明治18）年12月22日に創設された日本の内閣制度は2015年に130周年を迎え，記念式典が内閣総理大臣官邸（首相官邸）で開催された。式典を主催した安倍晋三内閣総理大臣は，初代の伊藤博文から数えて第97代に当る（式典当時）。内閣を構成する国務大臣が率いる省の多くは，その源流を内閣制度創設以前の時期まで辿ることができ，外務省のようにいまなお同じ名を保持する省もある。他方，内閣制度と国家行政機構は，大日本帝国憲法下と日本国憲法下ではその基本構造に大きな変容が見られ，この間，さまざまな改革が試みられてもきた。

本章では，日本の内閣制度と国家行政機構の歴史を辿ってその変化を観察し，変化の積み重ねの上にある現在の姿をとらえていくことにしよう。

第1節　内閣制度の歴史

1．戦前の内閣制度

1867（慶応3）年の大政奉還とそれに続く王政復古の大号令によって江戸幕府が廃止され，新たな統治機構の整備が急務となった。同年から翌年初めにかけて，総裁，議定，参与の三職を置き，総裁が政務を統括し，外交や内政などを担う7科を議定，参与が分督，分務する体制（三職制）が整えられた。江戸城の無血開城により徐々に新政府の権威が確立するなか，統治機構のあり方について定める「政体書」が68（慶応4・明治元）年に布告され，三職制に替えて**太政官制**が設けられた。国家の統治機構を太政官と総称する太政官制は，数度の改正を経て，85年に内閣制度が創設されるまで存続した（清水 2013；内

閣制度百年史編纂委員会編 1985a)。

1874年の「民撰議院設立建白書」を端緒とする自由民権運動の高まりのなかで，政府は憲法制定と国会開設の方針を固めたが，イギリス型の政党内閣制を指向する勢力とプロイセン型の立憲君主制を指向する勢力の路線対立に開拓使官有物払下げ事件での対立が加わり，明治14年の政変（1881年）につながった（伊藤 2016；清水 2013)。前者の勢力が追放された結果，政変翌日，90年の国会開設を表明する勅諭が発せられ，立憲君主制に適合的な統治機構の検討が本格化する。

1年強におよぶヨーロッパでの立憲制度の調査を終えて1883年に帰国した伊藤博文らが中心となり，太政官制に替わる内閣制度の構想が練り上げられた。85年12月22日の「太政官達第69号」によって，太政大臣らを廃して内閣総理大臣と宮内，外務，内務，大蔵，陸軍，海軍，司法，文部，農商務，逓信の各大臣を置くこと，内閣総理大臣と各大臣（宮内大臣を除く）で内閣を組織することとなり，内閣制度が創設された（内閣制度百年史編纂委員会編 1985b)。同時に制定された「内閣職権」は主として内閣総理大臣の権限を定めるものであり，首班として天皇に奏上し大政の方向を指示し行政各部を統督すること，行政各部の説明を求めること，行政各部の処分や命令を停止して親裁を仰ぐこと，すべての法律と勅令や各省の事務に属するものに副署すること，各省大臣は担当する事務について内閣総理大臣に報告する必要があること，など内閣総理大臣に大きな権限を与える**大宰相制**（大宰相主義）をとっていた（西尾 2001)。

初代の内閣総理大臣に就任したのは，伊藤である。伊藤が初代の枢密院議長に就任するために辞任したのをうけて1888年に第2代の内閣総理大臣となった黒田清隆は，翌89年2月11日の大日本帝国憲法発布式において，臣民の代表として明治天皇より憲法を授かった。この大日本帝国憲法には内閣そのものに関する規定はなく，「国務各大臣ハ天皇ヲ輔弼シ其ノ責ニ任ス」(55条1項）と定めるのみであった。この**国務大臣単独輔弼制**との微妙なずれに加え，黒田内閣の崩壊過程で内閣総理大臣の大きな権限への懸念が生じたこともあり，同年末の「内閣官制」によって大宰相制が放棄される。内閣総理大臣は，内閣ではなく各大臣の首班に止まり，その副署を要する範囲も限定され，さまざまな案件は**閣議**を経ることとなった。**同輩中の首席**としての内閣総理大臣への転換である（西尾 2001）。

こうして内閣の一体性は担保されず内閣総理大臣の指導力も大きく削がれたが，戦前の内閣制度には他にもさまざまな足枷があった。その創設が大日本帝国憲法に先立ち，「天皇ノ諮詢ニ応ヘ重要ノ国務ヲ審議ス」（56条）と憲法にも明記された**枢密院**は，勅令をはじめとする国政上の重要事項の審議に関わり，時に内閣の方針と相容れない判断を下し内閣を牽制した。天皇大権（統治権を握る天皇に属する権限）の1つである統帥権に関しても，作戦・用兵に関わる軍機・軍令は陸海軍の機関が担って天皇に直接帷幄上奏（いあくじょうそう）することができ，軍政を担う陸海軍大臣の資格を武官とりわけ現役武官に限る制度（**軍部大臣現役武官制**）が軍部の政治介入をもたらすなど，内閣の基盤を弱める形で作用した。皇室に関しても，皇室自律の原則が確立し，宮中を担当する宮内大臣や内大臣は内閣の構成員ではなく，元勲や元老も天皇の重臣，最高顧問という立場から影響力を行使した（伊藤 2016；内閣制度百年史編纂委員会編 1985a；林・辻編 1981）。戦前の内閣，内閣総理大臣の制度的な基盤は，このように脆弱であった。

とはいえ，こうした弱さを内包しつつも，戦前の内閣制度は一定の発展を見せる。「超然として政党の外に立ち」（黒田清隆）という**超然内閣**の時代は長くは続かず，1890年に開設された帝国議会で政党勢力が伸張し，98年には衆議院に基盤をもつ政党が主導する初の**政党内閣**である第1次大隈内閣（隈板内閣）が成立した。1918年には初めて現職の衆議院議員が内閣総理大臣を務める原内閣が誕生し，24年から32年には憲政の常道として政党内閣が連続する政党政治の黄金期を迎えた。だが，こうした一連の動きは，内閣制度の脆弱さを克服するものではなかった。政党の台頭は，その基盤である衆議院と貴族院との対立を招くこととなった。政党内閣が上述のさまざまな足枷に悩まされる一方，野党がそうした政党以外の勢力と手を組んで倒閣を目指すこともあった。憲政の常道はあくまで慣行に過ぎず，32年の5・15事件で内閣総理大臣の犬養毅が暗殺されると，あっけなくその幕を閉じたのである（清水 2013；坂野 2012）。

戦時色が強まるなか，30年代には内閣制度の脆弱さを補うべく，内閣総理大臣と少数の大臣による会議（5相会議など）の開催や，内閣調査局から企画庁を経て企画院の設置に至る企画・立案機能の強化といった改革の試みはあった（穴見 1994；内閣制度百年史編纂委員会編 1985a）。しかし，各省割拠主義（セクショナリズム）の克服や調整能力の向上といった観点からは，その効果は総じて限定的なものに止まった。

2．戦後の内閣制度

1945年，日本の降伏を受けて進駐した連合国軍による占領統治が始まった。47年5月3日に日本国憲法と内閣法が施行されるまでは戦前の内閣官制に基づく内閣が続き，憲法の施行日をまたぐ第1次吉田内閣が内閣官制に基づき成立した最後の内閣となった。

内閣について，日本国憲法はつぎのように規定する。まず，「行政権は，内閣に属する」（65条）とする。これを受けて，立法権と司法権に関わる機関および憲法90条に根拠のある会計検査院を除く国の機関はすべて，内閣のもとに置かれている。また，**議院内閣制**を採用しており，内閣総理大臣は国会議員のなかから国会の議決で指名され，国務大臣の過半数が国会議員のなかから選ばれ，内閣は行政権の行使について国会に対し連帯して責任を負う。内閣総理大臣と国務大臣は，文民でなければその職に就くことはできない。内閣総理大臣については，内閣の首長であること，国務大臣の任免権を有すること，内閣を代表して国会に議案提出したり報告したりすること，行政各部を指揮監督すること，法律および政令に主任の国務大臣とともに内閣総理大臣が連署すること，が明示された。戦前の内閣官制に替わって内閣の職権や組織などを定めるために制定された内閣法でも，閣議を主宰すること，各省などの長である主任の大臣間の権限疑義を閣議にかけて裁定すること，内閣の措置を待つため行政各部の処分や命令を中止させること，内閣総理大臣や主任の大臣の臨時代理を指定すること，などの権限が定められている。さらに，内閣を代表して自衛隊の最高の指揮監督権を有すること（自衛隊法7条），国家公安委員会の勧告に基づき緊急事態を布告すること（警察法71条），など他の法律によって付与される内閣総理大臣の権限もある。

日本国憲法が定める内閣の機能は多岐にわたるが，ここでは大きく2つに分けて整理しておこう。1つは，天皇の国事行為への助言と承認である。国事行為は，① 憲法改正，法律，政令，条約の公布，② 国会の召集，③ 衆議院の解散，④ 国会議員の総選挙の施行の公示，⑤ 国務大臣や法律の定めるその他の官吏の任免，全権委任状や大使・公使の信任状の認証，⑥ 大赦，特赦，減刑，刑の執行の免除と復権の認証，⑦ 栄典の授与，⑧ 批准書や法律の定めるその他の外交文書の認証，⑨ 外国の大使・公使の接受，⑩ 儀式の執行，である（憲法7条）。いま1つは，行政事務の遂行である。行政事務には，① 法律を誠実に執行し，国務を総理すること，② 外交関係を処理すること，③ 条約を締結すること，④ 法律の定める基準に従い，官吏に関する事務を掌理すること，⑤ 予算を作成して国会に提出すること，⑥ 憲法および法律の規定を実施するために政令を制定すること，⑦ 大赦，特赦，減刑，刑の執行の免除や復権を決定すること，が含まれる（憲法73条）。他にも内閣は，最高裁判所長官の指名，最高裁判所長官以外の裁判官と下級裁判所の裁判官の任命，国会の臨時会の召集の決定，参議院の緊急集会の請求，議案の国会への提出，予備費の支出，決算の国会への提出，財政状況についての国会と国民への報告，などを行う。

このように，戦前とは対照的に日本国憲法のもとで内閣の制度的な基盤は強化され，内閣総理大臣はその首長として国務大臣の任免権など大きな権限を有するようになった（**首相指導の原則**）。とはいえ，内閣総理大臣は意のままに行政権を行使できるわけではない。内閣の権限は閣議を通して行使され，その閣議での決定は全会一致によるという慣行が確立している（**合議制の原則**）。また，国の行政事務は実際には各府省などに所掌事務として配分されており，国務大臣の多くは主任の大臣としてそれら事務を分担管理している（**分担管理の原則**（所轄の原則））。各国務大臣が国政全般よりも省の利益を重視して行動した場合，内閣総理大臣の党内基盤が弱ければその指導力は大きく削がれ，行政の統一性の確保が妨げられることもありうる。内閣制の三原則，すなわち首相指導の原則，合議制の原則，分担管理の原則は，微妙な均衡の上に成立しているのである（西尾 2001）。

戦後の内閣制度は，半世紀にわたり基本的な構造を大きく変えることなく運用されてきた。だが，改革の試みがまったくなかったわけではない。内閣総理大臣を主任の大臣とする総理府のもとに新たな**外局**である庁が折々に設置され，その多くはその任務について関係行政機関の事務の総合調整の役割も担うこととなった。内閣総理大臣の影響が及ぶ行政事務の範囲を拡大するとともに，それらの分野に関わる行政の統一性の確保が図られたのである。また，内閣に直属する**内閣官房**についても，内閣の総合調整機能や危機管理機能の強化，内閣総理大臣の指導力の強化といった観点から，内部組織である室の拡充や再編が実施され，90年代に入ると内閣総理大臣補佐官も新設された。

内閣機能の強化は，内閣総理大臣（当時）の橋本龍太郎が自ら議長を務めた行政改革会議（1996〜98年）でも中心的な論点となった（第1章を参照）。行政改革会議では，21世紀における国家機能のあり方，それを踏まえた行政機関の再編のあり方，官邸の機能強化策などが議論された（行政改革会議事務局OB会編 1998）。行政機関の再編については後述するが，官邸の機能強化策に関しては，同会議「最終報告」に基づく法整備により2001年につぎのような改革が実現した。まず，閣議において内閣総理大臣が「内閣の重要政策に関する基本的な方針その他の案件を発議することができる」（内閣法4条2項）こととなり，閣議の主宰者として指導力を発揮する余地が拡大された。内閣官房についても「内閣の重要政策に関する基本的な方針に関する企画及び立案」（内閣法12条2項）を司ることが明記され，内閣総理大臣の発議権を支える体制が整えられた。さらに，内閣総理大臣を主任の大臣とする**内閣府**が設置され，「内閣の重要政策に関する内閣の事務を助け」（内閣府設置法3条1項），行政の統一性を図るために内閣官房とともに総合調整の一翼を担うこととなった。

これ以降も，安全保障に関する重要事項を審議する国家安全保障会議の創設とその事務局である内閣官房国家安全保障局の設置（2013，14年），各省庁の幹部職員人事の一元管理などを行う内閣官房内閣人事局の設置（2014年），などの改革が行われている。

第２節　内閣制度の現在

1．閣議

戦前の内閣制度においても閣議は存在し，内閣官制では，法律案と予算決算，外国条約と重要な国際案件，官制・規則・法律の施行に関する勅令，各省の権限に関する争い，人民の請願，予算などの支出，勅任官・地方長官の任免は，閣議を経ることとされていた（内閣制度百年史編纂委員会編 1985a）。日本国憲法には，「内閣は，法律の定めるところにより，その首長たる内閣総理大臣及びその他の国務大臣でこれを組織する」（66 条１項）とあるだけで閣議に関する直接の定めはなく，内閣法がその法的根拠となっている。

閣議の構成員は，内閣総理大臣と国務大臣である。国務大臣の数は，原則14 人以内だが特別に必要がある場合は 17 人以内とすると内閣法に規定されているが，同法附則により東日本大震災の復興，東京オリンピック・パラリンピックの推進，大阪・関西万博の推進のために期間限定で３人増やし，最大で20 人以内とされている（2021 年８月末現在）。閣議には，内閣官房副長官（政務担当２人，事務担当１人）と内閣法制局長官が陪席する。

閣議には，原則として毎週火曜日と金曜日の午前に開かれる定例閣議，緊急を要する場合に開かれる臨時閣議，閣議内容が記された閣議書を持ち回って各大臣の署名を求める持ち回り閣議がある。定例閣議と臨時閣議の終了後には引き続き，閣僚が自由に意見交換する閣僚懇談会が開かれる。

閣議に付議される案件は，一般案件，国会提出案件，法律・条約の公布，法律案，政令，報告，配布に区分され，日本国憲法などが定める内閣の権限に関わるもののほかに，内閣の統一的な方針を確定するためのものも含まれる。国務大臣は，閣議請議すなわち「案件の如何を問わず，内閣総理大臣に提出して，閣議を求めることができる」（内閣法４条３項）。これら案件は，内閣としての意思を決定する閣議決定，本来は主任の大臣の権限で決定できるがその重要性から他の国務大臣の同意も調達するために行われる閣議了解，主要な調査結果や審議会の答申などを披露する閣議報告のかたちで処理される。各国務大臣の同意は，一部を除き案件毎に閣議書に署名（花押）することによって確認される（宇賀 2019；内閣制度百年史編纂委員会編 1985b）。

閣議を主宰するのは内閣総理大臣であるが，司会は内閣官房長官が務め，案件の説明は政務担当の内閣官房副長官が行う。国務大臣の発言は多くはなく，所管する事務に関する協力要請や口頭報告が大半を占めている。閣議の長さは閣僚懇談会を含めても平均十数分ほどである。閣議は，議論の場ではなく，署名を通じた統一的な意思決定を確認する場として位置づけられているのである。閣議は非公開であり，戦前の内閣制度の時期も含めてその議事録は作成されてこなかった。閣議終了後に開かれる内閣官房長官の記者会見がその概要を伝える唯一の機会であったが，2014年4月以降，閣議と閣僚懇談会の議事録が作成，公表されるように改められている。

2．内閣官房

内閣官房は，戦前の内閣書記官室（1885年）および後継組織の内閣官房（1924年）の系譜に連なる内閣の補助機関であり，内閣法に基づいて設置されている。戦後の内閣制度において，当初は閣議事項の整理と内閣の庶務を担当するに止まっていたが，1957年の組織再編時に行政各部の施策の総合調整や内閣の重要政策に関する情報の収集調査などの事務が追加され，内閣および内閣総理大臣の補佐機構としての位置づけがなされた。さらに2001年の改革によって，従来のように閣議案件と各省庁の要請を受けた場合とに限定されない，政策・施策に関する広範な企画立案，総合調整の機能が付与されており，「内閣としての最高かつ最終の調整の場」（行政改革会議「最終報告」）となっている（宇賀 2019）。

内閣官房の主任の大臣は内閣総理大臣であるが，実際に事務を統轄し職員を統督するのは内閣官房長官である。戦前の内閣書記官長が戦後の内閣法の制定に伴って内閣官房長官に改称され，当初は任免に天皇の認証を必要としない国務大臣より格下のポストだったが，66年以降は国務大臣を充てることとなった。内閣官房長官の業務は，内閣官房の事務を統括する立場からの調整，閣議の司会，平日2回の記者会見をこなす内閣のスポークスパーソン，危機管理，与党との調整，野党への根回し，など多岐にわたる。内閣機能の強化につれて内閣官房長官の地位は飛躍的に高まり，内閣のキーパーソンと目されるようになった。吉田内閣と佐藤内閣の保利茂，中曽根内閣の後藤田正晴，森内閣と小泉内閣の福田康夫，安倍内閣の菅義偉のように，1,000日を超える在職日数を誇る者もいる（星 2014）。

内閣官房長官を支えるのが，内閣官房副長官である。政務の内閣官房副長官は若手政治家の登竜門とされ，定数が2人に増員された98年以降は，衆議院議員と参議院議員が1人ずつ任命されている。閣議において説明役を務めるほかは，内閣と国会，内閣と与野党との連絡調整を主に担う。事務の内閣官房副長官には，旧内務省の流れをくむ総務省，厚生労働省，警察庁の事務次官等経験者が任命されることが多く，霞が関の官僚機構の頂点に立ち各省間の調整を担う。なかには，竹下内閣から村山内閣まで7年間に7人の内閣総理大臣に仕えた石原信雄，橋本内閣から小泉内閣まで8年間に4人の総理に仕えた古川貞二郎，そして第2次安倍内閣から菅義偉内閣まで9年近くにわたり2人の総理に仕える杉田和博（2021年8月末現在）のように，長期にわたり時の内閣を支える者もいる。

2009年まで事務の内閣官房副長官は，定例閣議の前日に開かれる**事務次官等会議**を取りしきっていた。事務次官等会議の前身は戦前の内閣制度創設期まで遡ることができるが，法的根拠はとくになく，その長い歴史のなかで閣議に付議する案件の最終確認，決定を行う場として機能するようになっていた（第10章を参照）。事務次官等会議にかけられる案件は基本的に各省庁間の調整と与党への根回しや与党内手続が済んだものであり，必ずしも案件の生殺与奪権を握っていたわけではないといわれるが，09年に政権交代を果たした民主党は官僚主導の象徴として事務次官等会議を廃止した。しかし，11年の東日本大震災を機に被災者支援や復旧・復興に関して事務次官等を構成員とする被災者生活支援各府省連絡会議が設置され，野田内閣では各府省連絡会議と改称し政策全般を対象として定例的に開かれるようになった。12年に政権復帰を果たした安倍内閣以降では，情報共有と各府省庁の連携を目的として，毎週金曜日の閣議後に内閣官房長官が主宰する次官連絡会議が開かれている（宇賀 2019）。

内閣官房には，内部組織として室が置かれている。内閣官房の任務の拡大につれて室も変化しており，1957年の改組では内閣参事官室，内閣審議室，内閣調査室の3室が設置され，73年には政府広報を担う内閣広報室が加わって4室体制となった。86年の改組では，内閣に国防会議の後継組織として安全保障会議（現・国家安全保障会議）を設置するのに対応した事務局機能の整備のため，内閣参事官室，内閣広報官室，内閣情報調査室，内閣内政審議室，内閣外政審議室，内閣安全保障室（98年に安全保障・危機管理室に改称）の6室体制となり，安全保障や情報収集に関わる総合調整機能の強化が図られた（穴見 1994)。2001年には内閣総務官室，内閣広報室，内閣情報調査室の3室体制となり，内政，外政，安全保障・危機管理（現在は事態対処・危機管理）の機能は新設された3人の内閣官房副長官補が引き継いだ。

内閣官房にはこの他にも主な職として，危機管理分野を担当する内閣危機管理監，情報通信技術分野を担当する内閣情報通信政策監，内閣総理大臣を直接補佐する内閣総理大臣補佐官（5人以内）の制度が設けられている。さらに最近では，国家安全保障局の設置に伴い国家安全保障局長が，内閣人事局の設置に伴い内閣人事局長（内閣官房副長官のなかから指名）が，それぞれ局務を掌理するために新設された。内閣には内閣総理大臣や内閣官房長官を構成員とする本部や会議が多数設置されており，内閣官房副長官補のもとに置かれる事務局や室がその庶務を担うことも少なくない。こうした機能拡充に伴い，近年，内閣官房の職員は増加傾向にある。専任職員だけでも1,000人を超え，これに加えて他の官庁との併任職員を多数擁している。

3．内閣法制局

内閣法制局の前身となる組織は，太政官制や戦前の内閣制度においても存在した。戦後一時期，その機能が内閣の外に移管された時期もあったが，1952年の内閣法制局設置法制定以降は内閣に置かれている。約80人の職員からなる内閣法制局を率いるのは内閣法制局長官であり，閣議への陪席が認められ，政府特別補佐人として国会に出席し憲法や法律に関する政府解釈を答弁するなど，内閣におけるその存在感は大きい（第10章を参照)。

内閣法制局の主な任務は，① 法律問題に関し内閣，内閣総理大臣，各省大臣に対し意見を述べる意見事務，② 閣議に付される法律案，政令案，条約案を審査などする審査事務，の2つである。内閣法制局に置かれる4つの部のうち，意見事務を担当するのは第一部であり，しばしば論争の的となる憲法解釈もここが担う。第二，第三，第四部は審査事務を担当し，各省庁が関係省庁との調整や審議会などの手続を経てまとめた法律案の原案に対する予備審査（下審査）と，各省庁の大臣から国会提出について閣議請議された案に対する正式審査（本審査）を行う。

長らく内閣法制局はどちらかと言えば黒子的な存在であったが，例えば，2015 年の集団的自衛権の行使容認に道を開く憲法解釈の変更の際には，大きな注目を浴びた。

第 3 節　国家行政機構の歴史

1．戦前の国家行政機構

大政奉還から王政復古の大号令へと時代が大きく動く中，行政を担う新体制の整備が始まった。1868 年 1 月に，第 1 節で述べた三職のもとに神祇，内国，外国，海陸軍，会計，刑法，制度の 7 分野の行政事務をそれぞれ担う 7 科が設けられ，短期間で再編が繰り返された。69 年 7 月の「職員令」により，かつて律令制下で用いられた「省」が表舞台に返り咲き，太政官らのもとに民部省，大蔵省，兵部省，刑部省，宮内省，外務省の 6 省を置き，省を率いる卿が各行政分野を分担管理するようになった（清水 2013；内閣制度百年史編纂委員会編 1985a）。太政官制のもとで，行政機構の新設などがいくつかなされた。例えば，内政の全般に及ぶ権限を持ち「官庁のなかの官庁」と称されるようになる内務省が 73 年に設置され，初代内務卿に直前まで大蔵卿だった大久保利通が就任した。80 年には，太政官直属の財政監督機関として会計検査院が設置された。

1885 年の内閣制度の創設時には，宮中として閣外に置かれた宮内省を除くと，外務，内務，大蔵，陸軍，海軍，司法，文部，農商務，逓信の 9 省体制であった。86 年 1 月には，各省に共通して置かれる官職や各省ごとの所掌事務・内部組織・定員などを定める「各省官制」（通則と各則）が制定された。これにより各省大臣のもとに共通して次官，局長，参事官，秘書官，書記官らが配され，大臣官房，総務局，各局が置かれることとなった（内閣制度百年史編纂委員会編 1985a)。今日まで続く，統一的な国家行政機構の骨格が整ったのである。同年2月には勅令第1号として，法律や命令の起草から布告に至る手続，閣令や省令の根拠や手続などを定める「公文式」も公布され，法体系の整備が進んだ（清水 2013)。なお，「各省官制」はその後，省務を統括する総務局の廃止や復活，官職の設置や廃止など数次の改正を経，また「公文式」も1907年に「公式令」に置き換えられている。

内閣制度の創設当初の9省体制はその後，行政課題の変化や折々の政治情勢に対応した機構改革の試みで姿を変えていく。1945年の敗戦まで名称が存続したのは7省であり，残る2省が改組によって省名を変えた。農商務省は，1925年に農林省と商工省に分割され，さらに43年には戦時体制強化のなかで商工省の機能の大半を新設の軍需省に移管するとともに，農林省に商工省の残存機能を移して農商省となった。逓信省も43年に，鉄道事業の強化を企図して20年に設置された鉄道省と統合して運輸通信省となった。だが，巨大官庁の弊害などを理由に45年には，郵便や通信行政を新設の内閣直属の逓信院に，運輸行政を新設の運輸省に分離した。

この他にも，省が新設された行政分野がある。まず，1895年の日清講和条約で割譲された台湾の統治を担う台湾総督府を監督するため，拓殖務省が96年に設置された。行政整理の一環で同省は翌年に廃止され，その機能を内務省や内閣直属の組織が担う時期が長く続くが，植民地統治の拡大のなかで1929年には拓務省が置かれた。42年に同省は，いわゆる大東亜共栄圏における委任統治や占領統治を担う新設の大東亜省に統合された。また，国民の体力向上，伝染病対策，戦傷病者や戦没者遺族に関する行政を司るため，38年に内務省から分離して厚生省が新設された。

このように，戦前の国家行政機構は不変だったわけではない。しかしながら，国家行政機構の基本構造や主要な省の安定性には目を見張るものがあり，国務大臣単独輔弼制をはじめとする内閣の制度的な基盤の脆弱さと相まって，各省割拠主義（セクショナリズム）を助長することとなった。

2．戦後の国家行政機構

敗戦と占領統治の開始により，大日本帝国憲法下で統治を支えた原理は一大転換を迫られることとなった。とはいえ，1947年5月3日の日本国憲法施行までは従来の内閣官制などが効力を有し，施行後も約2年間は，従来の枠組みを引き継いだ行政官庁法のもとで，敗戦処理や戦後復興などを目的とする省庁再編が実施された（今村 1994)。この時期の主立った再編として，軍政や植民地政策に関する省の廃止，兵士の復員を担う省庁の設置，空襲で大きな被害を受けた全国各都市の戦災復興事業の支援を目的とする戦災復興院の設置，経済安定や物価統制などの企画立案や総合調整を担う経済安定本部の設置，労働省の設置，行政機構や公務員制度の調査研究と立案を担う行政管理庁の設置などがある。

日本国憲法の施行に合わせ，内閣に属する機関が新設の総理庁（1949年に総理府）に統合され，また内閣から独立していた宮中が内閣総理大臣の所轄のもとに置かれた。47年末には，戦前に絶大な権限を有していた内務省がGHQ指令により解体され，同省の機能は現在の国土交通省，総務省，警察庁につながる組織に引き継がれるなどした。

1948年7月には，行政機関の組織の基準を定める**国家行政組織法**が成立した。行政組織を決定する権限すなわち行政組織編成権について，戦前は官制大権などに基づき勅令事項とされていたが，同法により法定主義への転換が図られた。同法の制定により，国の行政機関は府・省とその外局である委員会・庁とされ，その設置と廃止は法律によるものとなった。各省大臣である府・省の長は，内閣総理大臣によって国務大臣のなかから任命され，主任の大臣として行政事務を分担管理する。外局である委員会の長は委員長，庁の長は長官である。行政機関別に必置あるいは任意設置可能な**内部部局**が定められており，また所掌事務の範囲内で**附属機関その他の機関**を，所掌事務を各地方において分掌させるために**地方支分部局**を設置することが認められた。同法が示すこれら基準を踏まえて，各省庁などの設置法によりその任務や所掌事務，職・機関などが定められた。制定初期の同法は，内部部局である官房・局・部，附属機関その他の機関，地方支分部局の設置や所掌事務の範囲などを幅広く法律事項としており，83年改正でその多くが政令事項に変更されるまで，内閣の行政組織編成権は大きく制約されたのである（今村 1994；西尾 2001)。

1949年6月の国家行政組織法施行の直前には種々の再編が実施され，2府

11省39庁・委員会となった。その後，関心は次第に占領の終結を見据えた行政機構改革の検討に移り，52年の独立回復後の再編により1府11省29庁・委員会となった。その後，旧内務省の地方制度に関わる機能を継承する自治庁が60年に自治省に昇格したのを最後に，（第1次）臨時行政調査会などによる改革提言はあったものの，府省は1府12省のまま安定的に20世紀末まで続くこととなる。

では，戦後復興から高度成長，安定成長と経済規模が拡大し社会が多様化するなかで，新たな行政需要にはどのように対処したのだろうか。鍵となったのは，総理府の外局である庁，なかでも大臣が長を務めるいわゆる大臣庁の新設である。北海道開発庁（1950年），防衛庁（54年），経済企画庁（55年），科学技術庁（56年），環境庁（71年），沖縄開発庁（72年），国土庁（74年），総務庁（84年）が設置され，政策の企画，立案や関係行政機関の調整などの任に当たった（今村1994；西尾2001)。このうち，第2次臨時行政調査会の総合管理庁構想に由来する総務庁は，総理府の一部の内部部局と行政管理庁を統合する点で，他の外局の新設とはやや性質の異なる再編であった。

この総務庁設置と同時に施行された国家行政組織法の改正法では，すでに見たように組織の設置や所掌事務の範囲などの多くを法律事項から政令事項に移すとともに，附属機関その他の機関を審議会等（重要事項に関する調査審議や不服審査を司る合議制の機関），施設等機関（試験研究機関，検査検定機関，文教研修施設，医療更生施設，矯正収容施設，作業施設），特別の機関の3つに整理した。

臨調の後継組織として3次にわたり設置された行政改革推進審議会においても内閣機能の強化や省庁再編のイメージが示されたが，国家行政機構の大がかりな再編は，1990年代後半の行政改革会議，いわゆる橋本行革を待つこととなる。

第4節　国家行政機構の現在

1．中央省庁等改革の経緯と成果

行政改革会議の議論では，官邸機能の強化策と並んで国家行政の減量と縦割り行政の弊害の除去が目指された。中央省庁の括り方をはじめ改革の方向性やその具体化の過程において，当事者である省庁やそれを支える族議員などの抵抗や巻き返しは熾烈を極めた。最終的には，国務大臣が長を務める1府22省庁を行政機能や行政目的により「大括り」して概ね半減することと，政策の企画・立案部門と実施部門とを分離し後者に国家行政機構の枠外で独立の法人格を付与すること，などが目指された。1997年12月の同会議「最終報告」とそれに基づく中央省庁等改革基本法（98年6月）や中央省庁等改革関連法（99年7月）により，国家行政機構はつぎのような体制となった。なお，政策の実

図表 4-1 国務大臣が長を務める省庁等の変遷

再編直前 (2001年1月5日現在)	再編直後 (2001年1月6日現在)	現在 (2021年9月1日現在)
	1府12省庁体制	
総理府	内閣府	内閣府
国家公安委員会	国家公安委員会	国家公安委員会
金融再生委員会	防衛庁	
総務庁		デジタル庁*
北海道開発庁	(廃止)	復興庁**
防衛庁		
経済企画庁		
科学技術庁	総務省	総務省
環境庁		
沖縄開発庁		
国土庁		
法務省	法務省	法務省
外務省	外務省	外務省
大蔵省	財務省	財務省
文部省	文部科学省	文部科学省
厚生省	厚生労働省	厚生労働省
農林水産省	農林水産省	農林水産省
通商産業省	経済産業省	経済産業省
運輸省	国土交通省	国土交通省
郵政省		
労働省	環境省	環境省
建設省		防衛省（2007年1月9日に省へ移行）
自治省		
		*2021年9月1日設置。 **2012年2月10日設置。31年3月31日までに廃止予定

（出典）筆者作成。

施部門の分離については，**独立行政法人制度**が創設された。

国務大臣が長を務める省庁等は，1府10省1庁1委員会の13機関となり，改革前の23機関から概ね半減した（**1府12省庁体制**）。だが，省レベルの統合は郵政省と自治省，厚生省と労働省，建設省と運輸省に止まり，半減には省による庁の吸収が寄与している。また，各省庁合わせて約1,000ある内部部局の局，部や課で見ると，そのほとんどは何らかの形で旧省庁の組織区分を継承するものであった。

新設の内閣府は，前身の総理府が国家行政組織法上は省と同格であり総合調整機能に限界があった反省から，国家行政組織法ではなく内閣府設置法に基づき設置された。内閣とりわけ内閣総理大臣の指導性を強化するための補佐・支援体制の目玉となる組織である。内閣官房の総合戦略機能を助ける「知恵の場」として，内閣の恒常的で専門的な対応を要する特定の重要政策に関する企画立案や総合調整（内閣補助事務）を担うとともに，内閣総理大臣が担当するにふさわしい行政事務（分担管理事務）の処理を司る（宇賀 2019；行政改革会議事務局OB会編 1998）。内閣府の長は内閣総理大臣であるが，その命を受けて内閣官房長官が事務を統括し，職員の服務を統督する。内閣の重要政策に関して行政各部の施策の統一を図るためとくに必要がある場合に特命担当大臣が置かれ，沖縄・北方対策，金融，経済財政政策，少子化対策，消費者・食品安全，男女共同参画，地方創生などの担当大臣が歴代内閣で任命されてきた（各省大臣との兼務を含む）。施策の統一を図るための総合調整機能を高めるべく特命担当大臣には，関係行政機関の長に対して資料の提出や説明を求めたり勧告したりすることが認められている。内閣府には他に，副大臣と大臣政務官が各3名，事務次官1名とそれに次ぐ審議官2名が置かれている。

現在の内閣府の組織を見ておこう。まず，内部部局等として大臣官房，政策統括官，独立公文書管理監，賞勲局，男女共同参画局，沖縄振興局が置かれている。また，審議会等として宇宙政策委員会，食品安全委員会，公文書管理委員会，地方制度調査会，選挙制度審議会など約20の機関が，施設等機関として経済社会総合研究所，迎賓館が，特別の機関として地方創生推進事務局，知的財産戦略推進事務局，宇宙開発戦略推進事務局，子ども・子育て本部など約20の機関が，地方支分部局として沖縄総合事務局が設置されている。外局と

図表 4-2　内閣府組織図

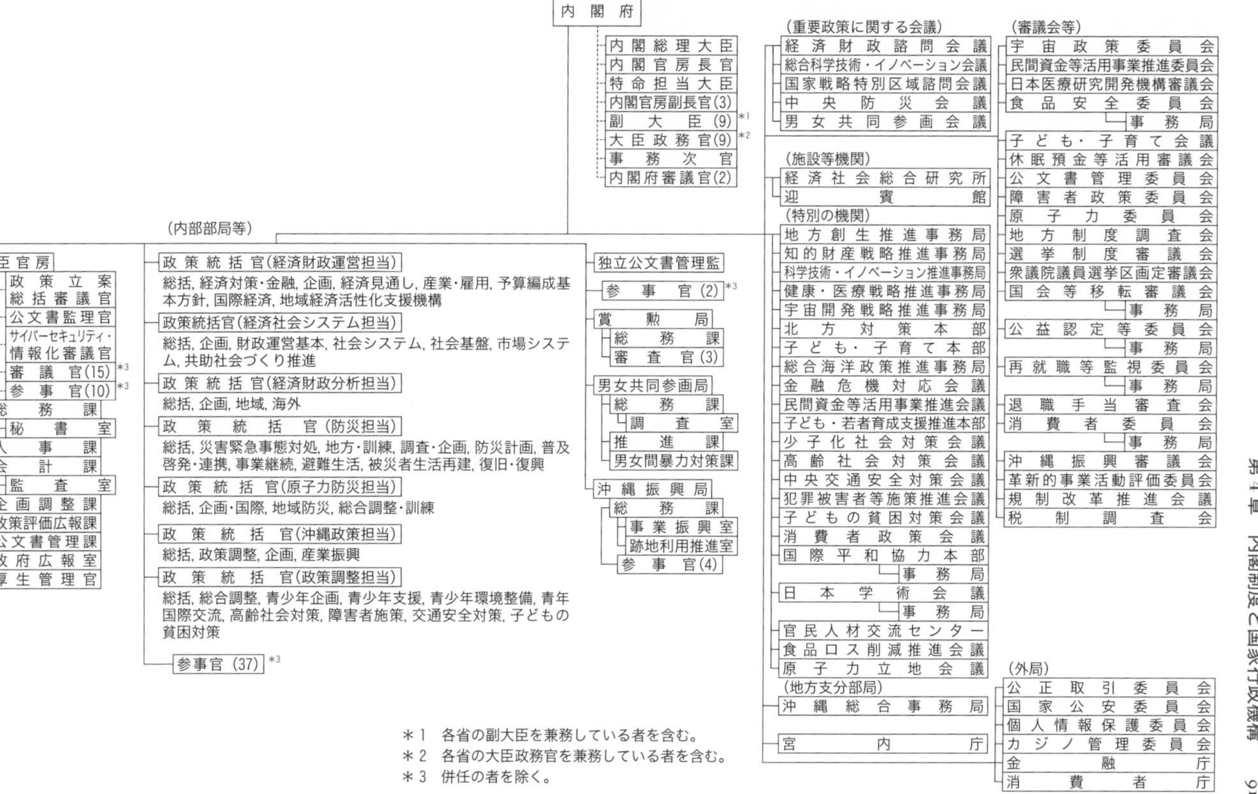

（出典）内閣府組織図（2021年4月1日現在，https://www.cao.go.jp/about/doc/soshikizu.pdf）

して公正取引委員会，国家公安委員会，個人情報保護委員会，金融庁，消費者庁などを抱え，このうち国家公安委員会は国務大臣を長とする唯一の行政委員会（大臣委員会）でもある。宮内庁も内閣府に置かれている。内閣府にはさらに，重要政策に関する会議として**経済財政諮問会議**，総合科学技術・イノベーション会議，国家戦略特別区域諮問会議，中央防災会議，男女共同参画会議の5つが設置されている。いずれも，内閣総理大臣や内閣官房長官が議長や会長を務め，関係大臣や学識経験者などが委員となる合議体である。なかでも経済財政諮問会議は，その利用価値に着目した小泉内閣において「構造改革の司令塔」としてフル活用され，「首相裁定」や「首相指示」を通して内閣総理大臣の主導性を確保する大舞台となった。

2．中央省庁等改革後の変化

中央省庁等改革以降も，国家行政機構に変化は見られる。主な変化は省への移行，庁の新設，組織のスリム化であるが，それらの概観を通して行政組織の生態に迫ってみたい。

第1に，省への移行である。2007年1月に，内閣府の外局であった防衛庁が省へ移行（昇格）し防衛省となった。防衛省に至る歩みを振り返っておこう。1950年の警察予備隊令（政令第260号）により，総理府の機関として警察予備隊が発足した。52年には保安庁法により総理府の外局として保安庁が設置され，警察予備隊が改編された保安隊と警備隊の管理が委ねられた。54年には，自衛隊法で国防を任務とする陸上，海上，航空の自衛隊が発足すると同時に，保安庁法を全面改正した防衛庁設置法により総理府（2001年から内閣府）の外局として防衛庁が設置された。設置まもなくから何度も省への移行が議論されたが自衛隊の位置づけをめぐる論争もあって実現せず，半世紀ほどの時を経て移行を果たしたのである。防衛庁設置法を一部改正し防衛省設置法に改めることによる移行に伴い，その長も防衛庁長官から防衛大臣へと変わった。省へ移行する理由としては，防衛が国家の基本的な任務であることの明確化，諸外国の防衛を担う組織との均衡，任務の増大などに加え，つぎの点が挙げられた。すなわち，内閣府の主任の大臣は内閣総理大臣であるため，内閣府の外局では国防という行政事務を長官が主任の大臣として分担管理することができず，閣議請議あるいは予算の要求・執行を財務大臣に直接求めることもできない，というのである。省と庁との関係を考えさせる話しではある。省への移行に伴い内閣総理大臣は，内閣の首長として自衛隊の最高の指揮監督権を引き続き保持しつつ，内閣府の主任の大臣としての分担管理事務は防衛大臣に移管された。

第 2 に，庁の新設である。2008 年 10 月に国土交通省設置法の一部改正などにより，国交省の外局として観光庁が設置された。従来，国の観光行政は主に同省の内部部局が担っていた。この体制では官民挙げて観光立国の実現に取り組むには不十分であり，観光交流に関する対外交渉や関係省庁との調整などのためには大臣に準じる長官が率いる外局の設置が不可欠である，というのが設置の理由とされた。15 年 10 月に文部科学省設置法の一部改正により文科省の外局として設置されたスポーツ庁も，観光庁と同様に同省の内部部局を母体としており，スポーツに関する基本的な政策の企画・立案や各省庁の事務の調整を行う権限が付与されている。

2009 年 9 月に消費者庁及び消費者委員会設置法により設置されたのが，内閣府の外局である消費者庁である。消費者庁の設置前は，内閣府国民生活局が消費者行政全般の企画・立案を，各省庁が具体的な消費者施策を担っており，消費者保護よりも産業育成に重きが置かれがちであったり，各省庁の縦割りのもとで消費者問題への対応がなされなかったり連携不足が露呈したりすることも少なくなかった。こうした状況から，消費者行政を一元的に担う組織を設置する必要性は以前から指摘されていたが，産業育成への影響を懸念する声もあってなかなか実現に至らなかった。消費者重視を打ち出した福田内閣のもとで具体的な制度設計が一気に進み，各省庁から消費者行政を一定程度移管するとともに，総合調整に関する権限を付与された消費者庁が設置されたのである。

2011 年 3 月 11 日に発生した東日本大震災は，複数省庁にまたがる復興政策を統括する行政組織の検討という課題を急浮上させた。菅直人内閣は当初，閣僚で構成する復興対策本部が復興政策を企画・立案し各省庁が予算要求や事業実施を担う体制を構想していたが，野党だった自民党や公明党は各省庁の復興に関わる権限を移管した官庁の設置を求め，与野党の協議を経てようやく 12

月に復興庁設置法が成立した。12年2月に発足した復興庁は，国家行政組織法の組織の基準が適用されず，内閣総理大臣を長として内閣に置かれ，主任の大臣である内閣総理大臣を助けるために復興大臣が任命される。同庁は，東日本大震災からの復興に関する施策の企画・立案・総合調整を行い，復興事業に必要な予算を一括して要求し，地方自治体からの要望の一元的な窓口を務める。しかしながら，実際の復興事業は各省庁が実施するため，省庁間の縄張り意識や思惑などから調整が難航し，司令塔として期待された役割を果たしていないとの批判も根強い。なお，同庁は時限的な組織であり，当初は設置法の規定により2021年3月31日までに廃止される予定であったが，法改正によりその期限が2031年3月31日まで延長されている。

2019年4月には，法務省設置法などの改正により，法務省の外局として出入国在留管理庁が設置された。従来，出入国の管理は長らく法務省の内部部局である法務省入国管理局が担ってきたが，外国人の受け入れのための新たな在留資格（特定技能）を設けるのに伴い，出入国や外国人の在留の公正な管理を総合的に推進する目的で，内部部局から外局への格上げが図られたのである。訪日外国人旅行者数や在留外国人数が過去最高を記録するなど，新型コロナウイルスの感染が拡大する前に直面していた，出入国や在留に関する大きな環境変化に対応する組織再編であった。

2021年9月には，5月に成立したデジタル庁設置法により，デジタル社会の形成に関する施策の企画・立案・総合調整を担うデジタル庁が発足した。同庁設置法と同時に成立したデジタル社会形成基本法によると，デジタル社会とは，インターネットなどの高度情報通信ネットワークや情報通信技術を用いて発展が可能となる社会のことである。同庁は復興庁と同様，内閣に置かれ内閣総理大臣が長を務め，国家行政組織法の適用が除外されている。主任の大臣である内閣総理大臣を助け，デジタル庁の事務を統括し職員の服務を統督するために，デジタル大臣が置かれる。他の省庁と同様に副大臣や大臣政務官も置かれるが，特徴的なのは事務方トップのデジタル監であり，他省庁の事務次官に相当するポストとしては異例なことに，発足時には民間出身者が任命された。民間から多数の人材を採用するため，テレワークや兼業・副業といった柔軟な働き方や，一般職の国家公務員を上回る待遇も用意されている。デジタル社会の形成に関する国の取組みはいまに始まったことではなく，インターネットが本格的に普及した 2000 年代初頭には e-Japan 戦略が打ち出され，高度情報通信ネットワーク社会形成基本法などが制定されていたにも関わらず，コロナ禍ではデジタル化の遅れが露呈した。デジタル政策における縦割り行政の打破が必要とする菅義偉内閣の登場がデジタル庁の創設につながったわけだが，人材面や予算面だけではなく，例えば復興庁では発動が避けられた関係行政機関の長への勧告権も含め，法に基づく権限をいかに駆使していくかが，組織の新設によるデジタル化の停滞の打開という試みの成否に直結するだろう。

第 3 に，組織のスリム化である。2015 年に，内閣官房と内閣府のスリム化を図るために国家行政組織法などが一部改正された（16 年 4 月施行）。両者は，内閣や内閣総理大臣の補佐・支援体制の強化を目指した中央省庁等改革の際に機能強化，新設されたが，省庁横断的な政策課題を中心に次々と事務が追加され，組織の肥大化，指揮命令系統の混乱，本来的な補佐・支援体制の機能不全などを懸念する声が高まっていた。内閣官房と内閣府が肥大化した原因としては，内閣総理大臣が長を務める両機関に所管させることで政治主導をアピールしたいという政治的事情に加え，両機関が有する総合調整権への依存が省庁間で調整できるような事案も含め進んだという行政的事情も挙げられる。法改正により，内閣官房が所管する事務の一部を廃止または内閣府へ移管するとともに，内閣府が所管する犯罪被害者等施策，自殺対策，食育推進，交通安全対策など 9 事務が各省庁へ移管された。また，内閣府に総合調整の負荷が集中している状況を改善するため，各省大臣が分担管理する事務に関わる内閣の特定の重要政策について，閣議決定で定める方針に基づき各省大臣が総合調整などを行うことが認められた（宇賀 2019）。

最後に，省庁の新設・再編ではないが，国の行政機関はどこに立地すべきかを改めて問いかけた出来事に触れておこう。2014 年より安倍内閣が進めた地方創生の一環として，東京都，神奈川県，千葉県，埼玉県を除く 43 道府県から政府機関の誘致を募ったところ，69 機関の地方移転の提案が寄せられた。ところが，国会対策，省庁間調整，全国各地からの好アクセスなどを理由に省庁が地方移転に強く抵抗し，文化庁の京都への全面的な移転や一部の施設等機関の移転が決まったほかは腰砕けに終わってしまった。政府機関の地方移転は

1980年代に竹下内閣でも検討されたが，実現した約70機関のほとんどが首都圏内での移転に止まった。30年近く経っても，国家行政機構の東京志向は不変だったようである。

（藤原真史）

第 5 章

行政責任と行政統制

本章のねらい

20 世紀になって国家の役割はますます増大し，行政国家や福祉国家としての性格を強めていく。その結果，巨大な官僚機構が社会的にも経済的にも多大な影響を及ぼすようなった。行政は許認可権など，多くの権限や権力をもち，それらは国民生活を大きく左右する。それゆえ，行政の責任もまた重くなる。しかし，政治家は選挙によって国民から直接的に責任を問われる機会があるが，公務員は一般的に試験を通じて任用されるため，そのような機会はほとんどない。そのため行政をいかに統制し，国民に対してどのように責任を負わせるのかが大きな課題となる。そこで，本章では，行政責任の意義について考え，行政統制の分類や具体的な統制手段を見ながら，行政責任と行政統制について学んでいく。

第 1 節　行政責任の意味と行政統制の方法

1．行政責任とは何か

現代の国家の多くは，民主政治を採用し，行政は全体の奉仕者として国民に対して行政サービスを提供すると同時に，その行為や活動の結果については責任を負うことが求められる。そのこと自体に異論をもつ人はあまりいないだろう。しかし，そもそも**行政責任**とは何だろうか，行政は誰に対して，どのような責任を負うべきなのだろうか。突き詰めて考えみると，簡単には答えが出てこない。ここでは，行政学のなかで最もよく知られている，**フリードリッヒ**（Carl J. Friedrich）と**ファイナー**（Herman Finer）の論争を手がかりにして，行政責任とは何かを考えてみたい。

フリードリッヒとファイナーは，行政責任とは何かをめぐって激しい議論を戦わせた。1930 年代から 40 年代にかけてのことである。2 人の名前をとって「**FF 論争**」ともいわれる。フリードリッヒは，「ある政策がそこに含まれる技術的問題に関して既存の人間の知識すべてを十分に考慮せず採択されたことが明らかな場合，われわれはそうした政策を無責任な政策と呼ぶ権利をもつ。ある政策がコミュニティに存在する選好，とりわけその大多数の者の選好を十分に配慮せず採択されたことが明らかであるならば，そうした政策を無責任な政策と呼ぶ権利をもつ。したがって，責任ある行政官とは，これら 2 つの主要な要因，つまり専門技術的知識と市民感情に対応しえる人物ということになる」と述べ（Friedrich 1940: 12），前者を「**機能的責任**」，後者を「**市民感情に対する直接責任**」と呼び区分した。すなわち，行政には専門的知識をもつ専門家として果たすべき責任と，市民感情に応答する責任とがあると主張したのである。

これに対してファイナーは，責任の意味について，「第 1 に，責任とは X が Y について Z に説明できるということを意味する。第 2 に，責任とは個人的な道徳的義務感を意味する。第 1 の定義では，説明がなされるべき機関ないし個人の外在性というところにその本質がある。そして，その機関が X に対して拘束的権限を保有し，X の任務領域と任務の継続もしくは解除の期限を決定するのでなければ，この責任はほとんど無意味になる。第 2 の定義では，行為主体の良心が強調され，したがって，その者が過失を犯しても彼自身の良心によって認められるときにのみ過失となるのであって，しかも行為主体に対する処罰は単に良心の呵責だけであるということになる。第 1 の場合は公的処罰の観念を含んでいるのに対し，第 2 の場合はハラキリにとどまる」と指摘した（Finer 1941: 336）。ファイナーが重視したのは第 1 の意味での責任，すなわち**説明責任（accountability）**である。フリードリッヒが，行政自身が自らを律する自律的な責任を強調したのに対して，ファイナーは行政外部に対する他律的な責任こそが責任の本質であるとみなしたのである。その上で，政治・行政二分論の立場を取り，行政統制は議会や内閣，裁判所といった外部組織によって行われるべきであると主張した。

この論争が展開された 1930 年代，40 年代は行政国家化が進み行政の領域が拡大していった時期でもある。アメリカではルーズベルト（Franklin D. Roosevelt）大統領によるニューディール政策が行われ，政府が市場に積極的に介入するケインジアン的な政策が行われるようになった。行政が肥大化するなかで，19世紀に見られたような議会による行政の統制が限界に到達してきたなかでのフリードリッヒの問題提起であったということができよう。

2．プリンシパル‐エージェント理論

行政責任を考えるうえで，**プリンシパル‐エージェント理論**（PA理論）の考え方も有用である。プリンシパルとは本人，エージェントとは代理人のことであり，本人‐代理人理論とも呼ばれる。この理論は身近な問題から考えることができる。例えば，依頼人と弁護士，株主と経営者などといった関係である。これらの本人‐代理人に共通することは，本人よりも代理人の方が情報を良く知っており，かつ，専門性が高いため本人が情報を得たとしても理解することが難しいことである。すなわち，本人と代理人のあいだで情報の格差，「**情報の非対称性**」がある。また，本人が代理人のすべての行動を把握することも難しい。

本人は代理人がしっかりと仕事をしているかどうかに関心があり，代理人は自己の利益を最大化することに関心がある。両者のギャップをどのようにしたら埋められるのか，どうすれば代理人は本人の意向に沿って仕事をしてくれるのか，そのための方策を考えるのがPA理論である。もともと経済学で出てきた理論であったが，政治学や行政学へも応用が進んだ。政治学においては，本人‐代理人を有権者‐議員，政治家‐官僚，議会‐行政の関係に当てはめることができる。風間規男は，「国民を頂点とする民主的ヒエラルキーの中で，いかにして本人である国民の意思が最終的な代理人である官僚の行為に結びつき，誠実な対応を引き出すのかといった問題設定が可能になる」と述べ，PA理論が政治学や行政学でも有用であると指摘している（風間編 2018：85）。

この理論に基づけば，行政責任とは，代理人である行政・官僚が，本人である国民や政治家に対して負っている責任のことであり，行政統制とは本人（国民・政治家）がその意向通りに代理人（行政・官僚）に仕事をさせるための一手段であると解釈できる。

3．行政責任のジレンマ

プリンシパル－エージェント理論では，代理人は本人に従うべき存在であることが前提視される。しかし，状況によって，あるときは本人であり，またあるときは代理人の立場になるということが考えられる。また，本人が１人であるとは限らない。そうしたときは，誰のいうことを聞けば良いのだろうか。あるいは，上司からの業務命令が公益に反すると思われるようなときはどうだろうか。あくまでも上司の命令に従うべきか，それとも拒否するなり，別の上司に訴えるなり，抵抗の姿勢を示すべきなのか。専門家としての公務員の判断と政治家や国民の意見とが異なる場合はどうか。このように，公務員はしばしば行政責任のジレンマ状況に陥る。

こうした状況において，まず重要なのは公務員個人の自律的責任，言い換えれば倫理観や使命感である。しかし，個人の自律的責任を十分に発揮できるか否かは，所属する組織の風土や社会の環境，あるいは制度的条件によっても規定される。例えば，上司の命令に対して自らの信条に従って抵抗した者が安易に左遷されるような組織であれば，自律的責任を発揮する余地は狭まるだろう。行政組織が個々の公務員の自律的責任を阻害し，ひいては公益をないがしろにしているようであれば，それは大きな問題といえる（西尾 1990）。

4．行政統制の類型

行政にその責任を果たさせるには，行政に対する統制の手段も考えておく必要がある。藤井浩司が「基本的に，責任は行為主体に内在する自律的，自覚的な意識を前提として存在するのに対し，統制は行為主体の外部にあって，他律的に行為の態様や内容を制禦する力の行使を前提としている」と述べているように（藤井 1988：280），行政責任は内在性をもつのに対して，行政統制は外在性をもっている。したがって，行政統制の基本的な前提は，行為主体の外部から働きかけることにあるといえる。

最も典型的なものが，権力分立の考え方を背景とした統制である。国家の機能・権力を立法（国会），行政（内閣），司法（裁判所）の３つに分け，立法や司法は行政を統制する権能を有しているととらえる見方である。

このように行政統制は典型的には行政の外部から行われるが，しかし行政内部においても統制は行われうる。それでは，行政統制には，具体的にはどのような方法があるのだろうか。ここでは，**ギルバート**（Charles E. Gilbert）が示した行政統制の分類図式を用いて，整理してみたい（Gilbert 1959）。

ギルバートは，統制手段が制度的なものかそうではないかによって，**制度的統制**と**非制度的統制**に分け，統制主体が行政機関の外部にあるのか内部にあるのかによって，**外在的統制**と**内在的統制**に分けた。ここでいう制度的か非制度的かは法律などによって制度的に保障されているか否かの違いである。そして，それぞれの2つを組み合わせて，① 外在的・制度的統制，② 外在的・非制度的統制，③ 内在的・制度的統制，④ 内在的・非制度的統制の4つに分類した（図表5-1）。

① 外在的・制度的統制には，議会・裁判所・会計検査院・オンブズマンなどが該当する。権力分立の考え方に基づき，立法や司法は行政を統制し監督する役割を担っている。会計検査院は，行政機関ではあるものの，内閣からの独立性を保障されており，議会や裁判所の統制を補完するものとして意義がある。オンブズマン制度は国にはないが，地方自治体では制度化されているところも多い。

② 外在的・非制度的統制とは，マスメディアや政党，利益団体，市民運動など外部から，そして制度に依らずに行政を統制することを意味する。近年は，インターネットの発達とスマートフォンなどの端末の普及により，SNS

図表5-1　行政統制の分類

	制度的	非制度的
外在的	議会（国会） 裁判所 会計検査院 オンブズマン 地方自治 情報公開	マスメディア 利益団体 市民運動
内在的	財政 人事 政策評価 行政相談 審議会	同僚からの評価や批判

（出典）Gilbert 1959: 382 をもとに筆者作成。

などを通じて発信された世論の直接的な声が無視できないほどの影響を行政に及ぼすことも多い。

③ 内在的・制度的統制は，主に行政内部における官僚制のヒエラルキー構造を通じた統制が該当する。典型的には，上級庁による下級庁に対する監督，上司による部下に対する監督がそうである。また，財務省は予算編成によって他の省庁の統制が可能になり，内閣人事局は組織・定員管理によって他の省庁を統制することができる。これらも内在的・制度的統制ということができる。さらに，政策評価や行政相談などもこのなかに含めることができるだろう。

④ 内在的・非制度的統制は，フリードリッヒの「機能的責任」に関することであり，同僚の批判や評価，組織風土や慣行などがこの類型に入る。

次節以降，上記の分類に即して，具体的に行政統制の方法を見ていく。

第2節　行政に対する外在的統制

1．議会による行政統制

議会による行政統制という考え方の発端は近代市民革命による立憲主義の確立にある。立憲主義のもとで国王の権限は憲法によって制限され，憲法によって認められた範囲内でのみ国王は権限を行使することが可能であるとされた。そして，立憲主義は憲法の制定権力は国民にあることを謳った。もともと議会は行政（国王）を統制するものとしての性格を有し，三権分立の考え方によって立法と行政は「抑制と均衡（チェック・アンド・バランス）」の関係に位置づけられている。

日本の国会による行政の統制手段には，大きく分けて，国会が行政活動を規定する方法（立法統制・財政統制・外交に対する統制など）と，国会が行政活動を監視・監督する方法（人事統制など）の2つがある。

ここでは，とくに前者に関する憲法上の規定を確認しておこう。まず，立法統制とは，国会が法律の制定権をもち法律を通じて行政を統制することを意味する。国会が内閣に対して有している憲法上の権能については，憲法41条で「国会は……国の唯一の立法機関」と定められており，国会での審議・採決を経ない立法を認めていない。行政活動の根拠である法律はすべて国会を経ることになっているので，国会は法律を通じて行政を統制している。62条では国政調査権の規定があり，国会は国政に関する調査を行うことができる。その他に69条では，衆議院での内閣不信任決議について定められている。政令については，73条6号に内閣の職務として政令を制定することができると定められているが，「憲法や法律の規定を実施するために」とあり，政令制定の前提として法律がある。

財政も行政統制の手段となる。行政活動の根拠である法律が制定されたとしても，予算がなければ，行政機関がその活動を行うことが難しい場合も多い（第12章を参照）。憲法86条では「内閣は，毎会計年度の予算を作成し，国会に提出して，その審議を受け議決を経なければならない」とある。90条では，決算については毎年度会計検査院が検査し，その検査報告を国会に提出しなければならないと規定され，また91条では，内閣が少なくとも年1回財政状況について国会で報告しなければならないと定められている。課税については，84条で「あらたに租税を課し，又は現行の租税を変更するには，法律又は法律の定める条件によることを必要とする」，85条では「国費を支出し，又は国が債務を負担するには，国会の議決に基づくことを必要とする」とある。国会は，財政を通じて行政を統制しているといえる。

外交関係については，内閣がその役割を担っているが，条約承認は憲法上，国会の権能の1つである（61条）。

つぎに，国会が行政活動を監視・監督する方法を見ておこう。その典型的なものが，行政府に対する人事統制である。内閣総理大臣は国会議員のなかから指名されるので，任命は天皇の国事行為ではあるものの，実質的には国会が内閣総理大臣を選出している。さらに，特定の公務員の人事についても国会が関与する。内閣から独立性をもつ機関（人事院人事官や会計検査院検査官など）や行政委員会（公正取引委員会委員や国家公安委員会委員など）といったものがその対象であり，任命に際しては国会の同意を得ることが法律上規定されている。例えば，公正取引委員会の委員については，独占禁止法29条2項で「委員長及び委員は，年齢が三十五年以上で，法律又は経済に関する学識経験のある者のうちから，内閣総理大臣が，両議院の同意を得て，これを任命する」とある。

このほかには，政治的問責（内閣不信任決議），質問・質疑，委員会による審査・調査なども，国会による行政活動の監視・監督の手段に含まれる。

これらの統制手段のなかでも，立法統制は国会が行政を統制するための最も重要な手段の1つである。とくに，議員やそのスタッフらが中心になって立案する議員立法はそのための有力な武器である。しかしながら，実際に国会に提出される法案のうち，成立している法案の多くは，議員立法ではなく，内閣提出法案である。内閣提出法案は担当の官庁が立案作業の中心的役割を担う（第10章を参照）。社会が複雑化・専門化するなかで，政策立案機能が立法から行政へと移った「行政国家化」が指摘されて久しいが，専門性や人的資源，情報などの面で行政の優位性は揺るがず，議会の行政統制機能は十分に発揮できていないといえる。とはいえ，最終的な成立率は低いが，議員立法の提出件数も近年は増加傾向にあり，議員が立法府としての使命を果たそうと努力していることも事実である。

2．裁判所による行政統制

司法も三権分立の観点から行政統制を行う重要な機関の1つである。憲法81条では，「最高裁判所は，一切の法律，命令，規則又は処分が憲法に適合するかしないかを決定する権限を有する終審裁判所である」と規定し，76条2項後段では，「行政機関は，終審としての裁判を行うことができない」と定めている。行政による処分の適法性や公法上の法律関係について争う行政裁判も，他の裁判と同様，最高裁判所とその下の高等裁判所，地方裁判所といった司法裁判所によって行われる。大日本帝国憲法（明治憲法）下では，行政裁判は一審の行政裁判所がその審理を行っていたのとは大きく異なる。

しかし，すべての行政行為を裁判所によって統制できるかといえば必ずしもそうではなく，いくつかの限界が存在する。例えば，外交や安全保障，衆議院の解散権など統治行為に関する訴訟について，裁判所は高度な政治性をもつ「統治行為」や「政治問題」であるとして，司法判断の対象から除外し，判断を避ける傾向にある（砂川事件や苫米地事件など）。

３．会計検査院による行政統制

会計検査院は，1880（明治13）年に設立され，89年に発布された大日本帝国憲法において憲法上にも定められた。戦後，日本国憲法が制定された後も会計検査院は存続し，憲法90条では，「国の収入支出の決算は，すべて毎年会計検査院がこれを検査し，内閣は，つぎの年度に，その検査報告とともに，これを国会に提出しなければならない」と定められている。また，会計検査院法１条では，「会計検査院は，内閣に対し独立の地位を有する」と定められており，行政機関ではあるものの内閣から独立した立場で会計検査を行っている。内閣は会計検査院での会計検査が済んだ決算を国会に提出し，衆議院・参議院の決算委員会がさらに審議を行う。

財政面での国会による行政統制が主として行政活動を事前に統制することに力点が置かれるのに対して，会計検査院による行政統制はそれを事後的に行うものとして位置づけられる。後者ではとくに，「なぜそのようになったのか」という説明責任（アカウンタビリティ）を果たすことが強く求められる。

会計検査院は検査官会議と事務総局から構成される。検査官会議は３人の検査官からなり，合議によって会計検査院の意思決定を行っている。事務総局は実際の検査を実施する組織である。

会計検査院の検査の対象となるものには「必要的検査対象」と「選択的検査対象」とがある。前者は会計検査院が必ず検査しなければならない対象である。これには，国（国会，裁判所，内閣，府省）の毎月の収入支出のほか，国が資本金の２分の１以上を出資している法人（日本銀行，東京地下鉄株式会社，国立大学法人など）の会計，法律上会計検査院の検査対象となっている会計（日本放送協会）などが含まれる。後者は会計検査院が必要と認めるとき，または内閣の請求があるときに検査を行うことができるとされるものである。国が保管する現金や物品，国が資本金の一部（２分の１未満）を出資している機関（日本電信電話株式会社など）の会計などである（会計検査院ウェブサイト）。

会計検査は庁舎内で行う書面検査と，検査対象となる事業所や現場に調査官らが赴いて行う実地検査からなる。検査を行い，不適切と思われるものについては，関係者に質問をしたり資料の提出を求めたりする。その結果，会計経理に関して法令違反や不当と認められる事項があった場合には，当該会計経理について意見を述べ，改善処置を求め，またその後の経理について是正処置をとらせることができる。こうした「不当事項」と呼ばれるものだけでなく，改善が必要とされる法令や制度などがあれば，担当官庁などに対して意見を述べたり改善処置を要求することができる。

普通国債の残高は2021年度末に990兆円に上ると見込まれており，毎年度の予算において多額の国債を発行している現状から考えても，会計検査は，今後ますます重要なものとなっていくだろう。しかしながら，予算に比べ決算は地味な存在であり，国民の関心もあまり高くはない。会計検査院による行政統制がしっかりと行われているかどうかという問題も含め，決算にもより注意を払う必要があるだろう（第12章を参照）。

4．オンブズマンによる行政統制

オンブズマン（Ombudsman）制度は，1809年にスウェーデンで生まれた。本来，オンブズマンとは議会によって選任された公務員（監査官）のことを指し，行政機関・行政官の決定や行動に関して権力の濫用や苦情があった際に，行政機関に対して調査を行い，行政救済や苦情処理を求めることができる権限をもつ。こうしたオンブズマン制度は，北欧諸国からイギリス，アメリカへと広がっていった。

オンブズマンには，議会設置型と行政機関設置型の2つの類型がある。議会設置型は外在的統制，行政機関設置型は内在的統制として区分されるが，ここでは外在的・制度的な行政統制の1つとして扱う。また，近年は男女平等の観点から「オンブズマン」ではなく「オンブズパーソン」という名称を充てる場合も増えてきているが，ここでは現在でも一般的な言い方である前者を用いる。

日本では，1980年代にオンブズマンの導入についての本格的な検討が進み，81年に当時の行政管理庁が中間報告を出し，その後第2次臨時行政調査会での答申などにも提言が盛り込まれたものの，国レベルでは導入には至っていない。その理由として，総務省行政評価局所管の行政相談制度がオンブズマンと同様の機能をもつものと考えられていることがある。

地方レベルでは，いくつかの自治体でオンブズマンが制度化されている。1990年に神奈川県川崎市で川崎市市民オンブズマン条例が制定され，オンブズマン制度が導入されたのを皮切りに，その後，東京都中野区などの東京都内の区や市の一部，新潟県上越市，熊本市などで同様の制度が導入された。とはいえ，全国の地方自治体に広まった制度であるとは必ずしもいえない。また，地方自治体に設置されたオンブズマンは行政機関設置型であり，どちらかといえば内在的な行政統制といえる。こうしたオンブズマン制度は，一般には「公的オンブズマン」や「行政オンブズマン」とも呼ばれている。

これに対して，「市民オンブズマン」という言葉を耳にした人も多いだろう。市民オンブズマンは，市民団体などが自発的に設置しているものであり，制度的な根拠となる法律や条例は存在していない。したがって，上述の「公的オンブズマン」「行政オンブズマン」とは異なり，市民オンブズマンは外在的・非制度的な行政統制に区分される。市民オンブズマンは全国各地にあり，自治体の予算の使い道が適切・適正かどうかなど，さまざまな問題に取り組んでいる。

5．地方自治による行政統制

地方自治体は行政内部とも解釈できるが，地方自治体と国という関係でとらえた場合，前者は後者に対して外部から統制している主体としてみなしうる。とくに，この20年余りの地方分権，分権改革の推進は，行政統制主体としての自治体の役割を高めてきたといえる。分権改革の成果は数多いが，1999年の地方分権一括法によって機関委任事務が廃止され，自治体の事務が自治事務と法定受託事務へと再編され，地方側の裁量が増したことはその一例である(第13章を参照)。

国地方係争処理委員会の創設も分権改革の成果の１つである。国と自治体間で法的紛争が生じた際に，自治体の首長などからの申出をもとに審査を行う合議制の機関であり，国の関与に違法性・不当性が認められる場合には国に対して必要な措置を講ずるように勧告できる。これまでに実際に審査の申出がなされたのは数件に過ぎず，ほとんど利用されていないものの，自治体が国に対して制度上異議申し立てできることは，行政統制の観点からいっても重要である。沖縄県の辺野古基地建設や大阪府泉佐野市のふるさと納税制度に関わる問題などが審査された。自治体が国の政策のあり方に異議を唱え，それをマスメディアでも大きく取り上げられたという点では，一定の効力を発揮しているともいえる。

国地方係争処理委員会で審査されるのは稀なことであるにせよ，近年の国と地方自治体との対立などを見ると，国の政策といえども地方の同意や協力なしには政策の実施が困難であることが分かる。また，新型コロナウイルス感染症対策をめぐっては，危機感を強めた自治体や首長が国の対策を促す場面が多く見られた（竹中 2020；金井 2021）。こうした状況は，地方自治が国の行政に対する統制機能を果たしていると見ることができる。

6．情報公開による行政統制

情報公開も行政統制の有力な手段であり，すでに法律や条例で制度化されている。日本での**情報公開制度**は，1982 年の山形県金山町の**情報公開条例**が初である。83 年には神奈川県が都道府県として初めて情報公開条例を制定した。その後，多くの地方自治体で情報公開条例が制定された。国では，1999 年に**行政機関の保有する情報の公開に関する法律（情報公開法）**が制定され，2001 年に施行されている。最近では，地方議員の政務活動費の不適切な使用などがクローズアップされているが，これも地方自治体の情報公開条例に基づく情報公開請求をきっかけにしたものが多く，情報公開制度の成果ともいえる。

しかし，情報公開制度はその対象である公文書が抜かりなく記録・保管・管理されていることが前提として成り立つ制度である。その点で，2018 年に発覚した，いわゆる森友問題をめぐる財務省による公文書改竄は，行政機関が保有している公文書に対する信頼そのものを疑わせるものであり，情報公開制度の根幹を揺るがしかねない大きな問題である。このことは公文書管理制度の問題とも密接に関連しており，公文書をどのように保管し活用していくかという点も問われている。

7．非制度的な行政統制

外在的で，かつ非制度的な行政統制で代表的なものの１つは，テレビや新聞などのマスメディアであろう。マス（mass）とは「大衆」を意味し，マスメディアとは，不特定多数の大衆に対して情報を流すことのできる媒体のことを指す。実際テレビや新聞はそれを体現している。テレビや新聞が大々的に取り上げることによって，市民の関心が喚起される。上述した，財務省による公文書改竄も新聞によるスクープがきっかけになって，大きな問題に発展した。また，近年問題になってきたあおり運転に対する厳罰化も，あおり運転に関連する事故やトラブルをマスメディアが大きく報道したり，ドライブレコーダーに映された動画をテレビ番組で取り上げたりしたことによって市民の関心が高まり，政府が対応を迫られた事例ということができよう。

市民団体や利益団体の活動もこの分類に入る。安全保障法制や原発再稼働をめぐっては学生組織や市民団体などによる反対運動が盛り上がりを見せ，注目を集めた。また，経団連，連合，農協，日本医師会など，日本には数多くの利益団体が存在するが，彼らは日頃から行政の活動や政策案をチェックし，政府に対してさまざまな要求を行っている。このように，行政の外にある団体であっても行政を一定程度統制しうる。

第３節　行政に対する内在的統制

１．財政統制

行政統制は典型的には行政の外部から行われるものであるが，行政の内部においても統制は行われる。大きくは，財務省による予算を用いた財政統制，内閣人事局による組織や人事管理に関する統制，政策評価といった制度的統制と，組織内部における上司による部下の監督・考課，同僚同士の評価などの非制度的統制に分かれる。本節では，前者の行政統制を中心に見ていく。

まず，財政統制である。政策を実施するためには，多くの場合，予算上の裏づけが必要となるだろう。それがなければ，絵に描いた餅となる。すなわち「無い袖は振れない」のである。他方で，行政が用いることのできる財源は限られている。限られた財源をどのように配分するか，配分をする側は強力な権力を手にすることになる。財布のひもを握る人には勝てないのである。そのため，財政は実質的な統制手段となる。

財政統制は，予算編成過程と密接に関係する（第12章を参照）。次年度予算に向けた各省庁の概算要求は8月末までに財務省に提出され，財務省主計局によって査定される。その後，予算局議を経て年末に財務省原案が出されることになる。財務省を納得させることのできない案件に予算が付くことはなく，また財務省によってコスト削減が求められることもある。そのため，財務省は「官庁のなかの官庁」といわれるくらい強力な権限を有してきた。

しかし，財務省（旧大蔵省）の力は2000年代に入り，弱まってきているといわれる。その1つのきっかけは，経済財政諮問会議が設置されたことである。2001年の中央省庁再編によって内閣機能の強化が図られ，内閣府に経済財政諮問会議が設置された。内閣府設置法19条1号では，経済財政諮問会議がつかさどる事務として，財政運営の基本，予算編成の基本方針その他の経済財政政策に関する重要事項について調査審議することとある。01年に発足した小泉内閣では，経済財政諮問会議が政策の基本方針を定めた「骨太の方針」を出し，それに従って翌年度の予算が編成されるようになった。そのため，従来の財政統制は財務省とその他の省庁という構図であったが，経済財政諮問会議・財務省・その他の省庁という構図へ変容した。

しかし，2009年に発足した民主党政権は経済財政諮問会議を廃止する方針を掲げたため，同会議は休眠状態に入った。その後の第2次安倍政権以降でも同会議が活躍する場面はあまりなく，官邸主導が強まるなか，財政統制をめぐる構図はさらに変化してきている。

2．人事・組織統制

つぎに見ていくのは，内閣人事局や総務省による，公務員の定員管理，行政組織の管理といった，人事・組織統制である。

各省庁は，組織の改廃や定員の変更を行う場合には，内閣人事局（以前は総務省行政管理局）の審査を経なければならない。戦後，国家公務員の定員は，1949年の行政機関職員定員法によって省庁ごとに決められていた。61年からは，同法に代わって，各省庁の設置法で定員を定めることになった。その後，69年に行政機関の職員の定員に関する法律（総定員法）が制定される。「総定員法」という名称が意味するように，国家公務員全体の定員を定めたことにこの法律の意味がある。国家公務員の総数に法律上の縛りを設けたのである。そして，各省庁の定員は政令で定めることになった。また，各省庁の内部組織に関しても，国家行政組織法で政令によって定めるとされている。そのため，各省庁が定員や組織を変えるには組織令を改正する必要があり，その際には事前に総務省行政管理局による審査を受けなければならなかった（西尾 2001）。

しかし他方で，各省庁の職員の配置や昇進などに関する人事そのものはそれぞれの省庁に委ねられていた。このことが，国全体のことを考えず，自身の属する省庁のこと，「省益」を第1に考えるといった，とくにキャリア官僚と呼ばれる幹部公務員に対する批判にもつながり，2014 年の内閣人事局の設置につながった。内閣人事局は国家公務員の人事行政，国の行政組織に関する事務（機構・定員管理），幹部職員人事の一元管理などを担う。総務省行政管理局が行っていた機構・定員の審査も，現在は内閣人事局が行っている。

3．政策評価

1980 年代以降，イギリスのサッチャー（Margaret Thatcher）政権などで，市場原理や民間企業の経営・管理手法を行政に導入して，行政の効率化を図り財政再建に結びつける **NPM（New Public Management）** の考えが広まった。日本でも，巨額の財政赤字が問題視されるようになるなか，NPM の理念が広まり，それとともに，行政の活動や政策を客観的に評価し，その無駄を排除し，効率性や有効性を改善させることが強く求められるようになる。その具体的な制度が**政策評価（行政評価）**である。地方自治体では，1990 年代以降，三重県の事務事業評価システムや静岡県の業務棚卸表のように，NPM 志向の政策評価が行われるようになった。その背景には，財政赤字の悪化だけでなく，公務員の不祥事などもこの時期に多く見られ，行政に対する国民の信頼が大きく低下したこともある。

国レベルでは，政策評価制度が広まる以前にも，旧総務庁行政監察局による**行政監察制度**があったが，現在では政策評価（行政評価）と呼ばれ，形を変えて行われている。きっかけは，1997 年 12 月の行政改革会議最終報告において，政策評価制度の導入が提言されたことにある。その後，2001 年 6 月に政策評価法が制定され，02 年 4 月から施行された。政策に対する評価はその政策を所管する省庁自身によっても行われるが，総務省行政評価局は他の省庁が行っている政策を評価し，改善点を示す「行政評価局調査」を行っている（第11章を参照)。省庁自身による政策評価は内在的統制の一種であるが，行政評価局調査は，同じ行政内部にあるとはいえ，他の省庁の政策を評価するものであり，外在的統制ということもできる。

この他に，「**EBPM**：Evidence-based Policy Making（証拠に基づく政策立案)」という考え方も近年広まってきている。EBPMは，政策の能率性や有効性を科学的・客観的に分析することで，より質の高い政策を立案・実施すべきであるとする考え方である。EBPMが行政内部で機能するようになれば，これも内在的な行政統制の１つとみなすことができる。

財政の余裕がなくなり，人びとの価値観も多様化するなか，政策を決める際の１つの指針として，科学的な根拠が求められるようになってきている。今後の行政の活動や政策を考えていくうえで，EBPMの観点はますます重要になっていくであろう。

４．行政相談

行政相談とは，行政への苦情や意見，要望を受け付け，その解決を促進し，行政制度や運営の改善に反映させる制度である。国の場合は総務省が所管しており，行政相談は，全国50カ所にある総務省の管区行政評価局・行政評価事務所にある窓口，デパートなどに定期的に開設される総合行政相談所，災害時に設置される特別行政相談所のほか，電話やインターネット，手紙などでも受け付けている。総務大臣から委嘱を受けた「行政相談委員」と呼ばれる民間のボランティアが全国に約５千人おり，彼らに相談することもできる。

国の行政相談は，国や独立行政法人の事務，都道府県や市区町村の事務のうち法定受託事務に関する部分など国全般の事務に対する苦情を対象としている。また，解決が難しい相談に対しては，行政苦情救済推進会議が設置されている（総務省行政評価局 2020)。地方自治体にも同様の制度があり，都道府県や市区町村で独自に行政相談窓口を設置しているところも多い。

５．審議会

審議会という言葉を一度くらいは聞いたことはあるだろう。例えば，文部科学省には中央教育審議会（中教審）というものがあり，大学入試の変更などの答申も中教審が行っている。そもそも審議会というのは何だろうか。国の審議会の法的根拠は，国家行政組織法８条にある。ここでは，「国の行政機関〔省・委員会・庁〕には，法律の定める所掌事務の範囲内で，法律又は政令の定めるところにより，重要事項に関する調査審議，不服審査その他学識経験者を有する等の合議により処理することが適当な事務をつかさどらせるための合議制の機関を置くことができる」とされている。中教審の他，厚生労働省の労働政策審議会，法務省の法制審議会などがその例である。審議会は，学識経験者や職能団体の代表からなる合議制の組織であり，政策形成に国民が関わることのできるものである。審議会自体は行政内部に設定されるものだが，行政活動に対して一定の統制機能を果たしうる。

しかしながら，現状の審議会が有効な行政統制機能を果たしているのかについては，いくつかの批判がある。第１に，「御用機関」という批判である。審議会での資料などは担当省庁の官僚によって提供されたりしているため，そもそも情報が偏っており，省庁側が望んだような結論に至る傾向にあるという点である。第２に，人選に関する批判である。審議会の委員は当該省庁による任命のため，必ずしも公平な基準で選ばれているとはいえない状況にある。したがって，省庁の意向に沿って審議会が運営される傾向がある。また，行政の「隠れ蓑」として審議会を活用することで行政機関への責任をかわす方便ともなっている。第３には，以上の批判とは逆のことだが，審議会の役割は政策案の決定ではなく重要事項の調査審議にあり，審議会から出された答申の採否が行政機関に委ねられているため，当該省庁にとって不都合な答申については採用しないことも可能だという点である。第４には，審議会が「利害調整」機関と化している側面もあり，抜本的な改革などをする際の障壁となっている点である。

審議会は，制度上は政策立案過程に専門的な学識，職能団体や利害関係者の意見を反映させることのできる仕組みである。しかしながら，審議会はさまざまな問題や課題を抱えており，本来期待されている行政統制機能を十全に果たしているとは言い難い。

最後に，内在的・非制度的行政統制についても触れておく。これは，フリードリッヒが述べた「機能的責任」に当たるものであり，先輩・後輩含めた同僚の批判や評価，組織風土や慣行などがこの類型に入る。また，組織と組織のあいだには「セクショナリズム」といわれるような対立構造があることも多い。他省庁間に限らず，同一省庁内の部署間でもこのセクショナリズムは形成されうる。ただし，セクショナリズムは官僚制が抱える象徴的な問題の１つだが，その存在が組織間相互の抑制・均衡を促し，ある種の行政統制として働くこともある。

第４節　新しい行政統制

１．パブリックコメント

最近では，これまで挙げてきたような従来のものとは異なる行政統制の形も存在する。その１つが**パブリックコメント**と呼ばれる制度である。国のパブリックコメントは1999年に閣議決定により全省庁に導入され，その後2005年に**行政手続法**の改正を経て法律上の制度になった。行政手続法は「行政運営における公正の確保と透明性（行政上の意思決定について，その内容及び過程が国民にとって明らかであることをいう……）の向上を図り，もって国民の権利利益の保護に資することを目的とする」法律であり，この観点からパブリックコメント制度も定められた。同法では「意見公募手続」と呼ばれる。法律上，行政機関は命令等（政令や省令など）を策定するに際には，その案を公表し，国民から広く意見を聴取した上で，それらを踏まえて最終的な案を作成することとなっている。

パブリックコメントに付する案件は「電子政府の総合窓口（e-Gov）」に公示され，それに対する国民からの意見（コメント）を受け付ける。意見の提出はe-Govサイト，郵送，電子メールなどを通じて行う。これまでの政策立案を考えると，一般市民がインターネットなどを通じて比較的容易に自らの意見を述べることができるようになったことは画期的である。

パブリックコメントを受け付けている案件は決して少なくない。総務省の調査によれば，パブリックコメントの実施件数は2016年度で939件，17年度で999件にものぼる。実際に提出された意見の総数も16年度が26,483，17年度が47,932であり，相当多い。とはいえ，いずれの年度も，意見数がゼロだったものが全体の約2割，1〜10が約6割を占めており，一部の案件には多数の意見が寄せられるが，それ以外の大多数のものにはあまり意見が寄せられていない状況にある。しかも，提出された意見が実際にどの程度，政策立案に反映されているかといえば，提出意見を踏まえて命令等の案を修正したものは2割程度にとどまっている（総務省2019）。このような状況を見ると，パブリックコメントの制度は国民の意見を政策立案に反映させることが当初の目的であったが，あまり理念通りには運用されていないといえる。なぜそうなのか，どう改善すればよいのかを考えていくことが必要だろう（原田2016）。

2．ふるさと納税

近年では，**ふるさと納税**も外在的・非制度的な行政統制の1つといえるかもしれない。住民は，応益負担の観点から住民票を置いている地方自治体へ住民税（県民税・市民税）を納税する。これに対して，ふるさと納税は，住民票を置いていない自治体に対してであっても，納税を可能にする制度である。実際には税金を納めるのではなく，自治体への寄附という形をとるが，その寄附額のうち2,000円を越える部分が所得税・住民税から全額控除される（控除限度額はある）。実質的に2,000円の自己負担が発生するが，寄附先の自治体から返礼品が贈られてくることが多く，利用者も急増している。

寄附を集めるためには，自治体も区域外に住む人びとに対して自分たちの行っている活動や地域の魅力を積極的にアピールする必要がある。それによって，結果的に自治体のサービスや行政運営が改善されていけば，これも新しい外在的・非制度的な行政統制としてとらえられるだろう。とはいえ，返礼品競争を加速させ，税制の本来の趣旨を揺るがすようでは，本末転倒の誹りを免れない。

3．インターネット

インターネットが一般に普及しはじめてから約20年が経過した。この間，インターネットが社会に与える影響も大きくなってきた。マスメディアは多額の資金と大規模な設備がなければ運営することは難しく，市民１人ひとりが情報を発信するということは想像できなかった。それをインターネットが可能にした。例えば待機児童問題では，ある匿名の個人が「保育園落ちた，日本死ね」とブログで発信したことが，マスメディアや国会などで大きく取り上げられ，最終的に国を動かした。最近では，ハッシュタグをつけてSNS上で拡散させるTwitterデモと呼ばれる運動も現れている。2020年，国会に提出されていた，検察官の定年延長に関わる検察庁法改正案が廃案になったのも，Twitter上で反対の声が大きく盛り上がったことが影響している。

市民による外在的・非制度的な行政統制の一種として，住民運動や利益団体などを通じて行政に働きかけをすることが考えられる。ただし，それらの多くは組織を媒介とするものであり，参加の敷居も高かった。それに対して，インターネット上での意見表明は個人が手軽に行うことができる。インターネット上の世論が行政を動かす時代になってきているとすれば，それは行政統制の主体として市民個人が前面に出てくるようになったということでもある。行政統制のあり方も大きく変わろうとしているのかもしれない。

（堀田学）

第３部　行政の組織と管理

第6章

官僚制の理論

本章のねらい

本章では，官僚制の理論について概観する。官僚制理論は，行政組織・民間組織を問わず大規模になった現代の組織の運営に関する基礎的な理論である。以下に示すように，大規模化した行政組織を効率的に運営するために発達した手法は，合理的である反面そこにはさまざまな問題点もある。本章では，そうした官僚制組織のもつ長所および短所について説明したい。また，行政学・政治学においては，官僚機構で活動する人びとと政治家・政党との関係も重要なテーマとなっている。本章では，政官関係における基礎的な視点と，日本において展開された政官関係論についても紹介したい。

第1節　官僚制とは何か

官僚制という言葉には，かつては官僚の独裁（専制的政府の狭い視野，高圧的な態度，お役所仕事）を批判する意味が込められていた。Bureaucracy は，近代市民革命以前のフランスに語源があるが，これは bureau（事務机，それが存在する事務所）と kratia（力，支配という意味のギリシャ語）から bureaucratie という新語が生まれ，ドイツ，イタリア，イギリスなどのヨーロッパ各国で普及したものである。そのため，事務をする官吏が力をもつこと，つまり，君主による統治の補助手段に過ぎない官吏が自ら主役の座をうかがう状態，官僚政治を意味することとなった。お役所仕事を批判する意味に関しては，今でも「融通が利かない」といったような否定的なニュアンスで使われることがある。

ただし，以下で論じる**ウェーバー**（Max Weber）らの貢献により，今は公私を問わず大規模組織を合理的に管理する仕組みという意味をもつ中立的な概念になっている。

官僚の役割は，歴史的に変遷を遂げている。かつては，君主に仕え民主主義とはあまり関係ない存在とされていた官僚であるが，現代においては英語で civil servant あるいは public servant と呼ばれるように公務員であり，議会の決定を実行に移す役割を国民から託された民主政治における重要な登場人物となっている。

他方，現代社会において官僚の役割や影響力が大きく増しているという事実もある。この点について，「**行政国家**」というキーワードをもとに説明しておきたい（第1章を参照）。20 世紀に入ると国家の役割は拡大し，教育，医療，福祉，環境保護，経済政策なども「政府の領域」に含まれることになった。ここでは，専門知識や情報，そして行政経験を蓄積した膨大な数の官僚が政策過程において不可欠の存在になり，立法部と行政部の関係において行政部の重みが増大するという現象が起こった。議員は，個別の問題の詳細について専門知識や情報を欠いているため，政策立案・政策決定において官僚に依存せざるを得ない状況が生じたのである。議会は，国民の代表として行政部を統制する役割を担うが，現実の力関係において行政部の重みが増していったということである（甲斐 2014）。

ちなみに，「官僚」という言葉はいわゆる「キャリア組」の国家公務員を指して使う場合もあるが，本章では，必ずしも高級官僚のみを対象とするのではなく，広く公務員を説明の対象とする。また，先述のように官僚制は公私を問わず大規模組織を合理的に管理する仕組みであるので，民間企業においても見られる現象も取り上げる。

第2節　行政組織における官僚制

現代においては，官僚制はあらゆる（大規模）組織において見られるが，それが最も典型的に表れるのが行政組織においてである。そこで，行政組織における官僚制について説明する。

1．近代官僚制の原則とその問題点

まず，官僚制が行政組織において発達した背景には，近代社会における政府の業務を達成するために最も合理的に機能する支配形態を追求してきたことがある。近代社会においては，統治単位の地理的拡大，行政事務の量的増大と質的変化があった。そのため，拡大して複雑になった行政の事務をいかに効率的に処理するかを模索するなかで，以下に見るような方法で事務を処理しようということになったのである。

それでは，官僚制組織においてはどのようにさまざまな業務が処理されるのであろうか。ウェーバーが**近代官僚制**の原則としたもののなかには，例えば以下のようなものがある（ウェーバー 1960）。

① 規則による規律：業務が客観的に定められた規則に従って行われる。
② 規則による明確な権限：活動の内容，責任の範囲，それに伴う命令権などが規則に明確に規定され，業務はそのなかで行われる。
③ 階統構造：ピラミッド型の組織形態をとり，業務の遂行において下級の機関（部下）は上級の機関（上司）の指揮監督に服する。
④ 文書主義：活動は客観的に記録され，保存される文書を通じて行われる。
⑤ 公私の分離：公的な活動と担当者の私生活は分離され，公的活動に使う（職場から支給される）組織の所有物と構成員の所有物は明確に区分される。
⑥ 専業制：職員は，その業務を唯一の職業とするか，少なくとも主たる職業としていなければならない。
⑦ 資格任用制：職員の採用は，一定の学歴と専門知識をもつ，試験で選ばれた有資格者のなかから行う。

以上のような業務の処理方法によって，専門性，能率性，迅速性，不確実性の排除（予見可能性），継続性，統一性などがもたらされるのが，官僚制の長所である。

しかしながら，官僚制にはさまざまな問題もある。そこで，いくつか考えられるものを挙げておきたい。まず，行政組織における官僚制のもたらす１つ目の弊害として，専門性を背景にした官僚の専制が引き起こされる可能性がある。つまり，民主的に構成された議会・内閣に代わって官僚が政治の実権を握る傾向が生じるということである。これは，先述したように，政策に関する情報量においては行政組織・行政職員の方が優位に立つ傾向があることや，そのような行政機関を政治が統制する際には困難を伴うことを背景としている。第2に，公的活動に使う資金は構成員の所有物ではないため，節約や能率に対するインセンティブが働きにくくなる。それどころか，後述するように行政組織には仕事を広げて組織や人員を膨張させる傾向がある。第3に，分業と画一的組織生活がもたらす人間疎外の問題である。構成員は，あらかじめ決められたルールやマニュアルどおりに行動することを求められるため，組織の歯車のようになってしまい，人間らしい仕事がしにくくなる，自律性が阻害されるということである。

2．マートンの逆機能論

さらに，官僚制には逆機能があることも指摘されている（Merton 1949 [1961]）。上述したような官僚制の原則を行政官僚制の構成員（行政職員）が内面化し，場合によらず過剰にその原則に同調したふるまいをした場合には，さまざまな問題が生じるのである。第1に，「**訓練された無能力**」の問題である。官僚制組織においては，構成員はよく起こりうる事態に対してはそれらに対応するための標準的な方法（マニュアル）を教えられて，その通りに事態を処理するよう訓練を受ける（前例踏襲）。こうした方法は，社会が安定的なときには効率的であるが，事態が変化したときに問題を引き起こすことがある。つまり，ある標準的な状況に適合する技能・態度について訓練を受けた人は，それまでとまったく異なる事態・問題に直面してもそれまで自らが訓練を受けた技能・態度で対応しようとして，意味のない対応を行う可能性があるということである。第2に，「**目標の転移**」の問題である。これは，「規則による規律」が昂じると規則の絶対視がもたらされるということである。そもそも規則というのは何らかの目的を達成するために作られるはずであるが，その目的との関連が忘れられて規則の忠実な遵守自体が目的になり（**法規万能主義**），その結果として杓子定規な対応をする可能性が出てきてしまうのである。

以上は，アメリカの社会学者**マートン**（Robert K. Merton）がとくに強調した官僚制の逆機能であるが，他にも3点ほど挙げておきたい。「文書主義」

の原則が昂じると，手続が煩雑になり，許認可，サービス受給のための申請などで膨大な書類が求められるようになる（**繁文縟礼**）。また，「規則による明確な権限」の原則が行き過ぎると，**セクショナリズム**がもたらされる。セクショナリズムとは，各部局が他の部局と調整することなくつねに自らの組織を中心に物事を考えるようになることであるが，その結果として縄張り意識や「たらい回し」といった現象が生じるのである。さらに，官僚制組織においては公平無私の非人格的な職務遂行が求められるが，これが徹底されると尊大横柄で形式的な，人間味のない対応に見えてしまうことになる。

3．ウェーバーの官僚制評価

それでは，ウェーバーは，どのように官僚制を評価しているのか（ウェーバー 1970，1987）。まずウェーバーは，官僚制の発展は歴史的に不可避であるとしている。つまり，もはやこれ以外の支配形態では大量で複雑になった現代の行政事務を処理することはできないということである。そして，官僚制は他の組織形態と比べると純粋技術的に卓越しており，ある意味において合理的だが，一度完成されるとそれを止めたときに混沌とした状態になってしまうため容易に解体できない存在となり，さらには権力の源泉である情報の独占・秘密主義などによって本来奉仕すべき相手に代わって実権をもつ可能性があるとした。したがって，ウェーバーによれば，官僚制は合理的なやり方だが，全面的に良いといえるものではない，ということになる。つまり，彼は，官僚制には問題はあるが，官僚制を通じた支配は止むを得ないものであると見ていたといえるだろう。

第 3 節　行政官僚制における問題点

これまで見てきたように，行政における官僚制にはさまざまな特性があるが，ここではその特性が引き起こす問題についてさらに見てみたい。とくに，自分の財産ではない税金を使って仕事をするうえ，政治家や国民よりも政府サービスに関する情報を多くもっていることがどのような問題をもたらすのか，ということについての理論学説をいくつか紹介する。

1．官僚制の肥大化に関する議論

まず，官僚制の肥大化に関する指摘を紹介したい。**パーキンソンの法則**によれば，行政機関の職員数は，その業務量に関わらず一定の比率で増大する（Parkinson 1957［1961］）。これは，第1次世界大戦後のイギリスにおいて，海軍の幕僚は必要性が低下したにもかかわらず数が増加した事実から発見された。官僚は，自らの地位や権威の向上のために本来必要な業務量と無関係に部下や仕事を増やしたがり，これが行政を肥大化させるというのである。また，ニスカネン（William A. Niskanen）によれば，行政サービスは社会的な最適水準を超えた過剰供給になる（Niskanen 1971）。公共選択論者であるニスカネンは，官僚制がその予算をつねに拡大させようとする目的をもって行動しているとする。それは，予算の拡大が官僚の給与や評価，役得，権力などの源泉になるためである。他方でニスカネンは，予算の審議・議決をする立場の議会は予算の細目まで把握していないとする。その結果，官僚は議会が支払いを認める上限にサービスの供給量を設定し，議会はサービスの価値がなくなるまで，すなわち明らかに無意味なサービスを提供していると思うようになるまでサービスの提供を続けさせる。これにより，行政サービスは社会的な最適水準を超えた過剰供給になるというのである。

ただし，官僚の動機は多様であり，その動機は単に予算の拡大のみにとどまるものではないという指摘があることについても留意する必要がある。ダウンズ（Anthony Downs）が，権力・収入などといった純粋な個人的利益から公益に奉仕したいという希望などのような利他的側面もある動機も含め，官僚にとっての9つの自己利益と動機（権力，収入，威信，便宜，安定，所属する組織に対する個人的な忠誠，熟達した仕事をしているという自負心，公益に奉仕したいという欲求，信奉する政策への奉仕）を整理したことが契機となって，官僚の動機に焦点を当てた研究が展開されることになった（Downs 1967［1975］）。その1つはニスカネンに代表される**予算極大化モデル**であり，官僚は自らの部局の予算を拡大することでポスト（昇進の機会）や収入を増やすと同時に，組織の威信や影響力を高めることを目指すという考え方である（Niskanen 1971）。

これに対して，予算極大化モデルへの批判も提起された。その代表的論者であるダンレヴィ（Patrick Dunleavy）によれば，エリート官僚は，組織の予算拡大を目指すよりも自らの権力や威信を高めるために政治リーダーに協力して予算の削減を指向することがある。また，エリート官僚は，組織の規模や予算が縮小しても雑事から解放されてやりがいのある仕事ができればそれを支持することがある。エリート官僚は，必ずしも予算の極大化を熱心に求めているわけではなく，自らの目的（威信，魅力的な仕事）に合うような組織の形態・規模を追求しようとするということで，こうした議論は「**組織形整モデル**」と呼ばれている（Dunleavy 1991）。**真渕勝**によれば，「予算極大化モデルは，官僚の日常的な行動様式を描いているのに対して，組織形整モデルは，政治リーダーが強い決意をもって，『小さな政府』を目指した行政改革を推進しようとしている，非日常的な状況における官僚の行動様式を描いていると言える」（真渕 2008：163）。これは，イギリスでサッチャー（Margaret Thatcher）政権期に行政機能の一部，とりわけ政策形成以外の実施機能に関わるものを新たに設立するエージェンシーに委ねるという，エリート官僚が所属する組織の規模縮小につながる改革が挫折することなく行われたことを説明している。

2．プリンシパル - エージェント関係における問題

つぎに行政官僚制が引き起こしうる問題として，**プリンシパル - エージェント関係**における問題を紹介したい（伊藤・真渕・田中 2000）。プリンシパルとは，本人の意味であり，サービスの供給においては報酬を払ってサービスの提供を依頼する者を指すが，行政サービスにおいては国民や政治家がこれに当たる。エージェントとは，代理人の意味であるが，サービスの供給においては依頼を受けてサービスを提供する者を指す。したがって，行政サービスにおいては行政職員がこれに相当する。この両者の関係においては，通常エージェントがプリンシパル以上に当該サービスに関する質や予算などの情報をより多くもっている傾向がある。この**情報の非対称性**を利用して，エージェントがプリンシパルの期待を裏切ったり利益を損ねたりする可能性が生じる。これを「エージェンシー・スラック」と呼ぶ。官僚が政治家や国民の意向を無視・軽視して自らに都合の良い政策を立案・実施し，予算を無駄遣いしたり，行政組織を肥大化させたりすることなどが考えられる。

そのため，こうした問題が極力生じないように，エージェントがプリンシパルの利益となる行動をとるようにするための方策が検討されなければならない。少なくとも２つの方策が考えられる。まず，プリンシパルがエージェントの行動をチェックする体制を整えることである。日本政治の例でいえば，自民党政権は法案作りを官僚に委任してきたが，国会提出以前に自民党議員が法案を審査する仕組み（事前審査制）を導入することで自分たちの意思とは異なる政策の実施を一定程度阻止してきた（第10章を参照)。つぎに考えられる方策は官僚のインセンティブに働きかけ，いわば自主的にプリンシパルの期待に沿うよう行動させることである。官僚にとって重要なインセンティブの１つが昇進である。2014年に設置された内閣人事局は幹部官僚の昇進インセンティブに働きかけて，官僚の逸脱的な行動を抑止しようとするものである。これらは政治家によるコントロールの例だが，国民自身がコントロールすることも重要である。そのための仕組みとして情報公開制度などが存在する（第５章を参照)。

第４節　官僚制の逆機能・問題点に関する議論

官僚制の逆機能や問題点に関する議論には，先に紹介したマートンの議論などの他につぎのような議論がある。以下に述べる現象は，必ずしも行政組織に限られるものではないが，代表的なものを紹介しておきたい。

１．官僚制組織の規律や規則がもたらす問題

まずブラウ（Peter M. Blau）は，官僚制組織の厳正な規律や詳細な規則が生産性や勤労意欲を逓減させるとみた（Blau 1956 [1958])。そして，職場集団における非公式的な組織を重視して個人の自主性を生み出す諸条件を整えることこそが重要であると主張した。ブラウによれば，官僚制は最大の能率を目指す管理のシステムであるが，官僚制的な統制を厳格にするだけでは実際の能率を確保できないという。つまり，インフォーマルな仲間集団などを通じてメンバーが自発的に組織の目的と個人の目的を一体化させることをしなければ，本当の能率を確保できないということである。

グールドナー（Alvin W. Gouldner）は，企業組織における官僚制を観察してその問題を指摘した（Gouldner 1955[1963]）。グールドナーによれば，**懲罰的官僚制**においては，儀礼主義や組織内の緊張が生じやすいということになる。懲罰的官僚制とは，管理する側から一方的に課された規則に基づく管理の形態である。これと対比されるのが，**代表的官僚制**であり，これは管理する側とされる側の２つのグループの合意を通して制定された規則による管理の形態である。

懲罰的官僚制において儀礼主義が生じるというのは，懲罰的官僚制のもとでは労働者たちが規則に書かれていることについて，このあたりまでであれば手を抜いたり違反したりしても罰則は適用されないだろうという視点から解釈するようになり，労働意欲を低下させていくということである。懲罰的官僚制において組織内の緊張が生じるというのは，管理者による監督が厳しくなると，労働者はそれを管理者が自分たちに不信感を抱いていることの現れであると感じ，結果として労働者は管理者に敵対的な態度を示すようになるということである。

これに対して，代表的官僚制の場合は，従業員は民主的な規則の制定を通じて自らの利益を主張・擁護できるため，自分たちも合意した規則を自発的に守り，経営に対して積極的に協力することが期待されるといわれている。懲罰的官僚制においては，労使間の合意が考慮されることなく，従業員の規則に対する同調と同調しない者への懲罰を強制するような経営が行われるため，労使関係が権威主義的な支配・服従の関係になるということである。

2．セクショナリズムと「包摂」の問題

つぎにセルズニック（Philip Selznick）は，ウェーバーの官僚制論のなかの熟練の問題を取り上げて逆機能を指摘した（Selznick 1949）。官僚制は，熟練と専門知識によって大きな力を発揮する。しかしながら，他方において官僚制は，熟練と専門化によって官僚の視野狭窄をもたらし，官僚による自己と自らの所属する下位集団との同一視や官僚による下位集団への忠誠心の強化を生むという問題もある。これによって，組織における下位部局が組織全体の目的に背反する価値と行動様式を発展させることになるのである。

セルズニックはまた，アメリカ連邦政府が推進したTVA（Tennessee Valley Authority：テネシー川流域開発公社）政策の研究によって「包摂」の問題も指摘した（Selznick 1949）。「包摂」の問題とは，政策に関連する集団の政策執行への参加やそうした集団への業務の一部委任によって，特定の利益が政策に反映し，政策の本来の目的・性格が変容・後退することを指す。TVA政策は，金融恐慌に対して経済安定化のために公共事業として着手されたニューディール政策の１つである。このTVA政策の本来の目的は，「国全体の経済の安定化と雇用の確保」というものであったが，副次的な事業として行われた農業政策に協力を求められた（包摂された）自作農の利益が政策に反映し，本来の国全体の社会政策としての性格が後退・変容したというのである。政策をスムーズに執行するために関係者を政策過程のなかへ参加させ組み込むことによって，新しい問題が引き起こされることをセルズニックは説明したのである。

３．その他の指摘

この他にも，官僚制は自らの誤りを容易に正すことができないシステム（フィードバックの困難なシステム）であるというクロジェ（Michel Crozier）の指摘（Crozier 1964）や，階層制の組織においては，自らの能力をこえた職位にまで職員が昇進するという**ピーターの法則**（Peter and Hull 1969［2003］）が有名である。後者に関して少し説明しておくと，昇進して高位のポストに就いた者は，その新しく就いたポストでも優秀さを発揮できるとは限らないということである。それまでのポストで優秀さを示して昇進した者であっても，新しいポストでの仕事に関する適性に欠ける場合や新しいポストでの仕事がその人物の能力を超えている場合もある。しかし，官僚制組織においてそのポストが存在する以上，人事異動を行ってメンバーを昇進・昇格させる必要がある。そうすると，そのポストでの仕事をこなすことができない者が高位のポストに就けられる事態も発生する。こうして，この人物はそれ以上のポストに就けることができないということがはっきりするまで（「無能のレベルに達するまで」）人は昇進し続けるということになる。これでは，組織としての能率が悪いといえよう。

第 5 節　日本の官僚論

ここからは，日本における官僚の役割や影響力についてなされた議論を紹介する。これまで政府の役割の拡大，行政国家化といったことによって官僚や官僚組織の政治的役割が増したことについて主に説明してきたが，以下に見るように官僚の役割や影響力に関してはいくつかの見解が提示されている。

1．官僚優位論と政党優位論

戦後の日本における政官関係論のなかで代表的モデルとして挙げることができるのは，**官僚優位論**と**政党優位論**である。まず，官僚優位論は，『日本官僚制の研究』を著した**辻清明**を代表的論者とする議論であり，明治以来の日本の官僚制は戦後においても温存され，政策過程において強い影響力をもつとする考え方である（辻 1969）。その主な根拠とされるのが，つぎのような事実である。まず，他の政治指導者が戦後公職追放にあう一方で，官僚は占領政策遂行の手段として温存された。その後，官僚出身者の政界進出を通じて官僚の政治的役割がさらに強化されたというのである。こうした官僚優位論は，1960 年代末まで日本の官僚制論における通説であった。辻の官僚優位論は，戦後も戦前と同じ特徴を残していると見ることから「戦前戦後連続論」と呼ばれる。

これに対して，『戦後日本の官僚制』で，辻の官僚優位論を修正・批判した**村松岐夫**を代表的論者とする議論が，政党優位論である（村松 1981）。これによって，辻らの官僚優位論は検討を迫られることになった。政党優位論は，政治家も政策過程において大きな影響力をもつようになったと主張する。村松によれば，自民党が長期政権を担当した 55 年体制下で，政治家も政策能力を蓄えて政策過程で大きな影響力を発揮するようになった。これにより，それまでの一元的な官僚優位論では説明ができないほど政策過程が多元化したというのである。

しかしながら，これによって官僚の影響力が完全に低下したわけではないともいわれている。今日の政策過程においても，官僚は予算編成や政策立案において重要な役割を果たしている（第 10 章を参照）。そのため，政党の影響力の高まりはかつてと比べてのものであることに留意しなければならない，ということである。

2．国士型官僚・調整型官僚・吏員型官僚

官僚優位論と政党優位論を受けて提起されたのが，真渕勝による「**国士型官僚**」・「**調整型官僚**」・「**吏員型官僚**」という官僚の3つの類型である（伊藤・田中・真渕 2000；真渕 2006，2020）。この類型は，官僚が自らの役割をどのようにとらえているかに関して整理したものであるが，その際官僚は政治家および利益集団に対して超然としているべきと考えているか否かという観点を用いている。

まず第1のタイプが，自分たちこそが国益の体現者であると考えて政治家や利益集団に対して超越的にふるまおうとする（官僚は自律的に仕事をすべきと考える）「国士型官僚」である。第2のタイプは，政治家や利益集団と協調しつつ仕事をしようと考える「調整型官僚」である。そして第3のタイプが，政策形成や利害調整は政治家の役割であり，自分たちは政治が決めたことを忠実に実施すればよいと考える「吏員型官僚」である。

国士型官僚は，官僚が自らの良心に従って行動したときに公益が最もよく実現すると考える「理想主義」的な公益観の持ち主である。調整型官僚は，さまざまな利害関係を調整したものが公益であると考える「現実主義」的な公益観の持ち主である。吏員型官僚は，選挙や議会を通じて決められたことを可能な限り技術的に遂行するのが行政の使命であると考える「合理主義」的な公益観の持ち主である。

1960年代までは，先述した辻清明の研究が示すように，国士型官僚が主流であったとされている。ところが，70年代以降，自民党政権の長期化と利益集団の活動の活発化を背景に調整型官僚が登場したとされている。70年代に行われた調査データを分析した村松岐夫は，政治の上に立とうとする態度の「古典的官僚」と政治のただ中で自らの任務を遂行しようとする態度の「政治的官僚」という2つのタイプを挙げた。そして，組織のトップ級の官僚は国会や政党の役割を重視し一般課長レベルは利益集団への対応を重視するようになっていることから，日本の官僚が政治的官僚に転換していることを指摘して

いる（村松 1981）。

さらに，1980 年代半ば以降には，政治と社会からのさらなる圧力の強化によって必要最小限の仕事だけをしようとする吏員型官僚が登場したとされている。1990 年頃に最も多かったのは調整型官僚といわれているが，2001 年に行われた調査によれば，政治主導（の存在）を認める一方で自分たちの役割（影響力）については控えめな評価をする吏員型官僚の比率が 80 年代と比べて顕著に高まったという結果が出ている（真渕 2006）。

ところで，上述の国士型官僚・調整型官僚・吏員型官僚にはそれぞれ長所と短所があるといわれている。まず，国士型官僚は，責任感の強さという長所をもつ一方で独善的になりがちであるという短所をもつ。調整型官僚は，柔軟な思考ができるが無原則に動きやすいとされる。吏員型官僚は，指示どおりの仕事はできるが杓子定規になりがちである。国士型官僚のように，利益団体や政治家の声を雑音と考えることは，民主主義にそぐわない態度である。調整型官僚のような，関係者の不満を緩和することを重視した機会主義的な対応によっては，問題への対応が一貫性を欠いた場当たり的なものになる可能性がある。また，調整型官僚が利害関係を調整するための情報収集・人脈作りをする過程で，官僚と利害関係者の癒着が起こる可能性もある。吏員型官僚のように手続や法形式の一貫性を過度に重視する対応は，そこから漏れた現実を無視したり，手続的・法的に認められている事業や政策は問題があっても継続するという事態を引き起こす可能性がある。そのため，真渕勝は，「健全な官僚制は，3つの公益観が官僚制内で共存することによってではなく，一人一人の官僚のなかでバランスよく配合されることによって維持されるのかもしれない」（伊藤・田中・真渕 2000：262）と述べている。

（廣川嘉裕）

第 7 章

組織の理論

本章のねらい

本章では，組織の理論について概観する。組織理論も，行政学においては官僚制理論と同様に重要な基礎理論である。組織は社会のいたるところに存在し，社会にとって不可欠の存在である。当然のことながら，行政も組織的な活動である。そのため，ここでは組織の形成，運営についての基礎的な理論を紹介することにする。具体的には，組織の成立・維持に関する理論（組織の成立・維持において必要な要素・条件に関する理論）や，組織の管理に関する主要な理論（メンバーの動機づけに関する理論，部下による上司の権威の受容に関する理論，科学的管理法と人間関係論など）を紹介したい。

第 1 節　組織とは何か

1．組織の定義と存在意義

まず，組織の定義からしておきたい。**バーナード**（Chester I. Barnard）によれば，組織とは，2 人以上の人びとの，意識的に調整された諸活動・諸力の体系である（Barnard 1938 [1968]）。この定義によれば，道をふさぐ大きな石が落ちていた場合，そこに居合わせた人たちがその大きな石を動かすために協力すればそれは会則などを備えた正式な形をとらなくても組織だということである。

それでは，組織というものがなぜ必要になるのであろうか。また，今日において組織はなぜ重要性を増しているのであろうか。それは，さまざまな活動に必要な技術や知識の高度化，社会の複雑性の増大などによって，個人でできることに限界が生じれば人びとが協力する必要性が高まるからである。「2 人以上の人びとの，意識的に調整された諸活動・諸力の体系」という意味での組織は，太古の昔から存在していたであろう。しかし，現代社会において必要な複雑なモノをつくるためには，開発・設計・組み立てといったそれぞれの分野に精通した人びとが協力して作業する必要がある。企業を営むためにも，企画・開発・営業・人事・総務・財務などの部門のメンバーが協力して活動することが必要である。政府の仕事も，ニーズや問題を発見する人，人びとの利害を調整して政策を形成する人，具体的なサービスを専門的に提供する人などが協力しなければ実施することはできない。したがって，さまざまな専門的知識・技術をもった人たちが協力して，個々の力だけではできないような仕事をするために，組織は重要な役割を果たしているのである。

２．組織の基本的要素

理論的にはどういった要素があれば組織ということになるのだろうか。組織を成り立たせる基本的要素としては，① 共通目的，② 貢献意欲，③ 伝達（コミュニケーション）があるといわれている。「共通目的」とは，メンバーがその組織を通して達成しようとするものである。まずこれなしには協力の必要性が生まれず，組織が生じることもない。先ほどの例でいえば，道をふさぐ大きな石を動かすという共通目的があるからこそ複数の人が力を合わせるということになるのである。また，共通目的は，構成員に容認されなければならない。組織の掲げる目的が自分の目的と異なると考える者は，その組織の構成員になる可能性が低いであろう。

つぎに「貢献意欲」とは，人びとがその組織のために自分の力やもっている資源を提供したいと思うことである。後述するが，この貢献意欲は，その組織や組織の掲げる目的に貢献するために払うコストと組織に貢献することで得られるメリットの比較をして，メリットの方が大きいと感じられればもたらされるものである。逆にコストの方がメリットよりも大きいと感じられれば，すなわちその組織に貢献するのは損だと思われれば，貢献意欲はもたらされない。組織に貢献するために払うコストとは，そこで活動や仕事をするのであれば，そのために費やす時間や労力ということになる。その組織に会員などの立場で加入するのであれば，会費などという形で支払う金銭ということになる。組織に貢献することで得られるメリットのなかには，その組織での活動や仕事を通じて得られる給与・仲間・地位・仕事の面白さなどがある。人はこれらを比較することによって，ある組織に貢献するかどうかを決めるのである。

「伝達（コミュニケーション）」には，組織目的に対して貢献意欲を湧かせるための組織目的や誘因の（管理者による）伝達，成員の合理的な意思決定を確保するために必要な情報の伝達などがあり，具体的には対話・指示・報告・電話・文書交換・会議・経営方針や計画の策定・意思決定の情報伝達という形で口頭や書面・動作・行為によってなされる。

第２節　組織の成立・維持に関する理論：組織均衡論

この節では，組織の成立・存続に必要な条件について説明する。以下で紹介する**組織均衡論**はいわれてみると当たり前のことであるが，公私を問わずあらゆる組織の形成・維持に関わる基礎的な理論であるためあえて紹介することにしたい（Barnard 1938［1968］）。なお，組織均衡論は以下で述べるような時間や労働力を提供して賃金などを受け取る「従業員」や代金を支払って財やサービスを購入する「顧客」のみならず，資本を提供して配当を受ける「資本家」や原材料・設備等を提供して組織から対価を受ける「供給業者」なども含むより幅の広い議論であるが，ここでは主に組織とメンバーとの関係を中心に説明する。

１．組織の存続に必要な条件

第１節で組織を成り立たせる基本的要素として，「貢献意欲」を挙げた。この貢献意欲に関して，組織均衡論は，組織を通じて自身にもたらされるメリット（誘因）が，組織のために支払うコストと等しいかそれ以上であると感じられた場合にのみ，人はその組織のために活動（貢献）する，という。誘因の例には，先ほど挙げたとおり組織での活動や仕事を通じて得られる給与・仲間・地位・仕事の面白さなどがあり，組織のために支払うコストの例にはこれも先ほど挙げた時間や労力，金銭などがある。そのなかで，メリット（誘因）がコストに見合ったものであるか，メリットの方がコストよりも大きいと感じた時に，人はその組織に対する貢献意欲をもつことになるのである。したがって，誘因≧貢献のときに人は組織に参加し，誘因の価値が貢献のためのコストを下回るものになれば，すなわち誘因と貢献の均衡が崩れたときには，人は組織から離れるということになる。例えば，アルバイトをする場合でも，そのために費やす時間や労力と，給与や仕事内容などを比較してそのアルバイト先や組織に留まるのか辞めるのかを決定するということは，よく行われているであろう。人は，自らが支払ったコストの元が取れなければ，その組織に参加し，そこで活動する意欲を失うのである。

これを組織の側からいえば，組織は人びとの貢献や参加を引き出すのに十分な誘因（給与，仲間，社会的地位，やりがいのある仕事などといった貢献に対する反対給付）を提供できる場合においてのみ存在することができる，ということになる。それができない組織は，人が集まらず，あるいはメンバーが組織から離れていき，存続が不可能になる。したがって，組織管理は，構成員の要求や欲求を満たすことでなされるということができる。つまり，組織目的のために人から貢献を引き出して組織を運営しようと思えば，適切にさまざまな誘因を提供することが必要になるのである。

2．「誘因」の類型

なお，ここからは日本で一般的に教えられている行政学の範囲を少し超えた議論になるかもしれないが，政治学では比較的有名な「誘因」の類型に関する理論を紹介しておきたい。クラーク（Peter B. Clark）とウィルソン（James Q. Wilson）は，物質的誘因，連帯的誘因，目的的誘因の概念を提示した（Clark and Wilson 1961）。物質的誘因とは，金銭的価値をもつものであり，カネ，モノ，サービスなどの形で提供される。連帯的誘因とは，他の組織メンバーとの交流や組織に所属しているという実感，組織内での地位，あるいはその組織のメンバーであることによって得られる社会的地位や尊敬などを指す。目的的誘因とは，自分が信じる，価値があると思う目的の達成に貢献することで得られる満足感を指す。例えば，環境を良くしたいという目的をもっている者には，そのために活動（貢献）できることが自分にとってのメリットになる。ソールズベリー（Robert T. Salisbury）は，メンバーに提供される便益として，物質的便益，連帯的便益に加えて表現的便益の概念を提示した(Salisbury 1969)。物質的便益と連帯的便益は，クラークとウィルソンいう物質的誘因・連帯的誘因とほぼ同様のものであるが，表現的便益とは何らかのことを自らが表現することで得られる満足感を指す。ここでは目的のために活動するというよりも，何らかのことを表現する，あるいは社会に向かって何らかのことを発信しているという行為がその人にとってのメリットになるということが強調されているといえよう。

第3節　組織の管理に関する理論（1）：モチベーション理論

1．モチベーションの重要性

成立・存続する組織を管理していくに当たっては，どのような理論が有用であろうか。1つには，これから見ていくように，メンバーのモチベーションを刺激すること（メンバーが組織で活動を行うための動機づけをすること）によって組織を管理するという観点から，モチベーションに関する理論が有用であると考えられる。そこで本節では，「モチベーション」に関するいくつかの理論を紹介することにする。

ここで，モチベーションの刺激を通じた組織管理を考えるに当たって，「モチベーション」というものがなぜ重要であるのかということについて説明しておかなければならない。それは，働くことへの動機づけは，人間が仕事に向ける努力の大きさと持続性に関わるからである。組織で働く人のモチベーションが高ければ高いほど，その人はより多くのエネルギーを長く費やして活動するようになる。組織の側からいえば，どれだけメンバーのモチベーションを刺激できるかが，メンバーの仕事の大きさや働く時間を左右するということになる。メンバーのモチベーションの高さ／低さは，組織のパフォーマンスに大きな影響を与える要素なのである。

2．マズローの欲求段階説

メンバーのモチベーションを刺激することを通じて組織を管理するということを考えるのであれば，人間は何を動機として活動するのか，人間を仕事や活動に駆り立てるものは何かを知る必要がある。そこで，ここからはモチベーション（人間の活動を促す原動力）についての主要な理論を紹介したい。モチベーションに関する理論のなかでまず挙げておく必要があるのが，**マズロー**（Abraham H. Maslow）の理論（**欲求段階説**）である。マズローは，『人間性の心理学（*Motivation and Personality*）』で，人は低次の欲求が満たされると高次の欲求の充足を目指すようになるとした（Maslow 1954［1971］）。低次の欲求とは人間以外の動物でももっているような基礎的なものであり，高次の欲求とはより人間らしいものといってよい。マズローによれば，人間は低次の欲求が満たされていなければまずそれを満たすために活動するが，それが満たされると今度はより高次の欲求を満たすことが原動力となって活動するということになる。これは，以下のような図（図表 7-1）で示すと，イメージしやすいであろう。

まず最も低次の「生理的欲求」は，食欲などの生物的にごく自然な欲求である。動物だけでなく人間は，まずはこのような欲求を満たすための行動をとることになる。こうした欲求が満たされると，つぎに生じるのが「安全の欲求」（物理的な安全や経済的安定などを確保したいという欲求）である。安全の欲求が満たされると生じるのが，「所属と愛の欲求」（帰属意識や友人といったものに対する欲求，つまり社会的な欲求）である。これらが満たされると，「承認の欲求」と呼ばれる尊厳に対する欲求（人から尊敬されたい，自分は有能だと思いたいという尊敬・自尊の欲求）が生じる。そして，これも満たされたと

図表 7-1　マズローの欲求段階説

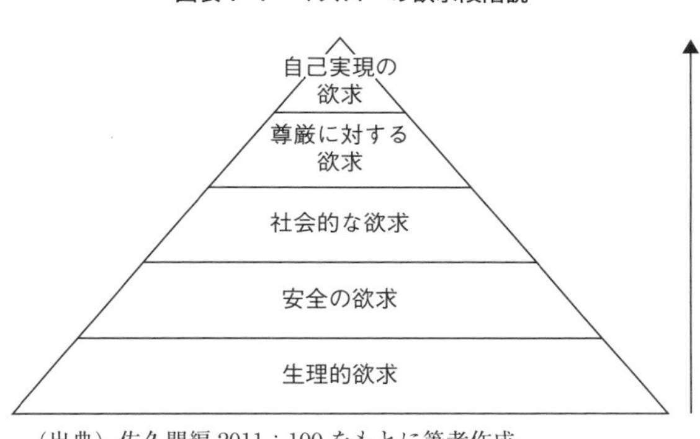

（出典）佐久間編 2011：199 をもとに筆者作成。

考えられると，最も高次の欲求である「自己実現の欲求」がその人の活動の大きな原動力となる。自己実現の欲求とは，その人が潜在的にもっている能力を開発し，使用したいと思うこと（自分がなることができるものになろうとすること）である。また，自己の成長や能力の向上への欲求を指すといっても良いであろう。

マズローの欲求に関する理論を，組織で活動することに対する報酬に当てはめた場合，組織はメンバーのモチベーションを維持するために以下のものを提供することが重要になる。まず，「生理的欲求」を満たしてもらうためには，生活を可能にする賃金を支払う必要がある。つぎに，「安全の欲求」を満たしてもらうために，安全な作業環境，雇用の保障，公正な処遇などを確保することが重要である。「社会的な欲求」は，組織における良好な人間関係などを維持することによって充足させることができる。「尊厳に対する欲求」を充足させるためには，昇進，表彰，自己 PR の機会などを提供することが重要となる。最後に，「自己実現の欲求」を充足させるには，仕事を通じて人間として成長できるようにすること，つまり成長につながるような仕事を提供することが，組織にとっては重要になる。

３．ハーズバーグの二要因説

つぎに，モチベーションに関する理論のなかでもう１つ重要なものとして，ハーズバーグ（Frederick Herzberg）の理論（**二要因説**）を紹介しておきたい。ハーズバーグは，『仕事と人間性（*Work and the Nature of Man*）』で，欲求には仕事の外にある（仕事そのものではない）低次の**衛生要因**と，仕事のなかにある（仕事の内容に関連する）高次の**動機づけ要因**が存在するとした（Herzberg 1966［1968］）。低次の衛生要因とは，例えば賃金，人間関係，作業条件などであり，マズローの理論でいうと下から３つの欲求に重なるといえよう。高次の動機づけ要因とは，例えば仕事の達成（自らが困難な仕事を成し遂げること），仕事による評価，仕事の内容自体（仕事が面白いこと，仕事をすること自体に満足できること），責任，昇進といったものであり，マズローの理論でいうと上から２つの欲求に重なるといえよう。そして，ハーズバーグは，衛生要因が不十分なものであればそのことがモチベーションを削ぐ要因になるため不満足を生じさせるが，衛生要因だけでは仕事に対する積極的な動機づけにはならないとする。そして，動機づけ要因が仕事への意欲と職務満足（仕事に対する満足）を生み出すとするのである。

このハーズバーグの考えに従えば，組織のメンバーの職務を設計する際には衛生要因を改善するだけでは不十分であるということになる。メンバーが自律的に活動できる範囲や現場で作業をする人の権限を大きくすることなど，動機づけ要因を改善することでメンバーの仕事に対するモチベーションは高まり，組織に対してより積極的に貢献するようになるということである。

以上のように，組織がメンバーの貢献を引き出すには，メンバーのもつさまざまな欲求を満たすとともに，適切にメンバーのモチベーションを維持・向上させることが必要になる。つまり，成員が上述の欲求を充足するのに組織がうまく関与することで，メンバーは組織に対して意欲的に貢献するようになるのである。

４．マグレガーのＸ理論とＹ理論

つぎに，これらの議論も踏まえて，組織管理をする際にメンバーとなる人間をどのように見るかということに関する議論を紹介しておきたい。つまり，人間はどのようなモチベーションを強くもっていると考えるべきなのか（低次の欲求が活動の主な原動力になると考えるべきなのか，それとも高次の欲求が活動の主な原動力になると考えるべきなのか），そして，人間は低次の欲求が活動の主な原動力であるとするなら（もしくは高次の欲求が活動の主な原動力であるとするなら）そうした人間が活動するように促すためにはどのように管理すればよいのか，ということについて提起された議論をここでは概観することにする。

このような組織管理における人間観に関する議論のなかでとくに重要な理論が，マグレガー（Douglas McGregor）の**Ｘ理論**と**Ｙ理論**である。マグレガーは，『企業の人間的側面（*The Human Side of Enterprise*）』で，人間をどのような存在と見て，どのように管理すべきかという問題について，２つの対極的なモデルを提示した（McGregor 1960［1966］）。

１つは，Ｘ理論であり，これは人間に対するネガティブな見方である。Ｘ理論は，人間は本来怠惰を好み，仕事に対する欲求はもたないという人間観をとる。そのため，X 理論においては，大部分の人間は強制・統制・命令・処罰（の脅し）がなければ組織目的の達成のために貢献しないということになる。そして，仕事をするとしても人は仕事において細部にわたる管理を求めるものであると考える。これは，マズローの理論のなかの生理的欲求，安全の欲求やハーズバーグの理論のなかの衛生要因（低次の動機づけ）を重視する考え方であるといえる。X 理論に従えば，本来的には怠惰な存在であり，金銭的な報酬や処罰の回避といったことが活動の原動力となる人間を働かせるためにはアメとムチを使って管理すれば良いということになる。

もう1つは，Y 理論であり，これは人間に対するポジティブな見方である。Y 理論は，人間は本来能動的であり，仕事そのものに多くの満足を見出しうるという人間観をとる。つまり，人間は怠惰でいるよりは活動したいと考えるものであり，また仕事を趣味や娯楽のように感じることができる存在であるとする。さらに，人間は，自主独立や責任（を与えられること）に対する憧れをもつものである，という人間観をとる。そのため，Y 理論に従えば，仕事に自律性や挑戦的な要素，面白さ，やりがいを与えること，つまり自分で判断・処理できたり，成し遂げて喜びを味わえるくらいの仕事をさせることによって人は仕事に駆り立てられると考えて組織管理を行う，ということになる。これは，マズローの理論のなかの自己実現の欲求やハーズバーグの理論のなかの動機づけ要因（高次の動機づけ）を重視したものであり，マグレガー自身も X 理論よりもこちらの理論を前提とした経営が妥当であるとしている。

第4節　組織の管理に関する理論（2）：権威受容説

この節では，「権威の受容」を通じた組織管理について説明する。前節までは，組織のメンバーにさまざまな誘因を提供することや，モチベーションを刺激してメンバーの活動を促すことで組織を管理運営するという話をした。こうした誘因の提供やモチベーションの刺激だけでなく，組織内で部下に上司の権威を受け入れさせて上司の指示通りに動かすことを通じて組織を管理運営するという方法もある。そこで，ここからはそのような権威の受容に関する理論

（**権威受容説**）について紹介したい（Barnard 1938［1968］）。

1．「権威」の成立要件

権威受容説で重要なのは，上司の権威は部下の側の受容によって成立する，ということである。つまり，権威というのは独立して存在するわけではなく，部下が受け入れてはじめて成り立つということである。そのため，上司による命令と部下による服従も，部下の側による上司の権威の受容によって説明されるということになる。部下の側が上司の権威を受け入れていなければ，命令と服従の関係は成り立たない。権威を認められていない上司からの命令は，部下によって明確に拒否されるかもしれないし，従っているふりをしながら従わない（面従腹背）という対応をされるかもしれない。そのため，組織の管理において「権威の受容」ということが重要になるのである。

2．「機能の権威」と「地位の権威」

それでは，どうすれば部下が上司の権威を受け入れるのかということが問題となる。これについては，以下に述べる「**機能の権威**」や「**地位の権威**」を上司が部下に認めさせることができれば，部下が上司の権威を受け入れるとされている。そこで，上司が指示・命令をする際に部下に認めさせる権威である「機能の権威」と「地位の権威」とは何かを説明することにしたい。

まず，「機能の権威」とは，部下以上の経験や専門能力，見識によって上司の判断・指示の正しさを信頼させることである。したがって，機能の権威を認めさせるということは，職務に関わる上司の学識・専門能力，豊かな経験に裏づけられた見識に部下が心服し，この上司の下した判断と指示の正しさを信じて部下がこれに服従するようにする，ということである。

このようなやり方で，部下が上司の指示に従うようにすることができれば理想的である。しかしながら，現実の組織では機能の権威を上司がつねに備えているとは限らない。そこで，その場合は「地位の権威」の成立が必要になる。「地位の権威」とは，上司の能力・見識が部下より優れていようといまいと上司の地位そのものに権威を認めさせるということである。つまり，地位の権威を認めさせるということは，「上司の言うことだから」という理由で従うようにさせる，ということである。

それでは，地位の権威はつねに成り立つのか，というと必ずしもそうではない。地位の権威を成立させるためには，その上司の指示・命令が「**無関心圏**」にある必要がある。無関心圏にあるというのは，要するに，組織の構成員にとって，上司の指示・命令が「理解可能なもので，従うことに精神的肉体的苦痛を伴わず，従うことが個人的な利害にも組織の目的にも反していない」（西尾 2001：199）と考えられているということである。

逆にいえば，こうした条件を満たさなければ部下は上司の地位の権威を認めないということである。そのため，地位の権威に基づいて部下を上司に従わせるためには，部下が理解可能で従うことが過剰な負担にならないような指示・命令をする必要があるということになる。ちなみに，**サイモン**（Herbert A. Simon）は，「機能の権威」が成立している領域と「無関心圏」のことを「受容圏」としている（Simon 1976［1989］；西尾 1976）。

このように，組織管理は，給与，仲間，昇進の機会，面白い仕事を与えることなどといった誘因の提供やモチベーションの刺激によってだけでなく，上司が部下に対して機能の権威や地位の権威を認めさせて指示・命令を出すことによってもなされる。そしてその際はまず，上司が部下よりも優れていることを見せて部下を服従させることが重要であり，理想的でもあるが，それができないときには次善の策として上司が部下の利益に著しく反しない指示・命令を出すことによって部下に働いてもらうことになる。

3．「権限による支配」

ただし，地位の権威によっても命令に従わせることができない場合には，制裁（の示唆）によって服従を確保することもある。それが「権限による支配」である。「権限による支配」とは，法令や規則によって授権された指揮監督権を根拠に服従を要求することである。これは，部下の受容に基づかないもののように見えるが，当該部下の同僚の多くが受け入れていれば，それに従わないことに対する心理的な圧力が働くため，当該部下も従うことになるとされる。しかしこれでも受容できないと考えれば，部下は上司の命令に従わず，組織から離れることになる。

第5節　科学的管理法と人間関係論

本節では，**科学的管理法**と**人間関係論**について説明したい。20世紀の初頭以降のアメリカを中心に，工場の管理を素材として組織の効率的な管理運営の方法が熱心に追求されるようになった。当初は，詳細な作業マニュアルや金銭的報酬を通じてメンバーを管理するやり方がとられたが，後に組織で働く人の人間的な側面を重視した組織管理が提起されるようになった。そこでは，生産性は職場の人間関係に左右されるので，それを重視してメンバーを動機づけることが考えられる。前者の方法が科学的管理法であり，後者の方法が人間関係論である。

1．テイラーの科学的管理法

まず，科学的管理法は，1911年に『科学的管理の諸原理（*The Principles of Scientific Management*）』を著した**テイラー**（Frederick W. Taylor）によって提起された理論である（Taylor 1919［2009］）。テイラーは，自らが工場の管理者として，行き当たりばったりのやり方がもたらしていたその工場の能率の悪さに気づき，これを改善するための方法を考えた結果として以下の理論を生み出した。

テイラーの科学的管理法の1つ目のポイントは，従来のように経験や勘に頼っていた管理を体系的な分析によって導き出された合理的な方法に変えることを目指した，ということである。具体的には，動作研究と時間研究を通じて労働者に課せられる標準的作業（量）を決定して作業の能率化を図る，というものである。動作研究とは，作業に関わる動作を調査・分析してそこから不要な動作を除き，必要な動作でもさらに改良して最も良い標準作業方法を求める研究である。そして，時間研究とは，動作研究で決定した標準作業方法によって作業が行われる場合に要する時間を合理的に設定する研究である。この動作研究と時間研究によって，作業員に求められる作業の仕方とそれにかかる時間を明確に決めたのである。こうした研究を行えば，労働者に課せられる標準的作業量（ノルマのようなもの）も決めることができる。これらを通じて作業の能率化を図ったのである。科学的管理法は，管理は人間の問題というより技法（アート）の問題であり，仕事の内容を科学的に分析してその結果に基づき合理的作業方法＝唯一最善の方法を決定しなければならないとした。これは，当時の行政管理にもインパクトを与えることになった。

科学的管理法のもう1つのポイントは，標準的作業量の達成／不達成によって賞罰を与えること（差別的出来高給制度）で労働者の意図的怠業や無知による作業の引き延ばしを排除する，というものである。標準的作業量とは，動作研究と時間研究を通じて決まった労働者に期待される作業量であるが，これに対する金銭的なインセンティブを付与したのである。金銭的なインセンティブ（給与）によって動機づければ，サボって生産量を落とすことは防ぐことができると考えられる。また，標準作業方法（マニュアル）を教え込めば，そもそも作業の仕方を知らないために能率が悪くなるということを防ぐことができる。こうした手段によって，作業能率を確保しようとしたのである。

この科学的管理法は，労働者は経済的報酬で動機づけられるとする点で「経済人モデル」と呼ばれる。また，科学的管理法は，最も合理的な作業方法を指定し，経済的な賞罰を労働者に与えれば効率的な組織運営ができるとした。つまり，すべての労働者が従うべきマニュアルを作って，それが効率的にできたときにより多くの給与を払うというやり方をとれば，組織はうまくいくとしたのである。しかし，こうした標準作業方法を施すという管理の仕方は，人間を機械や部品のように扱っているという批判もされるようになった。

2．メイヨー，レスリスバーガーの人間関係論

つぎに人間関係論は，メイヨー（Elton Mayo）とレスリスバーガー（Fritz J. Roethlisberger）によって提起された理論である（Mayo 1946 [1951]; Roethlisberger 1941 [1954]; Roethlisberger and Dickson 1939）。この人間関係論は，アメリカ電信電話会社（AT&T）の子会社ウェスタン・エレクトリック社のホーソン工場で行われた**ホーソン工場の実験**によって発見された事実に基づき展開された。この実験は，元々は科学的管理法の観点から作業能率を向上させる方法を研究するものであった。そのため，照明の明るさなどの物理的作業環境や作業時間・休憩時間，賃金などを操作することで，どのように物理

的作業環境や作業条件を設定すれば作業能率が高まるか，ということを発見するのが当初の主要な関心であった。しかし，そのような条件と作業能率との関係は想定されていたほどのものではなかったことから，意図せずしてこの実験を通じて組織管理についての新しい見方が発見されたということになる。つまり，テイラーのいう金銭的刺激や科学的な管理・監督，そして物質的環境ではなく，労働者相互の人間関係および労働者と経営者との人間関係こそが生産性にとって最も重要な要素であるということが発見され，科学的管理法への疑問が呈されることとなったのである。

人間関係論は，作業能率は物理的作業環境や，賃金・休憩時間・作業時間のような作業条件というよりも，人間関係的なものに依存するという立場をとる。人間関係論によれば，人間は与えられた指示や条件に対して機械のような反応を示すわけではないのである。この点において，人間関係論は，人間を社会的な生き物と見なす理論である。

職場においては，組織目的を達成するための機能を担うフォーマル組織（公式的な組織）のみならず，メンバーの動機づけや士気を左右するインフォーマル組織（非公式的な組織，現実に発生している仲間集団）が存在する。そして，これが生産性に大きな影響を与えるというのである。

インフォーマル集団の規範には，以下のものがある。① 過大な生産量を上げることによって「賃金率の破壊者」になってはならない。② 過少な生産しかしないことによって「詐欺師」になってはならない。③ 仲間に不利になることを監督者にいって「密告者」になってはならない。④ 同僚に対して非友好的な態度を示したり彼らから孤高を保ったり，差し出がましい行為に出ることをしてはならない。そして，これに従わない者は制裁を受けるという事実が，組織成員の行動に影響を与えていた。集団の基準より過剰に（あるいは過少に）生産する者は同僚や友人の信頼を失うため，彼らはより多くの給与を得るために働いたり楽をするためにサボったりするよりも仲間との良好な関係を維持するためにその基準に合わせて生産することを選んだのである。

また，ホーソン工場の実験では，組織内において友好的な関係が存在することや，成員が自らの存在価値を認められたという誇りや責任感・満足感をもつこと（非経済的報酬）が作業能率を高めることも発見された。そのため，組織が能率的であるためには，構成員の心からの協力を確保することにも関心を向け，構成員に満足感を与えなければならないという考えが提起されるようになっていったのである。

第6節　バーナード，サイモンらの現代組織論

1．現代組織論の特徴

ここからは，バーナードやサイモンらによって1930年代末から40年代，50年代に構築された現代組織論について簡単に説明したい。この現代組織論は，人間関係論の知識を利用したものであり，機構というよりも意思決定の自由と能力をもった人間の協働行動としての組織の側面に注目したものである。意思決定というのは，複数の選択肢から1つあるいはいくつかを選び，他を切り捨てること，すなわち選択と決断である。

そのため，現代組織論では組織運営における構成員相互間のコミュニケーションに着目する。コミュニケーションは，意思決定を媒介するものとなるからである。その際注目すべきは，現代組織論においては上から下へ働く影響力と下から上へ働く影響力の双方に配慮することである。従来は上から下へ働く影響力の考察がとくに重視されていたが，現代組織論ではそれだけでなく下から上へ働く影響力にも着目したところが新しい点であるといえよう。上から下へ働く影響力というのは，管理者→一般メンバーという流れの影響力であり，具体的には誘因の提供，命令などを指す。下から上へ働く影響力というのは，一般メンバー→管理者という流れの影響力であり，具体的には貢献，服従などを指す。

ここから，本章で紹介した組織均衡論や権威受容説という考え方が出てくるのである。組織均衡論においては，自らの貢献に見合った誘因が提供されるとメンバーが考えたときにメンバーは組織に貢献するということになる。権威受容説においては，部下が上司の機能の権威や地位の権威を認めた時に部下は上司の指示・命令に従うということになる。

したがって，現代組織論においては，組織のメンバーは組織にどのような誘因を感じるのか，組織はメンバーからどのような貢献を受けるのか，という観

点から組織論が構築されるという側面がある。そして，そこでは効率的にメンバーからの貢献を引き出すことが管理者の役割とされるのである。

2．サイモンの組織理論

現代組織論の代表的な論者の 1 人が，バーナードの影響を受けて組織理論を発展させたサイモンである。サイモンの理論は，政策形成という活動にも関わるものであるため，政策過程論の説明のなかで言及されることも多いが（第 10 章を参照），ここでは，本章でも述べた意思決定に関連する議論を紹介したい（Simon 1976[1989]; Simon, Smithburg, and Thompson 1950 [1977]）。

サイモンの組織理論の特徴は，上述のとおり組織を意思決定の側面からとらえることである。サイモンの理論では，組織を理解する上では意思決定のシステムを解明することが重要になる。組織において，構成員はさまざまな意思決定をする。組織はそうした意思決定の積み重ねによって動いているため，その意思決定を分析することで組織を分析できると考えられるのである。

それでは，意思決定とは具体的にどのようなことをするのか。意思決定の要素としては，① 目的の設定，② 目的の達成のためにとりうる複数の手段（代替案，行動の選択肢）の探究，③ 複数の代替案がもたらす結果（費用・便益など）の推定・評価，④ それらを踏まえた上で代替案から 1 つの案を選択すること，が含まれる。

このような意思決定は，ある程度合理的になされる必要があるが，サイモンによれば人間の合理性（知識やその知識に基づいて判断する能力）には限界があるため，目的の達成のためにとりうる代替案・選択肢をすべて列挙して，それらについて厳密な比較・評価をして最適なものを選択することはできないということになる。そこで，人間はある程度満足できる代替案・選択肢を見つけたら，すなわち「**満足化基準**」を満たすことができれば，それを選択するというのである。こうした行動をとる人間を前提とした理論は，「経営人モデル」と呼ばれることになる。

これに対比されるのが，「経済人モデル」である。これは，目的の達成のために取りうるすべての代替案について，その費用と便益を正確に計算し，最も優れたものを選択できる，すなわち客観的に見て合理的な意思決定，「最適化基準」に基づく意思決定ができる人間を前提とする考え方である。こうした考え方は，経済学などで一般的に採られているが，このような合理的経済人モデルよりも，サイモンは「満足化基準」に基づき，とりあえず満足できるかどうかということで選択肢を選ぶ「経営人モデル」を提唱する。それは，限定的な情報，限定的な知識のなかでとりあえず満足できるような判断を行いながら行動する人によって組織が動いていると考える方が現実に近いからである。

（廣川嘉裕）

第8章

日本型行政組織の構造と特徴

本章のねらい

本章では，日本の行政組織のなかでもとりわけ中央省庁の組織を対象として，その構造と特徴を概観する。内閣の統轄のもとにある行政機関は，内部部局，外局，附属機関，地方支分部局などの組織により構成されるが，その組織は行政組織の構造を定める法令に基づき概ね画一的な形態をとっている。また，中央省庁の周囲には行政の活動と密接な関わりを有するさまざまな組織が存在し，行政の事務・事業の遂行に当たり緊密なネットワークを構築している。以下では，組織・定員を管理する仕組みや，大部屋主義，最大動員などの組織文化の特色にも言及しつつ，日本型行政組織の概要を紹介したい。

第1節　中央省庁の組織構造

1．内閣府と「国の行政機関」

内閣の統轄のもとにある行政機関のうち内閣府は，内閣府設置法がその任務と所掌事務を規定する。また，内閣府以外の「国の行政機関」（国家行政組織法の別表第一（三条関係）に掲載）に関しては，国家行政組織法が組織に共通する基準を定めており，各行政機関の任務と所掌事務は個別の設置法（総務省設置法，公害等調整委員会設置法など）が規定している（図表8-1）。組織に関する法制度において内閣府が「国の行政機関」（省，委員会，庁）とは異なる扱いをされる理由は，内閣府が固有の行政事務を分担するだけでなく重要政策に関する内閣の事務を助けることを主要な任務としていることによる。

国の行政機関のうち省は，内閣の統轄のもとに各省大臣の分担する行政事務

図表 8-1　現在の国家行政機構

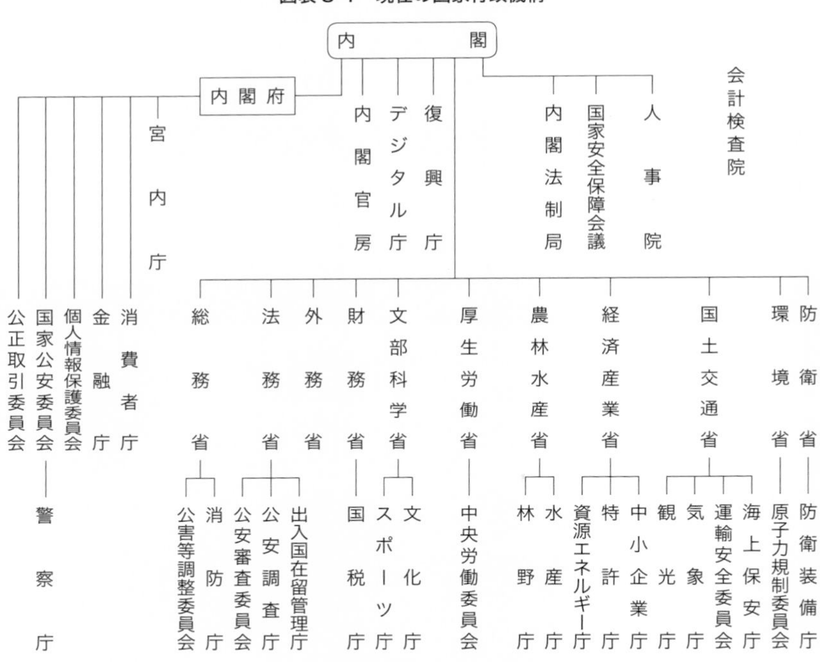

（出典）人事院ウェブサイト「国家公務員試験採用情報NAVI　国家公務員の紹介」〈https://www.jinji.go.jp/saiyo/syokai/syokai.html〉。

を司る機関として設置される。このほか省は，分担管理する行政事務に関わる特定の内閣の重要政策について，閣議において決定された方針に基づき企画・立案，総合調整に関する事務を掌理する。なお，省の編成の基本的方針に関し，中央省庁等改革基本法では① 主要な任務を基軸とする総合性と包括性，② 政策目的と価値体系に基づく編成，③ 各省の行政機能と権限に関する均衡の確保という3つの原則を掲げていた。しかしながら各省の編成と行政事務の分担の実態をみると，何らかの原則に基づくものというよりは時々の事情に応じた政策的判断に基づき編成されていることが推測される（塩野 2012）。

また，国家行政組織法では，内閣府と各省の組織に関し，内閣の統轄のもとに全体として系統的に構成されるべきこと（後述する官房・局の数は内閣府も対象に含めて規制される），政策を遂行する場合は内閣府と各省が一体のものとして行政機能を発揮すべきことを規定している。

2．内閣府・省の構造と内部部局

内閣府と省には，**内部部局**（官房・局など），**外局**（委員会・庁），**附属機関**（審議会等，**施設等機関**，**特別の機関**），**地方支分部局**などの組織が設置される（図表8-2）。

各省の長である大臣（内閣府の長は内閣総理大臣）は行政事務を分担管理し，その権限は，事務の統括，職員の服務の統督，法律案・政令案の提出，省令（内閣府の場合は内閣府令）の制定，告示・訓令・通達の発出，行政機関相互の調整に必要な資料の提出要求など広範囲に及ぶ。また，各府省には大臣を補佐する特別な職として副大臣と大臣政務官が置かれ，とくに必要な場合には大臣補佐官を置くことができる。このほか，大臣を助け事務を整理し各部局・機関の事務を監督するため，各府省には事務次官が置かれる。

内部部局である官房と局は，各府省が所掌する事務を遂行するために置かれ，とくに必要がある場合には官房・局に部を設置することもできる。さらに，官房・局・部には個々の政策を所管する基本的な組織単位としての課（あるいは課に準じる室）が置かれる。内部部局のうち官房は，主として組織の管

図表8-2　府・省の組織の基本構造

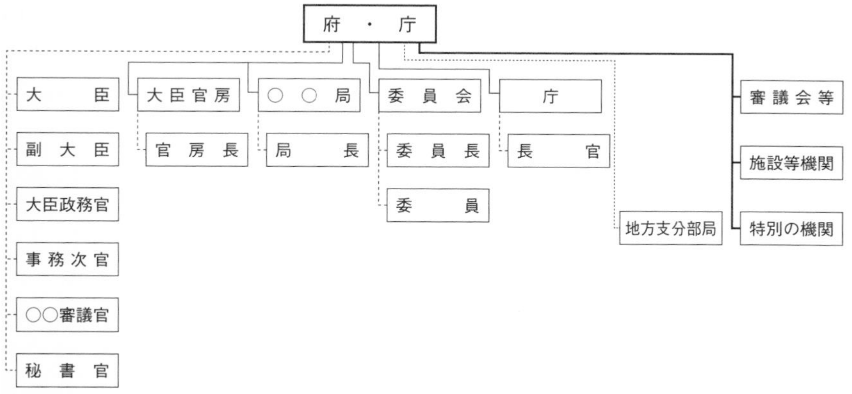

（出典）首相官邸「幹部公務員の給与に関する有識者懇談会報告書（平成16年3月31日）」の資料10〈https://www.kantei.go.jp/jp/singi/kyuyo/houkoku/040331siryou10.pdf〉。

理業務や予算・決算，国会との連絡調整などの役割を担う。そのため官房には，府省の組織全体に関わる人事・総務（法令）・会計（予算）の事務を担当する課（一般に官房三課と称する）が置かれる。官房に対して各局に置かれる課（室）（一般に原課と称する）は，大臣を頂点とする一元的な指揮命令系統のもと，府省が所掌する行政事務を分担して遂行する**ライン系組織**として機能する（伊藤・出雲・手塚 2016）。このような組織のほかに，ライン系組織の業務を補佐する**スタッフ機能**の役割を果たす総括整理職や分掌職（審議官や参事官などの官職名が付される）も配置されている。

以上にみた内部部局の設置とその所掌する事務の範囲は政令で規定される。例えば厚生労働省の場合，官房・局，部，課（室）の設置と組織が所掌する事務の範囲は厚生労働省組織令（政令）が定めている。具体的にみると，大臣官房には人事課・総務課・会計課・地方課（後述の地方支分部局を統括する）などが設置され，厚生労働省全体の所掌事務の総合調整の機能を果たす。また，医政局を始めとする各局には，局の総括管理機能を担う総務課を筆頭に，健康・医療，労働・雇用など個別の政策に関し企画・立案・実施を担当する課（室）が設置されている（図表 8-3）。

３．外局（委員会・庁）

内閣府と省には委員会と庁が外局として置かれる場合がある。委員会と庁は，行政事務の内容に鑑み，内部部局から一定の独立性をもつ組織に事務の遂行を委ねることが合理的と認められる場合に設置される。また，委員会（一般に行政委員会と称される）が複数の委員から構成される合議制の機関（長は委員長）であるのに対して，庁は長官を長とする独任制の組織形態をとる。各委員会と各庁の長官は，政令・省令以外の規則その他特別の命令を発する権限をもつ。

外局のうち委員会は，政治的な中立性が求められる分野，高度な専門性や技術的知識が必要とされる分野，対立する利害の調整が必要となる分野などにおいて設置されることが多い。そのため，委員会は内閣総理大臣・各省大臣の統括のもとに置かれているが，職権の行使に際しては独立性が保障される。また，委員会には事務局を置くことができるものとされ，長である委員長は委員

図表 8-3　厚生労働省の組織図

厚生労働省

- **大臣官房**：人事課／総務課／会計課／地方課／国際課／厚生科学課
- **医政局**：総務課／地域医療計画課／医療経営支援課／医事課／歯科保健課／看護課／経済課／研究開発振興課
- **健康局**：総務課／健康課／がん・疾病対策課／結核感染症課／難病対策課
- **医薬・生活衛生局**：総務課／医薬品審査管理課／医療機器審査管理課／医薬安全対策課／監視指導・麻薬対策課／血液対策課／生活衛生・食品安全企画課／食品基準審査課／食品監視安全課／生活衛生課／水道課
- **労働基準局**：総務課／労働条件政策課／監督課／労働関係法課／賃金課／労災管理課／労働保険徴収課／補償課／労災保険業務課
  - **安全衛生部**：計画課／安全課／労働衛生課／化学物質対策課
- **職業安定局**：総務課／雇用政策課／雇用保険課／需給調整事業課／外国人雇用対策課／雇用開発企画課／高齢者雇用対策課／障害者雇用対策課／地域雇用対策課／労働市場センター業務室
- **雇用環境・均等局**：総務課／雇用機会均等課／有期・短期間労働課／職業生活両立課／在宅労働課／勤労者生活課
- **子ども家庭局**：総務課／保育課／家庭福祉課／子育て支援課／母子保健課
- **社会・援護局**：総務課／保護課／地域福祉課／福祉基盤課／援護企画課／援護・業務課／事業課
  - **障害保健福祉部**：企画課／障害福祉課／精神・障害保健課
- **老健局**：総務課／介護保険計画課／高齢者支援課／振興課／老人保健課
- **保険局**：総務課／保険課／国民健康保険課／高齢者医療課／医療介護連携政策課／医療課／調査課
- **年金局**：総務課／年金課／国際年金課／資金運用課／企業年金・個人年金課／数理課／事業企画課／事業管理課
- **人材開発統括官**：人材開発総務担当／人材開発政策担当／若年者・キャリア形成支援担当／能力評価担当／海外人材育成担当
- **政策統括官 総合政策担当**：総合政策統括担当／労使関係担当
- **政策統括官 統計・情報政策，政策評価担当**：企画調整担当／政策評価官／情報化担当／サイバーセキュリティ・情報システム管理担当

施設等機関

検疫所，国立ハンセン病療養所，試験研究機関（国立医薬品食品衛生研究所，国立保健医療科学院，国立社会保障・人口問題研究所，国立感染症研究所），更生援護機関（国立児童自立支援施設，国立障害者リハビリテーションセンター）

審議会等

社会保障審議会，厚生科学審議会，労働政策審議会，医道審議会，薬事・食品衛生審議会，中央最低賃金審議会，労働保険審査会，中央社会保険医療協議会，社会保険審査会，独立行政法人評価委員会，疾病・障害認定審査会，援護審査会，旧優生保護法一時金認定審査会，ハンセン病元患者家族補償金認定審査会，がん対策推進協議会，肝炎対策推進協議会，国立研究開発法人審議会，国立研究開発法人審議会，過労死等防止対策推進協議会，アレルギー疾患対策推進協議会，循環器病対策推進協議会，成育医療等協議会，アルコール健康障害対策関係者会議

地方支分部局

- 都道府県労働局
  - 労働基準監督署
  - 公共職業安定所（ハローワーク）
- 地方厚生（支）局

外局

- 中央労働委員会
  - 事務局

厚生労働省 31,822 人	
内部部局 3,926 人	地方支分部局 22,379 人
施設等機関 5,417 人	外局 100 人

2020 年 4 月 1 日時点

（出典）厚生労働省「2020 厚生労働省業務ガイド」〈https://www. mhlw.go.jp/general/saiyo/pamphlet/dl/2020-guide_all.pdf〉。

会の事務を総括し職員の服務を統督する。

委員会の具体的な例をみると，環境庁の外局として置かれる原子力規制委員会は委員長と委員（4人）で構成されている。原子力規制委員会は，原子力利用における安全確保や規制，放射線による障害の防止などの事務を担い，委員長と委員が職権を行使する場合は独立性が保障される（原子力規制委員会設置法５条）。また，委員会には後述の審議会等（原子炉安全専門審査会など）が置かれるほか，事務局として原子力規制庁が設置されている。

庁は，大量の行政事務を内部部局に担当させると組織編成の観点から見て均衡を損なうおそれのある場合などに設置されるが（国税庁や海上保安庁など），その設置基準に関する一般的な法原則は存在しない。例えば，国土交通省の内部部局から独立する形で観光庁が設置（2008年）されたケースでは，外局として庁を設置する理由として，観光立国の実現に資する施策の一体的な推進のほか，対外的な発信力の強化，関係省庁との連携・調整機能の強化，観光に関する政府の窓口の明確化・一本化などが挙げられていた（国土交通省 2009）。

庁の長には大臣が任命する長官が置かれ，長官は庁の事務の統括や職員の服務の統督を担う。庁には官房・部，課（室）を設置することができ，それらの所掌事務は政令で規定される。

４．附属機関

内閣府・省と委員会・庁には内部部局以外に附属機関が置かれる場合がある。この附属機関には，審議会等，施設等機関，特別の機関という３つの組織類型が存在する。

附属機関のうち審議会等とは，重要事項に関する調査審議，不服審査，その他学識経験を有する者などの合議により処理することが適当とされる事務を司る合議制の機関を意味する。審議会等は，政策提言型審議会，不服審査型審議会，事案処理型審議会の３類型に分けることができる（宇賀 2019）。政策提言型審議会は，政策課題の調査・審議，法律案などの諮問・答申を行う審議会を指し，社会保障審議会（厚生労働省），地方制度調査会（総務省）などが代表例とされる。不服審査型審議会は行政処分における不服審査などを行う審議会を指し，社会保険審査会（厚生労働省），情報公開・個人情報保護審査会（総務省）などが該当する。事案処理型審議会は，行政立法や行政処分を実施する場合に主務大臣の諮問に基づき審議議決を行い（電波監理審議会，運輸審議会など），紛争処理に際してあっせん，調停，仲裁を任務とする審議会（中央建設工事紛争審査会など）を意味する。なお，このような分類は相互に排他的なものではなく，１つの審議会が複数の機能（政策提言，不服審査の機能を有する食品安全委員会など）をあわせもつこともある。

このような審議会等を置く利点としては，関係者の幅広い意見を聴くことにより民主的な政策の形成が可能となること，専門的知識を導入できること，複雑な利害の調整が期待できることなどが挙げられる。他方で，審議会の委員の人選（特定の関係者に人選が偏る）や会議の運営（固有の事務局をもたない場合が多い）が行政の主導となる傾向にあることも問題点として指摘されている。とくに政策提言型審議会に対しては，行政機関がすでに決定した事柄を追認しているにすぎないのではないか（行政の隠れ蓑としての役割を果たしている）との批判も多い。

なお，先に見た委員会（行政委員会）は国家行政組織法３条に基づき設置される組織であるが，審議会等は同法８条を設置根拠とするため一般に８条機関と称されることがある。行政委員会とは異なり，諮問機関である審議会等はその決定を国家意思として外部に表示できないことが原則とされる。しかしながら例外も存在し，例えば社会保険審査会が行う公的保険の給付等処分に関する行政不服審査の裁決は，法的効果をもつ国家意思として外部に表示される。

また，政策提言型の審議会と似たような機能をもつ会議体（懇談会，研究会，調査会，有識者会議などの名称が付される）が内閣や各府省に設置されることも多い。近年では，時の政権が重要課題とする政策の立案に大きな影響力を及ぼす会議体も存在するが，これらは法的には国家行政組織法における「国の行政機関」に該当する組織ではなく，一般には私的諮問機関と呼称されることが多い。

施設等機関は主に政策の実施を担うことを目的として各府省に設置される組織であり，独立行政法人化の対象とされることも多い。施設等機関には試験研究機関，検査検定機関，文教研修施設（類似の機関・施設を含む），医療更生施設，矯正収容施設，作業施設などの類型がある。具体的な例としては，経済社会総合研究所（内閣府），検疫所（厚生労働省），防衛大学校（防衛省），国立障害者リハビリテーションセンター（厚生労働省），刑務所・入国者収容所（法務省），迎賓館（内閣府宮内庁）などが挙げられる。

特別の機関とは，とくに必要のある場合において審議会や施設等機関とは別に設置される機関を指す。具体例として，警察庁（国家公安委員会），中央選挙管理委員会（総務省），検察庁（法務省），在外公館（外務省）などが挙げられる。

5．地方支分部局

地方支分部局は，国の行政機関がその所掌する事務を分掌させる必要がある場合に法律の定めるところにより設置することができる。国の出先機関とも称される地方支分部局は，地域ブロック単位（関東，近畿など）や都道府県単位で設置されることが多い。

例えば国土交通省の地方整備局は，北海道と沖縄を除く全国を9ブロックに分け，道路・河川・港湾など公共資本等の整備などの事務を行っている。また，厚生労働省の労働局は都道府県ごとに設置されており，各局管内に配置された労働基準監督署と公共職業安定所（ハローワーク）などの組織を統括し，労働者の労働条件の維持，職業紹介，労働保険の徴収と受給などの業務を行っている。

第2節　行政のネットワーク

1．行政のネットワークを担う多様な組織

行政が何らかの政策を行う場合，行政機関の周辺に存在するさまざまな組織に具体的な事務・事業の実施を委ねることがある。例えば，研究開発，教育・研修，医療，検査検定，基準認証，資格試験などの公共サービスは，行政機関から独立して設立された組織が実施する場合が多くみられる。

行政の事務・事業の一部を代行するこのような組織は，準政府組織，グレーゾーン組織，政府関係法人（外郭団体）と呼ばれることがある（真渕 2020）。また，行政法の観点からは，特別行政主体（憲法上行政主体たる地位を有して

いる法人以外で，制定法上，行政を担当するものとして位置づけられているものを総称するもの）と呼称される（塩野 2012）。以下では，行政のネットワークを構成する組織について，**独立行政法人**，**特殊法人**などを取り上げることとする。

2．独立行政法人

独立行政法人は，第 1 章で取り上げた行政改革の取組みにおいて中央省庁の再編成（2001 年）が行われた際に導入された制度である。独立行政法人は，行政活動のうち政策の実施に相当する一定の活動を分離し，この事務・事業を担当する組織に独立の法人格を付与することにより，サービスの質の向上と業務の活性化，企業的経営手法の導入などによる効率性の向上，主務大臣の過剰な関与を排した自律的な運営，業務の透明性の確保を図ることを目的としている（外山 2014）。

独立行政法人は，独立行政法人通則法と個別法に基づき設立され，中期目標管理法人，国立研究開発法人，行政執行法人の 3 つの類型が存在する（図表 8-4）。このうち中期目標管理法人は，中期的な目標と計画（3〜5 年）に基づき公共上の事務・事業を実施することにより，国民のニーズに応える多様で良質なサービスの提供を行うことで公共の利益の増進を図る法人が該当する。また，国立研究開発法人は，中長期的（5〜7 年）な視点に基づいて執行することが求められる科学技術に関する研究開発を主要な業務とする法人を指す。そして行政代執行法人は，国の指示と相当な関与のもとに確実に執行することが必要とされる事務・事業を，事業年度ごとの目標と計画に基づいて実施する法人を意味する。

独立行政法人の運営に関し，法人を所管する主務大臣は各法人が達成すべき業務運営の目標（中期目標管理法人では 3〜5 年，国立研究開発法人では 5〜7 年，行政代執行法人は単年度の目標）を定める。各法人では設定された目標を達成するために必要な事業計画を策定したうえでそれぞれの業務を実施する。主務大臣は年度ごとに法人の業務実績を評価し，中期的目標や中長期的目標などが終了した際には業務全般を対象とした評価を行い，組織の存続と業務の継続の可否を含めた判断を行う。また，総務省に置かれる独立行政法人評価制度

図表 8-4　独立行政法人の一覧（2020 年 4 月 1 日現在）

〔内閣府所管〕3 法人
○国立公文書館
北方領土問題対策協会
☆日本医療研究開発機構
〔消費者庁所管〕1 法人
国民生活センター
〔総務省所管〕3 法人
☆情報通信研究機構
○統計センター
郵便貯金簡易生命保険管理・郵便局ネットワーク支援機構
〔外務省所管〕2 法人
国際協力機構
国際協力基金
〔財務省所管〕3 法人
酒類総合研究所
○造幣局
○国立印刷局
〔文部科学省所管〕22 法人
国立特別支援教育総合研究所
大学入試センター
国立青少年教育振興機構
国立女性教育会館
国立科学博物館
★物質・材料研究機構
☆防災科学技術研究所
☆量子科学技術研究開発機構
国立美術館
国立文化財機構
教職員支援機構
☆科学技術振興機構
日本学術振興会
★理化学研究所
☆宇宙航空研究開発機構
日本スポーツ振興センター
日本芸術文化振興会
日本学生支援機構
☆海洋研究開発機構
国立高等専門学校機構
大学改革支援・学位授与機構
☆日本原子力研究開発機構

〔厚生労働省所管〕17 法人
勤労者退職金共済機構
高齢・障害・求職者雇用支援機構
福祉医療機構
国立重度知的障害者総合施設のぞみの園
労働政策研究・研修機構
労働者健康安全機構
国立病院機構
医薬品医療機器総合機構
☆医薬基盤・健康・栄養研究所
地域医療機能推進機構
年金積立金管理運用独立行政法人
☆国立がん研究センター
☆国立循環器病センター
☆国立精神・神経医療研究センター
☆国立国際医療研究センター
☆国立成育医療研究センター
☆国立長寿医療研究センター
〔農林水産省所管〕9 法人
○農林水産消費安全技術センター
家畜改良センター
☆農業・食品産業技術総合研究機構
☆国際農林水産業研究センター
☆農林研究・整備機構
☆水産研究・教育機構
農畜産業振興機構
農業者年金基金
農林漁業信用基金
〔経済産業省所管〕9 法人
経済産業研究所
工業所有権情報・研修館
★産業技術総合研究所
○製品評価技術基盤機構
☆新エネルギー・産業技術総合開発機構
日本貿易振興機構
情報処理推進機構
石油天然ガス・金属鉱物資源機構
中小企業基盤整備機構

〔国土交通省所管〕15 法人
☆土木研究所
☆建築研究所
☆海上・港湾・航空技術研究所
海技教育機構
航空大学校
自動車技術総合機構
鉄道建設・運輸施設整備支援機構
国際観光振興機構
水資源機構
自動車事故対策機構
空港周辺整備機構
都市再生機構
奄美群島振興開発基金
日本高速道路保有・債務返済機構
住宅金融支援機構

〔環境省所管〕２法人
☆国立環境研究所
環境再生保全機構
〔防衛省所管〕１法人
○駐留軍等労働者労務管理機構

注１　○印の法人は，行政代執行法人（役職員が国家公務員の身分を有するもの（7 法人））。
注２　☆印，★印の法人は，国立研究開発法人（27 法人）。なお，★印の法人は，特定国立研究開発法人による研究開発等の促進に関する特別措置法（平成 28 年法律第 43 号）に基づき指定された法人（3 法人）。
注３　無印の法人は，中期目標管理法人（53 法人）。
注４　法人の名称冒頭の「独立行政法人」「国立研究開発法人」は省略して記載。
（出典）総務省 2020a を一部修正。

委員会は，第三者機関として独立行政法人に対する業務運営目標の設定，業務実績に関する評価などに関し主務大臣に対して意見を述べ，とくに必要と認められる場合には内閣総理大臣に意見具申を行うことができる。

なお，国立大学法人も広義の独立行政法人に含まれるが，各大学法人は国立大学法人法に基づき設置され運営が行われている。また，自治体においては，地方独立行政法人法のもと，国の制度と同様の趣旨に基づき地方独立行政法人が設立されている。

３．特殊法人

特殊法人とは，法律により直接設立される法人または特別の法律により特別の設立行為をもって設立すべきとされた法人を指す（ただし広義の独立行政法人は除外される）（宇賀 2019）。特殊法人には，固有の根拠法に基づき設立された法人と特殊会社（設置法に基づく株式会社）が存在する。前者の例として，日本放送協会（NHK），日本中央競馬会（JRA），日本年金機構などがある。また後者の例には，日本電信電話株式会社（NTT），JR 北海道・四国，JR 貨物，高速道路株式会社などが含まれる。国は特殊法人に対し，新設・目的の変更を行う場合には審査を行うなど，運営の全般（人事・予算・事業計画など）にわたり厳格な統制を行っている。

特殊法人は，戦後，行政活動が急速に拡大するなかで行政の役割を代行する存在としてさまざまな政策分野で多数設立された。しかしながら近年，肥大化した行政活動の見直しが進められる過程で特殊法人の多くが整理統合の対象となり，独立行政法人もしくは民間法人に移行した結果，その数は限られたものとなっている（図表 8-5）。

図表 8-5　所管府省別特殊法人一覧（2020 年 4 月 1 日現在）

〔内閣府所管〕2 法人	〔農林水産省所管〕1 法人
沖縄振興開発金融公庫	日本中央競馬会
沖縄科学技術大学院大学学園	〔経済産業省所管〕3 法人
〔総務省所管〕6 法人	日本アルコール産業株式会社
日本電信電話株式会社	株式会社商工組合中央金庫
東日本電信電話株式会社	株式会社日本貿易保険
西日本電信電話株式会社	〔国土交通省〕12 法人
日本放送協会	新関西国際空港株式会社
日本郵政株式会社	北海道旅客鉄道株式会社
日本郵便株式会社	四国旅客鉄道株式会社
〔財務省所管〕5 法人	日本貨物鉄道株式会社
日本たばこ産業株式会社	東京地下鉄道株式会社
株式会社日本政策金融公庫	成田国際空港株式会社
株式会社日本政策投資銀行	東日本高速道路株式会社
輸出入・港湾関連情報処理センター株式会社	中日本高速道路株式会社
株式会社国際協力銀行	西日本高速道路株式会社
〔文部科学省所管〕2 法人	首都高速道路株式会社
日本私立学校振興・共済事業団	阪神高速道路株式会社
放送大学学園	本州四国連絡高速道路株式会社
〔厚生労働省所管〕1 法人	〔環境省所管〕1 法人
日本年金機構	中間貯蔵・環境安全事業株式会社

（出典）総務省 2020b を一部修正。

４．認可法人・特別の法律により設立される民間法人・公益法人制度など

独立行政法人や特殊法人以外にも，行政とのネットワークのなかで事務・事業の一部を代行する組織・制度は多数存在する。そのような組織・制度の代表例として，**認可法人**，**特別の法律により設立される民間法人**，**公益法人制度**が挙げられる。

このうち認可法人は，民間が主体となって設立される法人のうち，業務が国や自治体の行政運営と密接な関連を有するため，特別の法律に基づき設立に際しては行政庁の認可を必要とする法人である。固有の根拠法に基づき設立された法人としては，日本銀行，日本赤十字社，原子力損害賠償支援機構が存在する。近年，この認可法人も行政改革の対象となり，多くの法人が独立行政法人や民間法人などに改組された。

また，特別の法律により設立される民間法人とは，行政改革において整理合理化の対象となり民間法人化された特殊法人・認可法人を指す（宇賀 2019）。法人は特別の法律に基づき設立数が限定されており，国は役員の任命や出資に関与しない。この類型には，特殊法人から移行した農林中央金庫や，認可法人から移行した自動車安全運転センター，中央労働災害防止協会，日本商工会議所などが該当する（図表 8-6）。

公益法人制度は，古くから民間部門が担う公益活動を支える仕組みとして重要な役割を果たしてきたが，2008 年に抜本的な制度改正が行われた。改正後の制度では法人の設立と公益性の判断が分離され，登記のみで設立できる一般法人（一般社団法人・一般財団法人）と，法律が規定する公益認定基準を満たすことを行政庁（内閣府・都道府県）が認定した公益法人（公益社団法人・公益財団法人）の４つの類型が存在するようになった（行政改革推進本部事務局 2006）。このうち公益法人に対しては税制上の優遇措置が設けられているが，行政庁による監督も行われる。従前より公益法人は行政の活動と密接な関わりを有するものが多く，検査検定，基準認証などの業務に関わる法人も多数存在する。しかしながら近年では，規制改革の取組みのなかで公益法人の要件が撤廃されるようになり，一般法人だけでなく株式会社なども検査検定，基準認証などの業務に関わることが認められるケースも増えている。

このほか行政とのネットワークを構成する組織として，指定法人，公共組

図表 8-6　特別の法律により設立される民間法人一覧（2020 年４月１日現在）

〔旧特殊法人〕（10 法人）
（総務省所管：2 法人）
日本消防検定協会
消防団員等公務災害補償等共済基金
（厚生労働省所管：1 法人）
社会保険診療報酬支払基金
（農林水産省所管：1 法人）
農林中央金庫
（経済産業省所管：5 法人）
東京中小企業投資育成株式会社
名古屋中小企業投資育成株式会社
大阪中小企業投資育成株式会社
高圧ガス保安協会
日本電気計器検定所
（国土交通省所管：1 法人）
日本勤労者住宅協会

〔旧認可法人〕（23 法人）
（警察庁所管：1 法人）
自動車安全運転センター
（金融庁所管：1 法人）
日本公認会計士協会
（総務省所管：2 法人）
危険物保安技術協会
日本行政書士会連合会
（法務省所管：2 法人）
日本司法書士会連合会
日本土地家屋調査士会連合会
（財務省所管：1 法人）
日本税理士会連合会
（厚生労働省所管：9 法人）
建設業労働災害防止協会
陸上貨物運送事業労働災害防止協会
林業・木材製造業労働災害防止協会
港湾貨物運送事業労働災害防止協会
中央職業能力開発協会
中央労働災害防止協会
企業年金連合会
石炭鉱業年金基金
全国社会保険労務士会連合会
（農林水産省所管：1 法人）
全国漁業共済組合連合会
（経済産業省所管：4 法人）
日本商工会議所
全国商工会連合会
日本弁理士会
全国中小企業団体中央会
（国土交通省所管：2 法人）
軽自動車検査協会
日本小型船舶検査機構

〔その他〕（1 法人）
（国土交通省所管：1 法人）
日本水先人会連合

（出典）総務省 2020c を一部修正。

合，NPO 法人がある。指定法人は行政実務上の類型であり，特別の法律に基づき特定の業務を行う法人として指定されたものを意味し，かつてはその多くが公益法人の形態をとっていた（宇賀 2019）。指定法人には，自動車運転免許の講習に関わる指定講習機関など試験，検査検定など行政機関の事務・事業を代行するものが多く，このような法人は行政代行型指定法人とも称される。

また，公共組合は，公共的な事務・事業を行うことを目的として一定の組合員から構成される組織を指す（宇賀 2019）。代表的な例としては，土地改良区・土地区画整理組合・市街地再開発組合，健康保険組合，地方公務員共済組合などがある。特色としては，組織への強制加入制度，運営に対する国家の強力なコントロール，業務の遂行における公権力性，組合費の強制徴収などが認められていることが挙げられる。

近年では，公益的な活動を行う組織として特定非営利活動法人（NPO 法人）も重要性を増しつつある（真渕 2020）。一般に NPO 法人とは，営利を目的とせずに（利益の分配を行わない）社会貢献活動を展開する団体を意味する。特定非営利活動促進法に基づき法人格を付与された NPO 法人は，法人として契約の締結や土地の登記などの権利義務関係に対応できるようになる。また，一定の基準を満たした NPO 法人は，認定特定非営利活動法人として税制上の優遇措置を受けることも可能となる。このような NPO 法人は，保健・医療・福祉の増進，社会教育，まちづくりの推進，観光・地域・文化の振興，環境保全，災害救護，国際協力，男女共同参画，消費者保護など広範な分野で社会貢献活動を行い，公益の増進に貢献することが期待されている。なお，NPO 法人が活動する際には，行政（国・自治体）とのあいだで資金や情報の提供など緊密な連携体制が構築されることが多い。

5．行政のネットワークの実態

以上にみた各種組織（法人）と行政とのネットワークの実態に関し，厚生労働省が所管する労働基準行政の事例を紹介する。労働基準に関わる政策では厚生労働省労働基準局が主体となり，労働基準法や労働安全衛生法などの法律に基づき，労働時間や賃金など労働条件の確保と改善，労働災害の防止と労災補償の実施など，労働者の福祉の増進と快適な職場形成の促進を目的とした各種の施策を展開している。

例えば，労働基準法や労働安全衛生法などの法令が制定・改廃された場合には都道府県労働局や労働基準監督署などの地方支分部局がその施行の任に当たる。しかしながら行政機関の有する資源（ヒト・モノ・カネ）には限りがあり，行政の力だけですべての事業所に対し法令の内容を実行させることは難しい。そこで行政と密接な関わりをもつ多様な組織が，法令の周知や事業主が自主的に取り組む労働災害防止活動の構築に大きな役割を果たしてきた。そのような組織の１つに中央労働災害防止協会（特別の法律により設立される民間法人）がある。全国的規模の事業主団体（日本経済団体連合会，日本自動車工業会など）や各種の労働災害防止団体などを会員とする中央労働災害防止協会は，職場における安全衛生意識の高揚（毎年度の全国安全週間，全国労働衛生週間の実施など），企業の安全衛生スタッフの養成，企業に対する専門技術サービスの提供，労働災害事例など安全衛生情報の提供や調査・研究など労働安全衛生法に関連する各種事業を展開している。また，各都道府県には労働基準関係法令の周知，労働災害防止活動の啓発などを目的とする労働基準協会・労働基準協会連合会（中央労働災害防止協会の会員組織であり多くは公益社団法人や一般社団法人などの形態をとるが，地域によって名称に若干の相違がある）が設立され，それぞれが密接なネットワークを構築することで，行政の施策をサポートしている。

また，労働安全衛生法はとくに危険な作業を必要とする機械としてボイラー，圧力容器，クレーンなどを指定し，製造・設置等に際しては都道府県労働局長の許可を要するものと定めている。そこでこのような機械の検査検定（性能検査・個別検定・輸出検査など）に関しては，国（厚生労働大臣）が指定する登録検査・検定機関として日本ボイラー協会や日本クレーン協会などの団体（いずれも一般社団法人）が，それらの実務や運転免許講習などの業務に関わっている。

第３節　日本型行政組織の特徴

最後に本章の締め括りとして日本型行政組織の特徴を，内閣府・省における組織編成，組織・定員を管理する仕組み，**大部屋主義**と**最大動員**の概念，**府省共同体**などの観点から確認しておきたい。

１．内閣府・省の組織編成

内閣府・省の組織編制の特徴として，局－部－課（室）で構成される縦割り型の階層的なライン系組織（原局・原課）のほか，大臣官房と各局の総括管理機能を担当する組織も画一的な体制となっていることが挙げられる。

第１節でみたように，ライン系組織は府省が所掌する具体的な行政事務を分担して遂行する組織として，内閣府設置法・国家行政組織法のもと画一的な構造を有している。これに対して府省の大臣官房は，局レベルの総合調整などの事務を担当する局筆頭課（総務課などの名称であることが多い）を通じ，府省全体に関わる人事・総務（法令）・会計（予算）の事務を統括・管理しているが，その構造は各府省にほぼ共通する仕組みとなっている。このような大臣官房と各局の筆頭課（総務課）により構成される横割り型のネットワークは官房系統組織と称され，内閣官房や与党，国会とも密接なネットワークを構築することにより，行政と政治をつなぐ役割を果たしている（伊藤・出雲・手塚 2016）。

また，ライン系の組織を補佐するスタッフ機能の役割を担う総括整理職（審議官など）や，専門的見地からの調査・審査などを担当する分掌職（参事官など）の職の名称と配置には，ライン系組織や官房系統組織ほどの共通性がみられないことも，府省の組織編成上の特徴として挙げられる（西尾 2001）。

２．組織・定員を管理する仕組み

内閣府・省における組織・定員の見直しは，内閣人事局による審査（機構・定員等審査）を経て実施される。内閣人事局では，毎年度の予算概算要求と連動する各府省からの機構要求（組織や官職の新設・再編など）と定員要求（職員の増員や再配置など），級別定数の要求（職務の級ごとの職員数）を審査し，その結果を公表する。

各府省において組織を新設する場合は，既存組織の再編合理化によって対応する**スクラップ・アンド・ビルドの原則**のもと，組織の無用な膨張を防ぐこととしている。そのため，国家行政組織法に基づき府省の官房と局の数は上限を 97 とすることが法定されており，課・室の数もできる限り 900 に近い数とすることとされている（中央省庁等改革基本法）。また，国家公務員（内閣府と各省の所掌事務を遂行するために，恒常的に置く必要がある職に充てるべき常勤の職員）の定員も，総定員法（行政機関の職員の定員に関する法律）に基づき総数の最高限度が法定されている。これに加えて，内閣人事局では概ね５年間を計画期間とする各府省の定員合理化目標数を設定し，この枠内で各府省は新規増員，定員の合理化と再配置を行っている。

このような組織・定員に対するスクラップ・アンド・ビルドの原則と法律に基づく厳格なコントロールは，行政組織の無秩序な膨張を抑制する効果（鉄格子効果と呼ばれる）を発揮してきた反面，社会経済情勢の変化に対応した適時適切な組織変更を妨げるマイナスの側面があることも指摘されている（西尾 2001）。

３．大部屋主義

大部屋主義とは，職員が同じ部屋（職場空間）で職務を遂行する執務形態の特徴（図表 8-7）を意味するものであり，個室における職務の遂行を基本とする欧米諸国の執務形態（個室主義）と対比される日本の組織慣行とされる。

図表 8-7　大部屋主義のイメージ

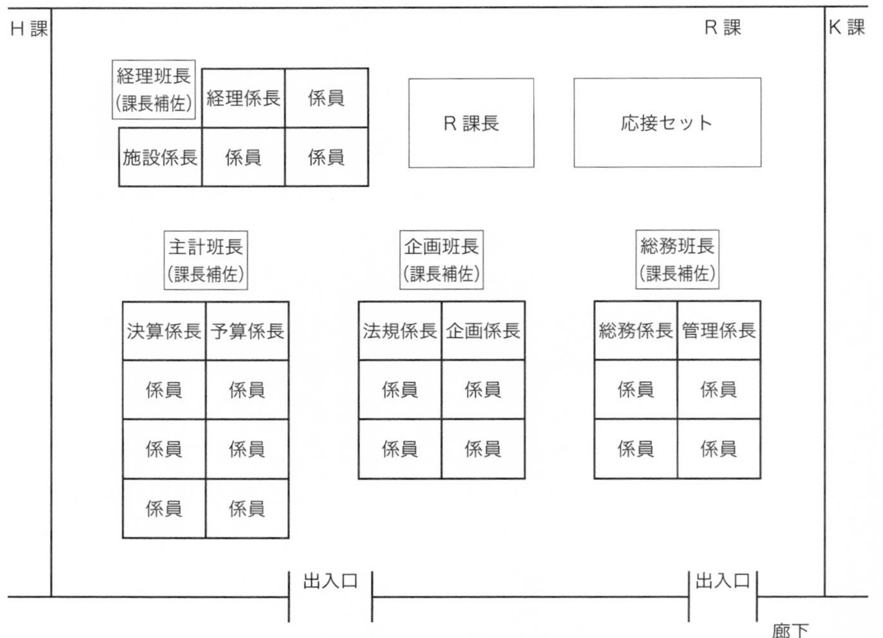

（出典）筆者作成。

大部屋主義に基づく組織形成では，府省が所掌する事務は局・課（室）・係などの単位組織に概括列挙的に割り振られ，単位組織に所属する職員は一体となり所掌事務の遂行に当たることが求められる（大森 2006）。このような組織形成の方法をとる場合，職員個人の職務内容が明確に示されることはない。この点，個々人の職務内容や責任の範囲を予め明示する欧米諸国における組織の執務形態とは大きく異なっている。

個室での執務とは異なり，大部屋主義のもとでは同一の空間で大勢の同僚とともに執務し，組織の所掌する事務を適宜に分担することが求められる。そのためスタンドプレーよりはチームワークが好まれるなど，人間関係を重視する組織文化が形成されやすい。こうした大部屋主義の環境は，弾力的な組織の運営や職場内訓練（OJT）に適しており，ひいては職員のモチベーションの向上にも寄与する側面があるとされる。他方で，個人に割り振られた職務の内容の曖昧さが責任の所在を不明確にすること，人間関係を重視する組織文化がともすれば職場における過剰な同調圧力につながり，組織に対する個人の不満を高めるデメリットも指摘される。

4．最大動員

最大動員とは，先に紹介した大部屋主義の考え方を拡大し，目的を達成するために組織内外のあらゆる資源を最大限に利用する日本の行政組織全体の特徴を示す概念として提示されたものである（村松 1994）。日本の行政において最大動員のシステムが成立した理由には，行政が利用することのできる資源の希少性（諸外国と比較して少ない公務員や予算，法的権限の制約）や，明治維新以降の欧米諸国をベンチマークとした追い付き型近代化の経緯があるとされる。

最大動員の概念に基づく行政システムでは，政策の遂行に当たり国と各自治体の緊密な連携・協力関係が構築されるほか，第2節で取り上げたさまざまな法人・団体により構成される行政のネットワークが活用される。とりわけ独立行政法人などの政府関係法人は，膨大な行政活動を補完する役割を果たしており，行政機関本体はより少ない資源（ヒト・モノ・カネ）で政策を実行できる利点がある。また，行政機関に所属する職員の管理においても人事を工夫する

(一定の年齢までは横並びに昇進させ，極端な差をつけない人事）ことにより，職員に「無制限・無定量」の勤務をさせるだけのモチベーションと忠誠心を引き出すことに成功しているとされる（第９章を参照)。

５．府省共同体と縦割り行政

府省共同体とは，各府省の組織を中心として関係する団体（第２節で紹介した政府関係法人などを含む）や政治家（族議員）などで構成されたコミュニティを意味する（森田 2017)。この観点に基づく日本の行政システム全体の姿は一枚岩の存在ではなく，各府省の所管する領域ごとに存在する共同体（サブ・システム）が構成する多元的構造のイメージで捉えられることになる。

この府省共同体は，所管する領域の維持・拡大をめぐり共存・対立する関係(いわゆる縦割り行政）にある。また，府省共同体はそれぞれが高い自律性を維持することが可能であったが，その背景には，中央省庁の大規模な再編が長期間行われなかったことや，府省ごとの閉鎖的な人事システム（所属する組織に対する職員の帰属意識を高める）と内閣法が規定する「行政事務の分担管理の原則」(府省ごとの縦割り行政を強化する）があった。このような府省共同体が構成する行政システムは一定の合理性を有していた反面，所管する領域をめぐる権限争い（セクショナリズム）が激化し，複数の府省にまたがる政策課題への対応が難しくなるなどの弊害も多かった。

６．日本型行政組織のゆくえ

以上にみた日本型行政組織の特徴は，戦後復興期から高度経済成長期を経て，中央省庁の行政システムが安定していた時代に形成されたものである。しかしながら，欧米諸国を目標とした追い付き型近代化が目的を達成し，人びとの意識や働き方も変化しつつある今日，行政の組織と職員に過剰な活動を強いる大部屋主義や最大動員のシステムはその役割を終えつつあるとされる（真渕 2020)。また，中央省庁の再編，地方分権改革，規制改革など広範囲にわたる行政システムの見直しが進められるなか，これまでのような府省共同体のあり方も変容を迫られている。とりわけ府省の所管領域ごとに存在する行政内外の緊密なネットワークにおいては，外部から見て不透明な人的・資金的な関係が生じやすい。この点，行政と強い関わりをもつ法人・団体が民業を圧迫する（民間企業の自由な経済活動を阻害する）問題や，退職した公務員が行政活動と関連のある民間会社などに再就職する（いわゆる天下り）慣行，補助金等の無駄遣いなどの弊害がこれまでにも指摘されてきた。

その一方で，急速に進む少子高齢化と人口減少，財政危機などの問題が深刻化しつつあるなか，行政が利用できる資源（リソース）が増大することは今後も期待できない。複雑多様化する行政需要に対応していくためには，民業圧迫などの問題に配慮しつつ，行政のネットワークの活用も一定の範囲で継続していくものと見込まれる（行政改革に関し第1章を参照)。

（大藪俊志）

第 9 章

国家公務員の人事管理

本章のねらい

わが国の行政機構を支える国家公務員の人事はどのように管理されているのか。本章では，国家公務員制度の成立過程と現在の国家公務員の全体像を押さえた上で，採用・昇進・退職や給与など国家公務員の人事管理の実態を見ていくとともに，1990 年代から数多く行われてきた国家公務員制度改革の動向についても見ていくこととする。

第 1 節　公務員制度

1．現代公務員制の成立

絶対主義国家においては，君主がもつ統治権を君主に代わって遂行するために官僚制が形成された。この時代の官僚は特権階級のなかから登用されるのが常であったが，旧弊を打破し近代国家を打ち立てるため，社会的身分よりも能力を重視して平民からも有能な人材を次第に登用するようになっていく。このようにして形成されたのが近代官僚制である。

その後，市民革命により民主主義が徐々に広がりを見せるなか，官僚制についても，君主に忠勤を励むのではなく，民主政治を担う勢力に忠誠を尽くすような変化が求められ，政権に就いた者は，自らを支持する人びとのなかから行政官を登用するようになっていった。

このような情実人事が広がるにつれ，能力の無い者が公職に就き，政治的中立性も失われるようになるなど，その弊害が目立つようになった。そのため，イギリスでは，1853 年にノースコート・トレベリアン報告を受け，**資格任用**

制（**メリット・システム**：merit system）と政治的中立性を柱とする現代公務員制が確立された。また，アメリカでは，第7代大統領ジャクソン（Andrew Jackson）が自身の支持者を行政官に入れ替えたのを契機に，選挙に勝利した党派が支持者を公職に就ける**猟官制**（**スポイルズ・システム**：spoils system）が広まっていった。第20代大統領ガーフィールド（James A. Garfield）が，期待する官職に就くことのできなかった支持者に殺害されたことを契機として，1883年に資格任用制と政治的中立性を柱とする連邦公務員法（ペンドルトン法）が制定され，現在につながる公務員制が形成された。

ここでいう公務員制とは，絶対制下における官僚制に代わる民主制下の制度を指す。類似するものとして公務員制度が存在するが，これは国家公務員法や給与法などによって形作られる法制度を指すのに対し，公務員制は法制度としての公務員制度を核としつつも，インフォーマルな慣行や職員の行動様式も含む有機的システムとして理解される（西尾勝2001，西尾隆2018）。

2．戦前日本の官吏制度

戦前日本の公務従事者としては，官吏，雇員，傭人等が存在していた（図表9-1）。

官吏は，統治権を総覧する天皇の任官大権に基づいて任命される「天皇の官吏」であり，天皇に対する忠実無定量の服務の義務を負うとともに，官吏としての地位や体面を保持するにふさわしい額の俸給（給与）が支給され，恩給制度（年金）も設けられていた。

図表9-1　戦前の公務従事者

<table>
<tr><td rowspan="4">官吏</td><td rowspan="3">高等官</td><td rowspan="2">勅任官</td><td>親任官（大臣等）</td></tr>
<tr><td>高等官1等・2等（次官・局長等）</td></tr>
<tr><td>奏任官</td><td>高等官3等〜9等（課長等）</td></tr>
<tr><td colspan="3">判任官</td></tr>
<tr><td colspan="4">官吏でない者
（雇員・傭人等）</td></tr>
</table>

出典：人事院2009に一部加筆。

官吏は高等官と判任官に分けられる。高等官は，さらに天皇が直接任命する勅任官（このうちとくに高位のものが親任官）と総理大臣が天皇に上奏して任命する奏任官に分けられ，各省大臣が総理大臣を経て上奏して任命する判任官とは，給与水準はもとより，食堂やトイレも別々であるなど，待遇上，大きな差が設けられていた。

雇員，傭人はいずれも非官吏である。いずれも私法上の雇用関係に基づくものであり，雇員は機械的・反復的な事務に，傭人は肉体的労働に従事していた。このほか，臨時的な業務に従事する嘱託も存在していた。

明治新政府の樹立からしばらくのあいだ，官吏は藩閥勢力の情実により任用されてきたが，内閣制度の創設に伴い，官吏の任用は試験制度によるべきものとされた。1887年に文官試験試補及見習規則が制定され，奏任官採用のための高等試験と判任官採用のための普通試験が1888年から実施されるようになった。しかし，法学博士・文学博士の学位をもつ者と帝国大学法科・文科の卒業生は高等試験を経ずに採用することができるなど，実際は，試験採用は補充的なものにとどまり，採用の中心は一定の学歴をもつ者からの無試験採用であった（藤原 1994）。

このような帝大優遇への批判が高まり，1893年には**文官任用令**が制定され，翌94年からは文官高等試験（いわゆる高等文官試験（**高文試験**））と文官普通試験が実施されるようになった。文官任用令においては，奏任官の任用は文官高等試験合格者や一定の経歴を有する在職者から行うこと，判任官の任用は文官普通試験，文官高等試験の合格者や一定の経歴を有する在職者，官公立中学校等の卒業者から行うことなどが定められた。これにより，帝大卒業生の奏任官無試験採用の特権は廃止されたが，高文試験の試験科目は法学が中心で，出題委員もほとんどが帝大教授であったことから，帝大法科の卒業生が有利であることには変わりなく，実際に合格者の多くは帝大出身者であった（真渕 2020）。

なお，勅任官については自由任用のままであったが，政党内閣が成立するようになると多数の党員が勅任官に任用され，党員による猟官運動も盛んに行われるようになった。そこで，官紀荒廃の防止，専門性の確保などを図るため，1899年の文官任用令の改正により，勅任官（親任官を除く）の資格要件が定められ，原則として高文試験の合格者のなかから採用されることになった（人事院 2009）。

同じ 1899 年には，文官懲戒令と文官分限令が制定され，官吏に強固な身分保障が与えられた。文官分限令には，官庁の新陳代謝を促進するため，官庁事務の都合により必要な時には官吏を休職処分にすることができる旨の規定が設けられていたが，大正末期から昭和初期にかけての政党内閣の最盛期には，この規定を利用して前政権下の官吏を休職とし，休職期間の満了とともに自動的に退職とすることが行われた。これにより，政権交代が官吏の地位にも大きな影響を及ぼすこととなった（人事院 2009；森園・吉田・尾西編 2015）。

3．戦後日本の国家公務員制度

戦前の官吏は，天皇の官吏として国民と相対する立場にあり，かつ，国の統治機構において軍部とともに一大勢力を形成していたため，戦後，日本の民主化を進めるなかで，官吏制度は抜本的に見直されることになった。

1946 年 11 月には日本国憲法が制定され，公務員は一部の奉仕者ではなく全体の奉仕者であり，その選定・罷免は主権者たる国民固有の権利であるとされた。それより前の同年 4 月，日本国政府は当時日本を占領統治していた連合国最高司令官総司令部（GHQ）に対し，公務員の給与制度に関する専門家の派遣を要請しており，同年 11 月にはフーバー（Blain Hoover）を団長とする人事行政制度に関する顧問団（**フーバー顧問団**）が来日した。同顧問団は，日本国政府の予期に反し，官吏制度について多角的・徹底的な調査を行った。その結果，強力な中央人事行政機関を設置し，民主的な方向のメリット・システムと能率増進を目的とする公務員制度を確立するため，国家公務員法の制定が必要であるとの結論に達した。1947 年 6 月，同顧問団は片山哲首相に国家公務員法草案（**フーバー草案**）を提示し，修正を加えることなく速やかに立法化すべきことを勧告した（人事院 2009；森園・吉田・尾西編 2015）。

政府は，勧告の内容を一部修正したうえで国家公務員法の草案を作成し，国会に提出した。さらに国会での一部修正を経て，1947 年 10 月に**国家公務員法**が成立した。同法には，ストライキの禁止条項がない，人事院の名称を人事委員会に変更し，その独立性を弱めるなど，フーバー草案に比べて重要な相違があった。同法成立後に再来日したフーバーは，そのことを知って改正を強く求めた。

同法では，一般職の国家公務員（消防，警察，監獄職員を除く）に団結権，団体交渉権，争議権が認められていた。そのため公務員労働組合が急速に拡大し，1948 年夏には賃上げ交渉が決裂した結果，一斉ストライキに突入する公算が高まるような事態にまでなっていた。このような状況のもと，GHQ から芦田均首相に対し，公務員の特殊性を踏まえて団体交渉権と争議権を否認すべく，国家公務員法の改正を命ずる**マッカーサー書簡**が発出された。同書簡を受け，政府は早速改正作業に入り，同年 11 月には国家公務員法が改正された。

改正国家公務員法では，国家公務員に対する労働関係法規の適用が排除され，労働基本権が制限されるとともに，政治的行為，私企業への関与等の制限が強化された。また，人事委員会の名称を人事院と改め，その独立性を高めて組織と権限を強化するとともに，労働基本権の制限との関係で人事院の勧告規定が追加された。ここに現行国家公務員制度の枠組みが確立された（人事院 2009）。

このようにして成立した国家公務員制度は，国民に対して公務の民主的かつ能率的な運営を保障することを目的としている。この目的を確保するため，国家公務員法には，競争試験による採用を原則とする成績主義原則，法律に定める要件に合致しなければみだりに解雇されない身分保障の原則，職務を分析しこれに応じて給与を支給する職務給の原則，政治的行為の制限，ストの禁止など厳格な服務規制，さらには，採用試験や給与勧告，不服申立に対する審判等を行うための人事院の設置などが規定されている。

第 2 節　国家公務員の人事管理

1．国家公務員制度の概要

(1) 国家公務員の数と種類

日本では，国の行政組織として，内閣のもとに 1 府 11 省 1 委員会が置かれている。そこで働く国家公務員の数は 58.7 万人に上る（2020 年度末予算定員）。

図表 9-2　国家公務員の数と種類（2020 年度末予算定員）

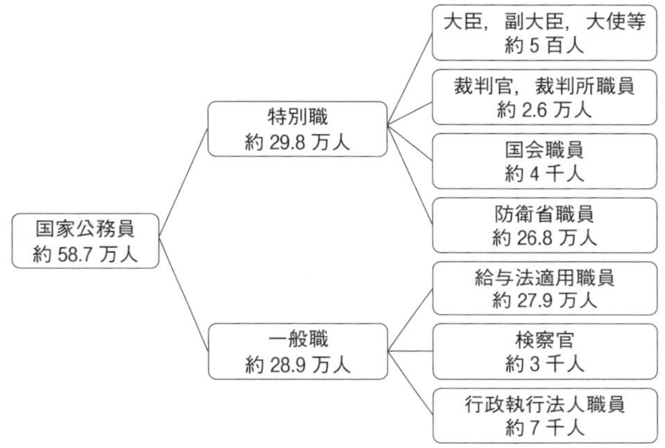

（出典）内閣人事局 2020 をもとに筆者作成。

国家公務員は，特別職と一般職に分けられる。特別職は，大臣・副大臣など政務を担当するもの，国会職員・裁判官など立法・司法に属するもの，防衛省職員（自衛官）のように職務の性質上，別個に扱うべきものが該当する。特別職以外が一般職とされ，一般職には，情実任用の排除，身分保障，厳正な服務に関する規定など，国家公務員法の諸規定が適用される。一般職のうち，各府省またはその地方出先機関に勤務する職員は給与法適用職員に分類される。

(2) 閉鎖型任用制と府省別人事管理

日本の国家公務員の人事システムの大きな特徴は，① 新卒で国家公務員として採用され，内部で異動・昇進を重ねながら，定年まで勤務する**閉鎖型任用制**（closed career system）と，② 採用を府省別に行い，一旦採用された後は府省間を異動することは基本的にはなく，定年まで同じ府省に勤める**府省別人事管理**である。

このため，大学または高校の新卒者が採用され，最下位の職層から公務員人生をスタートさせるのが一般的であり，一定の能力・経験をもつ者を特定のポストに採用する手法は，任期付採用の場合を除き，ほとんど行われない。最下位の職層からスタートした後は，同じ府省内で異動しながら１つずつ職位を上がっていく。近年は他府省との人事交流も行われるようになってきたが，あくまで本籍は採用時の府省であり，片道切符での出向を除くと，基本的に最後は採用時の府省に戻って定年を迎えることになる。

これに対し，米国などでは**開放型任用制**（open career system）がとられる。新卒一括採用ではなく，欠員が生じたポストについて広く募集を行い，当該ポストの職責を果たすために必要な資格・能力を満たす者を採用する。そのため，各ポストの業務内容，必要とされる資格・能力は，職務記述書（job description）という形で詳細に規定されている。各ポストに適した人材を採用することから，上位のポストへの昇進も，空きポストに応募して採用される必要がある。したがって，日本のように同一府省内で異動を重ねるなかで昇進していくようなことはなく，自ら応募して上位ポストに昇進できなければ，ずっと同じポストに留まり続けることになる。

(3) キャリア・ノンキャリアと事務官・技官

キャリア制度と呼ばれる採用試験区分による入り口選抜も特徴の1つである。**キャリア**とは，総合職試験（旧Ⅰ種試験）により採用された者を指す。彼らは本省に採用された幹部候補生であり，全体の数％程度を占める程度しか存在しない。**ノンキャリア**とは，キャリア以外，つまり一般職試験（旧Ⅱ種・Ⅲ種試験）または専門職試験により採用された者を指す。主に地方出先機関で採用され，キャリアを実務的に支える存在として活躍する。

幹部候補のキャリアとそれ以外のノンキャリアの人事管理は別々に行われる。入省年次を重視した年功序列型の人事管理が行われ，同じキャリア同士，ノンキャリア同士であれば，後から入省した者が先輩を抜き去って出世することは基本的にあり得ない。

キャリア・ノンキャリアの区分以外に，事務官と技官の区分もある。事務系の採用試験を経て採用された者を**事務官**，技術系の採用試験を経て採用された者を**技官**と呼ぶ。

国土交通省や農林水産省では，技官の採用が事務官と同数程度かそれ以上になっている。技官は事務官より狭い範囲を異動し，高い技術的専門性を養うように育成される。ジェネラリストとして育成された事務官の方が昇進面では優遇されることが多い。なお，技官の人事案は技官出身の幹部が作成するなど，技官の世界は高い閉鎖性を有しており，「独立王国」と呼ばれることもある。技官は高い技術的専門性を有することから，関係業界や族議員などとの濃密な政策ネットワーク（政策専門家によるつながり）を形成し，国の政策形成過程に強い影響力をもつといわれる（西川 2002；新藤 2002；藤田 2008）。

(4) 中央人事行政機関

国家公務員法は，内閣総理大臣と人事院を**中央人事行政機関**として定めている。国家公務員１人ひとりの職員の人事管理は任命権者である各府省の長が行うのに対し，中央人事行政機関は，任命権者が行う人事管理の基準を定め，人事管理の総合調整を行う。

内閣のもとに置かれる国家公務員の人事管理を担当する中立的な第三者・専門機関として**人事院**が存在する。人事院は，人事官３人（うち１人は総裁）をもって構成される合議制の機関である。その主な役割は，① 人事行政の公正性の確保（採用試験，任免の基準の設定，研修等を実施），② 労働基本権制約の代償機能（給与等の勤務条件の改定等について国会及び内閣に勧告），③ 人事行政の専門機関（国内外の人事制度の調査・研究を行い，時代の要請に応える人事施策を展開），である。

2014 年，国家公務員法等の一部改正により，中央人事行政機関としての内閣総理大臣が，幹部職員人事の一元管理等に関する事務を行うこととされ，その事務を担当する機関として**内閣人事局**が設置された。これは，省庁の枠を超えた機動的な人事配置等の実現が目的であり，その対象は審議官以上の各府省幹部とされている。

2．採用，昇進，退職

(1) 採用

採用には，**成績主義の原則**および**公開平等の原則**が適用される。国家公務員法は，広く国民に開かれ，かつ，公正な能力実証を図るために，公開・平等の**競争試験**によることを原則とし，例外的な場合に限って，競争試験によらず特定の者の能力を実証する**選考**によることを認めている。

採用試験には，各府省共通の「総合職試験（院卒／大卒程度）」「一般職試験（大卒／高卒程度）」のほか，国税専門官，財務専門官，労働基準監督官，外務省専門職員，刑務官，入国警備官，航空管制官など特定の職種を採用するための「専門職試験」が存在する。

例えば，幹部候補生を採用するための「総合職試験（大卒程度）」の場合，採用時点で22〜30歳で，大学卒業者・卒業見込者及び人事院がそれと同等の資格があると認めた者に受験資格がある。1次試験は，教養的な知識等を問う「基礎能力試験」と，事務系であれば法律，経済など，技術系であれば工学，農業科学などの専門分野の知識を問う「専門試験」（いずれも多肢選択式）が行われる。2次試験では論述式の専門試験，政策論文試験，個別面接が行われる。これらの試験に最終合格した者は，希望する府省を訪問し，採用面接に臨む。実際に各府省に採用されるのは，最終合格者の3分の1程度である（人事院2020）。

(2) 身分と給与

国家公務員の任用は，各府省の大臣など任命権者による任命によって行われる。前述のとおり，日本の国家公務員は新卒で採用され，内部で異動・昇進を重ねながら，定年まで勤務する。このような定年までの終身雇用（任期の定めのない雇用）は，国家公務員法により保障されている。組織の改廃や予算の減少等によるいわゆる整理解雇も国家公務員法上は可能であるが，実際には滅多に行われない。なお，公務部内にない知識・経験をもつ者を一定期間活用する任期付採用の制度（後述）も存在するが，その制度によって採用される任期付職員はまだきわめて少数である。

国家公務員法，給与法などの法律に基づいて定められる職員の給与，勤務時間その他勤務条件に関する基礎事項は，国会により社会一般の情勢に適応するように，随時これを変更することができるものとされている（**情勢適応の原則**）。

給与は，職員の職務の複雑，困難及び責任の度合いに基づいて決められる俸給（基本給）と，これを補完する諸手当から成り立っている。行政職，公安職，教育職，研究職などの職種によって異なる俸給表（給料表）が定められ，それをもとに給与が支払われる。

俸給表には基本給月額が示されており，役職と経験年数に応じて決定される。つまり，**職務給の原則**がとられており，標準的な官職とそれに必要な標準職務遂行能力が定められ，その職務に応じた給与が支給される。例えば，一般行政事務に携わる者に適用される「行政職俸給表（一）」には，職務に応じた級が1〜10級まで定められ，各級には1〜最大125までの号俸が定められている（図表9-3）。採用されると最下位の1級からスタートし，昇進すると上位の級に格付けされていく。

国家公務員の**労働基本権**には，その地位の特殊性と職務の公共性を考慮し，一定の制約が課されている。(図表9-4)。いわゆる一般職の国家公務員については，労働組合を結成する団結権は認められている。人事当局と労働条件について交渉を行う団体交渉権も認められているが，その結果を労働協約として締結する協約締結権は認められていない。また，ストライキを行う争議権も認められていない。したがって，労使交渉により労働条件を決定することはできず，その代償として人事院による勧告制度が用意されている。

給与水準の決定については，民間準拠の考え方がとられている。人事院が民間の給与水準を調査し，毎年8月頃に，国家公務員給与との差を国会と内閣に勧告する。これがいわゆる**人事院勧告**である。ほとんどの場合，この勧告どおりに給与改定が行われ，国家公務員と民間企業の労働者の給与はほぼ同水準となる。

例えば，2019年の民間給与水準の調査においては，従業員50人以上の事業所から産業，企業規模等を考慮のうえ約1万2500の事業所を無作為抽出し，その従業員約55万人の給与データが集められた。そのデータをもとに，同じ条件（地域，職位，学歴，年齢層）にある者同士の官民の給与を比較し，適切な給与水準を導き出している（内閣人事局2020）。

なお，2020年4月現在，国家公務員（一般行政職）の平均年齢は43.2歳で，その平均給与月額は俸給・諸手当を合わせて約41万円（通勤手当，超過勤務手当等を含まない）となっている（図表9-5）。

図表 9-3　俸給表の例（行政職俸給表（一））

（2020年4月1日現在）

職務の級		1 級	2 級	3 級	4 級	5 級	6 級	7 級	8 級	9 級	10 級
組織別	本府省	係員	主任	係長	係長	課長補佐	課長補佐	室長	室長	課長	課長
	県単位機関	係員	主任	係長	係長	課長	課長	機関の長	機関の長		
号　俸		俸給月額	俸給月額	俸給月額	俸給月額	俸給月額	俸給月額	俸給月額	俸給月額	俸給月額	俸給月額
		円	円	円	円	円	円	円	円	円	円
1		146,100	195,500	231,500	264,200	289,700	319,200	362,900	408,100	458,400	521,700
2		147,200	197,300	233,100	266,000	291,900	321,400	365,500	410,500	461,500	524,600
3		148,400	199,100	234,600	267,800	294,000	323,700	367,900	413,000	464,500	527,700
4		149,500	200,900	236,200	269,900	296,000	325,900	370,500	415,400	467,500	530,800
5		150,600	202,400	237,600	271,600	297,900	328,100	372,400	417,300	470,500	533,900
6		151,700	204,200	239,300	273,400	300,000	330,100	374,900	419,600	473,500	536,200
7		152,800	206,000	240,800	275,200	302,200	332,300	377,200	421,700	476,500	538,700
8		153,900	207,800	242,400	277,200	304,200	334,500	379,700	423,900	479,600	541,100
9		154,900	209,400	243,500	279,200	306,100	336,400	382,100	425,900	482,300	543,500
10		156,300	211,200	245,000	281,200	308,400	338,600	384,800	428,000	485,400	545,300
11		157,600	213,000	246,600	283,100	310,600	340,600	387,400	430,100	488,400	547,100
12		158,900	214,800	247,900	285,000	312,900	342,800	390,100	432,200	491,500	549,000
13		160,100	216,200	249,400	287,000	315,000	344,600	392,500	433,900	494,200	550,700
14		161,600	218,000	250,800	288,900	317,100	346,600	394,800	435,700	496,500	552,100
15		163,100	219,700	252,100	290,800	319,300	348,600	397,000	437,700	498,800	553,400
16		164,700	221,500	253,500	292,600	321,400	350,600	399,400	439,700	501,100	554,500
17		165,900	223,200	255,000	294,400	323,300	352,300	401,200	441,600	503,200	555,800
18		167,400	224,900	256,500	296,400	325,300	354,300	403,200	443,400	504,600	556,800
19		168,900	226,500	258,200	298,500	327,300	356,100	405,100	445,200	506,100	557,700
20		170,400	228,100	260,000	300,500	329,300	358,000	406,900	446,900	507,500	558,600
21		171,700	229,500	261,600	302,400	331,000	359,900	408,800	448,700	508,700	559,500
22		174,400	231,200	263,300	304,500	333,100	361,800	410,600	450,200	510,100	
23		177,000	232,800	264,900	306,500	335,100	363,800	412,400	451,600	511,600	
24		179,600	234,400	266,500	308,600	337,200	365,700	414,300	453,100	513,100	
25		182,200	235,400	268,400	310,300	338,600	367,700	416,100	454,500	514,200	
26		183,900	236,900	270,200	312,400	340,500	369,600	417,600	455,800	515,300	
27		185,500	238,300	271,900	314,400	342,400	371,600	419,100	457,100	516,500	
28		187,200	239,500	273,600	316,400	344,300	373,600	420,700	458,300	517,700	
29		188,700	240,700	275,300	318,100	345,900	375,100	422,300	459,300	518,700	
30		190,400	241,900	277,000	320,100	347,800	376,900	423,600	460,000	519,600	
31		192,200	242,900	278,800	322,200	349,700	378,700	424,900	460,800	520,500	
32		193,900	244,100	280,300	324,300	351,500	380,300	426,100	461,500	521,400	
33		195,500	245,400	281,800	325,500	353,400	382,100	427,300	462,200	522,200	
34		196,900	246,400	283,700	327,500	355,200	383,500	428,600	463,000	523,100	
35		198,400	247,600	285,500	329,400	357,000	385,000	429,900	463,700	523,800	
36		199,900	248,900	287,400	331,500	358,700	386,600	431,100	464,300	524,300	
37		201,200	249,800	289,000	333,400	360,100	388,000	432,300	464,800	525,000	
38		202,500	251,100	290,700	335,300	361,400	389,200	433,100	465,400	525,600	
39		203,700	252,300	292,500	337,300	362,800	390,400	433,900	466,000	526,400	
40		205,000	253,600	294,300	339,200	364,200	391,500	434,700	466,600	527,000	
41		206,300	255,000	295,800	341,100	365,500	392,600	435,300	467,100	527,500	
42		207,600	256,400	297,500	343,000	366,400	393,800	436,000	467,600		
43		208,900	257,600	299,000	344,800	367,500	395,000	436,700	468,000		
44		210,200	258,800	300,600	346,700	368,600	396,100	437,400	468,300		
45		211,300	260,000	302,200	348,200	369,400	396,800	438,200	468,600		
46		212,600	261,200	303,900	349,600	370,300	397,500	439,000			
47		213,900	262,500	305,500	351,100	371,200	398,200	439,400			
48		215,200	263,600	307,200	352,600	372,100	398,900	440,100			

〈以下略〉

（出典）内閣人事局 2020：12。

図表 9-4　一般職国家公務員の労働基本権

団結権	団体交渉権	争議権
○ （警察職員を除く）	△ （交渉は可能だが，協約締結権は無し）	×

（出典）筆者作成。

図表 9-5　国家公務員及び地方公務員の平均給与月額の推移

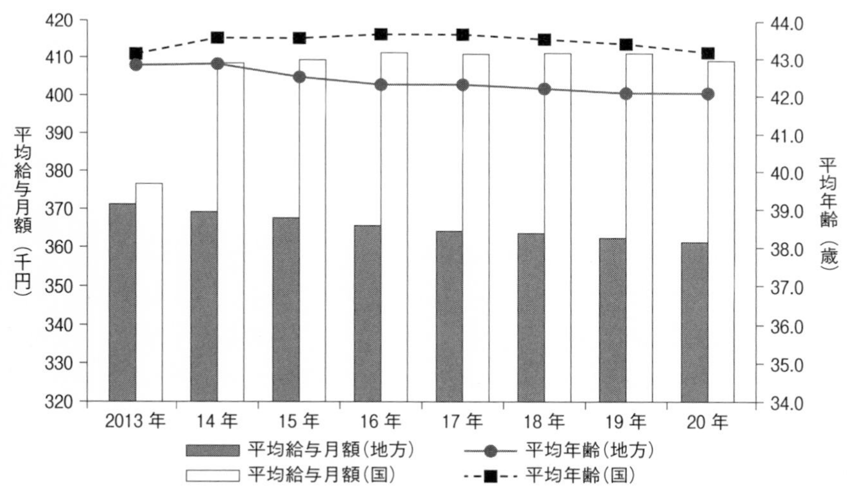

注 1：実費弁償的性格をもつ通勤手当や，勤務の実績に応じて支払われる超過勤務手当等は含まない。

注 2：2013 年の国家公務員の平均給与月額は，東日本大震災の復興財源を捻出するための給与改定・臨時特措法による給与減額措置後の値。

（出典）総務省 2020：6 に一部加筆修正。

(3) 異動と昇進

前述のとおり，日本の国家公務員は主に新卒で採用され，内部で異動・昇進を重ねていく。一部の地方自治体で見られるような昇任試験制度は設けられておらず，大臣等の任命権者が人事評価を踏まえて内部の者から適任者を選んで昇進させるという手法がとられている。

昇進のパターンは，キャリアかノンキャリアかによって異なる。将来的に幹部職員となることを期待されているキャリアは，幅広い知識と視野を養うため，いわゆるジェネラリストとして育成される。そのため，1～2 年の短いスパンで多くの異動を経験する。同期入省者は，本省の課長（省によって異なるが概ね45歳前後）までは概ね一斉に昇進する（同一年次同時昇進)。このように同期のなかで昇進に差をつけない人事管理手法を**遅い昇進**といい，誰が選抜されるかを明確にせず，皆に自分にもチャンスがあると期待させることで，モチベーションを最大限に引き出す効用があるとされる。

本省の場合，課長を超えると，審議官，局長，事務次官と昇進していくことになる。課長までは同期全員分のポストが存在するが，審議官以上のポストは数が限られているため，審議官以上のポストに就くには，激しい競争を勝ち抜く必要がある。敗者は，天下り（後述）という形で役所組織の外に出て行かねばならない。このような**アップ・オア・アウト**（Up or Out）の戦いに最終的に勝利した者が到達するのが官僚の最高ポストである事務次官である。通常，事務次官に到達できるのは同期入省者から1人だけである。

ノンキャリアの場合は，実務を担う職員になることを期待されているため，特定の分野の実務に精通した，いわゆるスペシャリストとして養成される。そのため，異動範囲は限定的で，特定の局のなかでの異動を繰り返し，実質的な人事権が局に与えられていることも多い。ノンキャリアの人事も係長クラスまでは同一年次同時昇進で行われるが，それ以降は昇進に差が生じる。しかし，キャリアのような激しい出世競争はなく，専門職として定年退職まで勤務する

図表9-6　「二重の駒型」昇進モデル

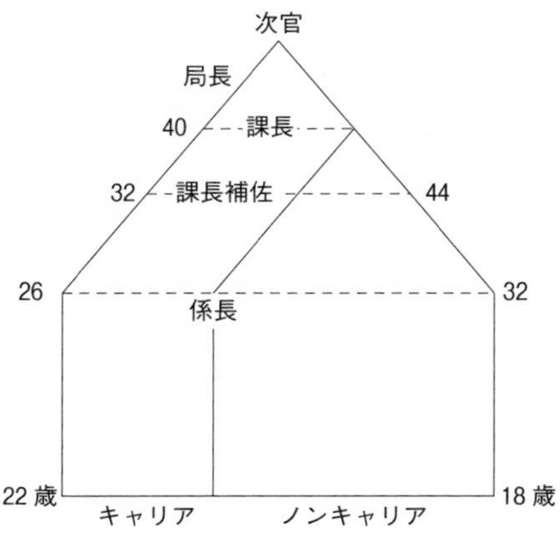

（出典）稲継 1996：35。

ことが可能である。なお，ノンキャリアの最高到達ポストは本省課長が一般的であるが，そこまで達することができる者はきわめて少ない。このように，キャリアの人事管理が昇進をモチベーションとしているのに対し，ノンキャリアの人事管理は雇用保障と専門性をモチベーションとしているといえる。

上記のようなキャリアとノンキャリアの昇進管理を重ね合わせ，国家公務員全体の人事管理システムの構造を示すと図表 9-6 のようになる。これを**二重の駒型モデル**という（稲継 1996）。

(4) 退職と天下り

国家公務員には定年制が設けられている。しかし，キャリアの場合は，アップ・オア・アウトの激しい出世競争の結果，定年を待たずに役所組織の外に出て行かざるを得なくなる者が生じる。このような者は，自主的に早期退職し，外郭団体や民間企業の役員等に再就職するのが一般的である。これを一般に**天下り**という。この早期退職・再就職の慣行は，昇進モデルにも見られるようにキャリア人事と一体化しており，府省による事実上の再就職斡旋ともいえるものであった。

天下りは多くの批判にさらされてきた。とくに問題視されたのは，役員などの高位のポストと高い給与，天下りを繰り返して何度も退職金をもらうこと（わたり），出身省庁と天下り先との癒着などである。また，天下り先を確保するために本来必要のない組織が設立・温存されること，必要性・緊急性に乏しい事業に公費が投入されることも弊害として指摘されてきた。その一方で，高年齢層が退職して若手の起用が可能になる「官庁の活性化」，現役時代の低い賃金水準を退職後の高賃金で補うとする「賃金補償」，官僚出身者が民間に行くことによって官民の情報交換や意思疎通が円滑になるという「官民協調」など，天下りの効用も指摘されてきた（真渕 2020）。

1990 年代に続発した公務員不祥事を契機に公務員批判が強まり，天下り見直しの機運も高まっていった。2000 年から始まった公務員制度改革の流れを受け，2007 年に国家公務員法が改正され，国家公務員の再就職に関する規制等が導入された。① 各府省による再就職あっせんの禁止，② 現職職員の求職活動規制，③ 退職職員による古巣への働きかけの規制，④ 再就職等監視委員会の設置などである。これにより，キャリアの人事慣行である早期退職・再就職が困難となり，中高年層の職員が省内に滞留するようになった。そこで，政府は2010年に退職管理基本方針を閣議決定し，官民の人事交流，大学や民間の研究機関等への派遣，職員の国際機関等への派遣，地方公共団体との人事交流などの拡充を図ることとした。その結果，それまで退職後の再就職先であったポストに現役で出向する例が数多く見られるようになっている。

なお，2018年8月，人事院は国会および内閣に対し，国家公務員の定年を現在の60歳から段階的に65歳にまで引き上げるべきとする意見の申出を行った。これまで，定年を迎えた職員については，本人の希望を踏まえつつ再任用職員として任用していたが，質の高い行政サービスを維持するためには，高齢職員の能力・経験を本格的に活用することが不可欠であるとして，定年の段階的な延長を行おうとするものである。これを踏まえ，2021年に国家公務員法が改正され，国家公務員の定年年齢が2023年度から2年に1歳ずつ段階的に65歳まで引き上げられることになった。また同時に，組織活力を維持するため，管理監督職の職員は60歳に達すると管理監督職から外れる役職定年制も導入された。

第3節　近年の改革動向

1．多様な人材の確保に向けた諸制度の整備

行政課題が多様化・複雑化するなかで，国民に対して質の高い行政サービスを提供していくためには，必要な人材を弾力的かつ機動的に公務部外から採用していく必要がある。そのため，近年，中途採用や任期付採用の制度，民間との人事交流の制度が整備された。

(1)　中途採用

1998年4月，人事院規則1-24（公務の活性化のために民間人材を採用する場合の特例）が施行され，公務部内の育成では得られない高度の専門性や多様な経験を有する民間人材について，弾力的な中途採用のシステムが整備された。これにより，① 公務外における専門的な実務の経験等により高度の専門

的な知識経験を有すると認められる者（例：弁護士，公認会計士など），② 行政の新たな需要に対応するため，公務外における実務の経験等を通じて公務に有用な資質等を有すると認められる者（例：IT 関係，資金運用など），③ 公務と異なる分野における多様な活動，経験等を通じて公務に有用な資質等を有すると認められる者（例：NPO 関係者など），を選考により採用することが可能となった。

(2) 任期付採用

2000 年 11 月，一般職の任期付職員の採用及び給与の特例に関する法律（任期付職員法）が施行され，公務に有用な専門的な知識経験等を有する者を任期を定めて採用し，高度の専門的な知識経験等を有する者についてはその高度の専門性にふさわしい給与を支給することができる制度が整備された。

これにより，① 高度の専門的な知識経験又は優れた識見を有する者を，その者が有する当該高度の専門的な知識経験又は優れた識見を一定の期間活用して遂行することがとくに必要とされる業務に従事させる場合，② 専門的な知識経験を有する職員の育成に相当の期間を要するため，当該業務に従事させることが適任と認められる職員を部内で確保することが一定の期間困難である場合，③ 専門的な知識経験が急速に進歩する技術に係るものであることその他当該専門的な知識経験の性質上，当該業務に当該者が有する専門的な知識経験を有効に活用することができる期間が一定の期間に限られる場合，について，民間の有為な人材を任期付で採用することが可能になった。

(3) 官民人事交流

2000 年 3 月に，国と民間企業との間の人事交流に関する法律（官民人事交流法）が施行され，国と民間企業の双方向の新たな人事交流システムが整備された。この制度は，透明性・公開性を確保した公正な手続きのもと，公務の公正な運営を確保しつつ，国の機関と民間企業との人事交流を通じて，国と民間企業との相互理解を深めるとともに，双方の組織の活性化と人材育成を図ることを目的としている。また，国家公務員が一定期間，民間企業に派遣され，国家公務員の身分を保有したまま民間企業の従業員としてその業務に従事する交流派遣と，民間企業の従業員が，いったん退職した後，任期を定めて国の機関に採用され，その職務に従事する交流採用という２つの仕組みから構成されており，いずれも期間は最長５年までとなっている。

２．能力・実績主義に基づく人事管理の徹底

国家公務員という人的資源を最大限に活用するには，従来のような採用試験の種類や年次等を重視した任用や給与処遇などの画一的な人事管理ではなく，職員個々の能力や実績等を把握して適材適所の人事配置やメリハリのある給与処遇を実現し，公務能率の一層の増進を図ることが重要である。そこで，能力・実績主義の人事管理の徹底を図るため，2007 年に国家公務員法が改正された。

この改正により，国家公務員の人事管理は人事評価に基づいて適切に行われなければならないとする人事管理の原則が規定され，従来の勤務評定制度に替えて新たな人事評価制度が導入された。新たな人事評価は能力評価と業績評価により行われ，その結果は昇給・ボーナス，昇任・昇格，人材育成などに反映されることとされている。

３．幹部職員人事の一元管理

各府省幹部のうち，大臣，副大臣，大臣政務官のいわゆる政務三役は，基本的に政治家のポストである。職業公務員の最高ポストは事務次官であり，以下，局長，審議官，課長と続く。このうち，審議官から事務次官までの各府省幹部を指定職と呼ぶ。基本的に指定職ポストは外部からの登用ではなく，内部昇格によって充てられる。

前述のとおり，日本の国家公務員の人事システムの大きな特徴は閉鎖型任用制と府省別人事管理である。これらの人事システムにより，国家公務員の忠誠心は国ではなく所属する府省に向けられる。そのため，国の利益と所属する府省の利益が相反する場合には，国家公務員でありながら国の利益ではなく所属する府省の利益を優先するという**セクショナリズム**の傾向が見られることがある。そこで，各府省の幹部人事を一元化することで国への忠誠心を維持させようと，第２節で述べたとおり，2014 年に国家公務員法が改正され，内閣官房

に内閣人事局が設置された。

内閣人事局の局長は内閣官房副長官が務め，幹部人事一元化の対象は審議官以上の各府省幹部約 600 人である。幹部公務員としての能力や適格性を有するかどうかを判断する適格性審査を経た者が，幹部候補名簿に登載される。任命権者である各大臣は，当該名簿のなかから適性を見て任命することになるが，実質的には，首相と官房長官を交えた任免協議で決定される。

これにより，幹部公務員人事の官邸主導が強化され，時の政権が唱える政策を進めやすくなるという効果が見込まれる一方で，自身の将来を気にした官僚が過度に官邸の顔色を窺うようになることも懸念されている。

これは，官僚の政治的中立性と政治的応答性のどちらを優先するかの問題でもある。これまで日本の国家公務員制度が政治任用を限定してきたのは，その政治的中立性を確保しようとしてきたためである。その一方で，官僚の政治的中立性が重視されるということは，政治家の影響が及びにくくなるということでもあり，政策における官僚主導の可能性が高まるともいえる。

このため，政治主導のスローガンのもと，選挙で選ばれた政治家が官僚をコントロールすべきとの機運が高まっていった。政治主導が進めば，官僚は政治家の意向に従い政策の実現に奔走することになる。そのような政治的応答性は重要ではあるが，行き過ぎも問題である。近年の森友・加計問題における官僚の一連の対応に見られるように，官僚が政治家の顔色を窺って過度の忖度に走るのではないかという内閣人事局設置時の懸念が現実になっているとの指摘も多くなされている。

（大谷基道）

第４部　行政の活動と政策過程

第10章

政策過程の理論と実際

本章のねらい

本章では，政策がどのようにして作られていくのか，その過程を理論と実際の両面から見ていく。政策について学問的に考察する際に２つの視点がありうる。１つには，政策の中身について考える視点である。もう１つは，政策が形成・決定されていく過程，すなわち政策過程に着目する視点である。本章では後者を取り上げる。政策は実際にどのようにして作られていくのか，それを理論的にとらえるとどのようなことが見えてくるのか，こうした点を掘り下げる。

第1節　政策とは何か

1．政策の定義

行政の本質的な役割は公共サービスを人びとや社会に対して提供することにある。行政の対外的活動は，通常は「政策（policy）」という形をとる。民間企業でも営業政策や人事政策といったものがあることから，「政策」は必ずしも行政に固有の言葉ではないが，行政学で扱う政策とは，より正確には公共政策（public policy）のことである。

政策とは何を意味するのだろうか。国の法律では，「『政策』とは，行政機関が，その任務又は所掌事務の範囲内において，一定の行政目的を実現するために企画及び立案をする行政上の一連の行為についての方針，方策その他これらに類するものをいう」と定義している（行政機関が行う政策の評価に関する法律２条２項）。

より抽象的にいえば，政策とは，何らかの公共的な問題を解決するために行政が用いるさまざまな手段，あるいは解決に向けた方針のことを指す（秋吉・伊藤・北山 2020）。すなわち，政策には3つの要素が含まれる。第1に公共的な問題に関わること，第2にそれらの問題を解決すること，そして第3に解決のための手段に関すること，である。「問題」とは，理想の状況と現実の状況とのあいだにギャップがあることを意味する。そのギャップを埋め合わせ，可能な限り理想の状況へと近づけていくために，行政が現実の状況に働きかけ何らかの変化を起こすこと，あるいはそのための方策，それが政策である。具体的には，法律，政令，省令，条例，通達，行政計画，予算などの形をとる。

2．政策の「of の知識」と「in の知識」

政策に関して学術的に論じる際，大きく分けて2つの視点がありうる。アメリカの政治学者で政策科学を創始した**ラスウェル**（Harold Lasswell）のいう，「in の知識」（knowledge in process）と「of の知識」（knowledge of process）」である（Lasswell 1971; 秋吉・伊藤・北山 2020）。

「in の知識」は政策の内容に着目する視点である。例えば，どうすれば保育所の待機児童問題を解決することができるか，そのためにはどのような制度を作れば良いのか，財源はどうするか，そもそも問題が発生する要因は何か，といったことを考える。

これに対して，「of の知識」は政策の過程に着目する視点である。政策が立案・形成・決定・実施されていく過程に焦点を当て，ある政策決定がなされるまでにどのような手順を踏むのか，そこにはいかなる政治的なやり取りがあるのか，政策過程で力をもっているのは誰か，政策実施に当たっての課題は何か，といった事柄を分析する。待機児童問題でいえば，保育政策はどのような政治的過程を経て決定されるのか，制度改革が進まないのはなぜか，なぜ待機児童問題が政治の場で論じられるようになったのか，といった点を掘り下げる。このようなアプローチは政策過程論と呼ばれるものに該当する。本章では政策過程（of の知識）について見ていくことにする。

第 2 節　政策過程の諸段階

1．政策過程の始点から終点までの流れ

政策過程はいくつかの段階に分けて整理することができる。一般的には，問題の発見と政府が取り組む課題の設定から出発し，政策案の立案，決定を経て，実行に移され，最終的に政策の評価へと至り，評価結果がつぎの課題設定や政策立案に生かされ，場合によっては政策の終了・廃止につながる（図表10-1）。このように，政策過程を各段階から構成されるものとしてとらえる見方を政策段階論という。

第 1 段階は**課題設定**である。世のなかには数多くの問題が存在する。しかし，それらの問題のすべてについて政府が解決に取り組むわけではない。数多くの問題のなかから政府が解決に向けて取り組むべき問題を絞り込み，選別する必要がある。その過程が課題設定である。すなわち，単なる「問題」から，政府が対応すべき「課題」へと転換する過程，何を「課題」として取り上げるのかを決める過程のことである。たとえ問題があり，その存在がある程度知られていたとしても，それが公共的な問題であるとされなければ，やはり政策形成には至らない。私的な問題であれば，個人なり民間企業なりが自ら解決に努めれば良いからだ。さまざまな問題のなかから，政府が対応すべき公共的な問題として認められたものが「課題」である。

第 2 段階は**政策立案**である。実現可能な解決策の案を作り，ある程度の絞り込みをかけながら，何らかの法的な対応が必要であれば，新たな法律の整備や法改正に向けた作業に取りかかることになるし，金銭上の手当が必要であれば予算案を策定することになる。

第 3 段階は**政策決定**である。国の法律や予算は最終的には国会での議決が必

図表 10-1　政策過程の段階

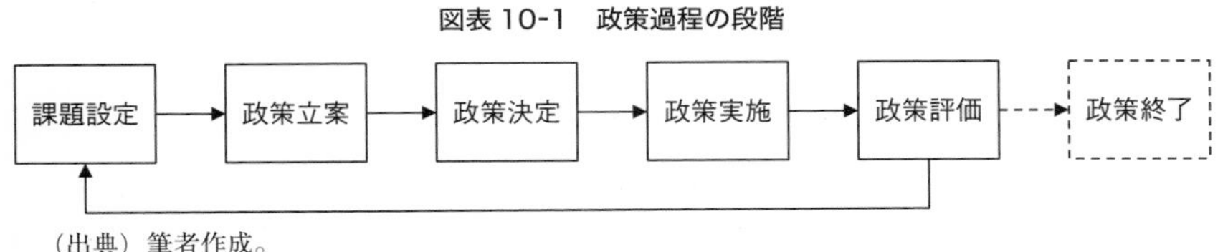

（出典）筆者作成。

須であるため，法案や予算案は国会に提出されて審議にかけられる。国会での審議を経て可決されれば，法案は法律として，予算案は予算として認められる。国会での議決を必要としない政令や省令，通達，行政計画などであれば，内閣や各行政機関において最終的な決定が下される。

第4段階は**政策実施**である。法律であれば，公布の後，決められた期日から実際に施行される。予算の場合，本予算（当初予算）に計上された分は，通常は3月までに国会で予算として可決されるので，4月の年度初めから執行することが可能となる（第12章を参照）。国が立案・決定した政策であっても，その実施業務は地方自治体が担うことも多い。とくに福祉や教育など，私たちに身近な政策の実施における主役は地方自治体である（第5部を参照）。

最後の段階は**政策評価**である。政策評価の主な目的は，実施された政策がどの程度有効であったのか，また予算は適正かつ効率的に使われたのか，といった点を調査・分析し，つぎの政策形成に役立てることにある。成果があがっていないとか，当初の目的がすでに達成され必要性がなくなったと判断されたときには，政策を終了・廃止する場合もある。かつては，政策の立案・決定に至るまでの段階に注意が注がれ，政策の効果にはあまり目が向けられていなかった。しかし，今日のように政府の財政が逼迫している状況下では，政策の有効性や効率性が厳しく問われる。

2．課題設定の理論

世の中はさまざまな問題に満ち溢れているが，すべての問題に対して政府が政策を作り，その問題解決に当たるわけではない。数多く存在する問題のなかで，政府が対応に向けて真剣に取り組む姿勢を示したものを行政学では課題（agenda）と呼ぶ。したがって，単なる「問題」と「課題」とは区別して用いられる。より厳密には，課題とは，「政府の公職者や政府の外側でこれらの公職者と密接に連携する人々が，特定のときに，かなり真剣な注意を払う主題や問題のリスト」として定義される（キングダン 2017：16）。

問題にも課題として認識され，政策策定につながっていくものと，そうでないものとがある。どのような場合に問題は課題となるのだろうか。課題になるものとならないものとでは，どのような違いがあるのだろうか。ある問題が課題になっていく，あるいは意図的・積極的に課題にしていく過程が課題設定（agenda setting）である。

キングダン（John W. Kingdon）は「**政策の窓**（policy window）」モデルと呼ばれる分析枠組みを提示して，課題設定の過程を説明している（キングダン 2017）。政策の窓モデルによると，「問題」「政策」「政治」という3つの「流れ（stream）」がすでにあり，それらの流れが「政策の窓」が開いた決定的な時機に合流すると課題が設定される。「問題の流れ」では，待機児童数や貧困率といった社会的・経済的指標，大きな事件・事故や災害の発生，既存政策に対する評価結果などを通じて，問題に対する人びとの認識が形成される。「政策の流れ」では，官庁やシンクタンクなどで，問題解決のための代替案，政策のアイディアが練られている。「政治の流れ」は，世論の動向や議会の勢力分布といった，政治的要素のことを指す。

問題が課題になるには，その問題に対して，政策決定に関与する政治家や官僚らの注目が集まらなければならない。3つの流れは独立して存在しており，通常は混じわらず，課題設定には至らない。しかし，例えば，事件や事故の発生がきっかけになって問題の存在が世間の耳目を引き，それが政策担当者にも真剣に考慮される，あるいは政権交代が起こり，それまでの政権が軽視してきた問題を取り上げるといったことが起こる。このような決定的な時機をキングダンは「政策の窓の開放」と呼ぶ。窓が開かれているわずかな時間に，3つの流れが合流するチャンスが訪れる。そのとき，特定の政策を推進しようとする政策企業家（policy entrepreneur）が政策担当者らに積極的に働きかけ，流れを合流させる場合もある。このようにして，3つの流れが合流すると，問題は課題になるのである。

3．政策決定の「合理性」

政策とは，公共的な問題を解決するための手段のことを指す。そうだとすれば，最も効果的で効率性も高い解決手段を的確に選択することが，政策決定の要諦となる。言い方を換えれば，決定における合理性をいかに確立するか，そのことが重要な課題になる。第二次世界大戦後にアメリカで創始された政策科学は「自動化の選好」を掲げ，意思決定システムの自動化を通じた合理的な政策決定のあり方を追求してきた（秋吉・伊藤・北山 2020）。政策評価も定量的・客観的なデータや指標を元にして政策の有効性や効率性を測ることで，政策立案の合理化に資するものである（第12章を参照）。最近では，**EBPM**：Evidence-based Policy Making（証拠に基づく政策立案）という考え方も急速に広まってきた。政策評価の発想と通じるものがあり，できる限り科学的な証拠や定量的なデータに基づいて政策の効果を測定・予測し，有効性の高い政策を選択することが目指される。近年になって台頭してきた実験アプローチをはじめとする行動行政学の試みも EBPM の考え方を後押しするものである（第2章を参照）。EBPM は実務の世界にも浸透し始めており，2018 年度からは EBPM を推進するため各省庁に政策立案総括審議官のポストが設けられた。これらは，合理的な政策決定を志向するという点で，政策科学の理念と共通性をもつ。

行政学は政策決定の合理化に向けた努力を行うだけでなく，他方で，現実の政策決定は必ずしも，（客観的に見て最善の決定をするという意味での）合理性に基づいて行われるわけではないことも明らかにしてきた。ノーベル経済学賞を受賞した**サイモン**（Herbert A. Simon）は，組織での意思決定は合理的であるかどうかよりも，満足のいくものであるかどうかが重視されると主張する（サイモン 2009）。目的達成のためにあらゆる代替案を挙げてそれぞれの結果を予測した上で最善の選択肢を選ぶ，という意味での客観的に合理性をもつ決定を行うことは実際には困難である。完全合理性に基づいて意思決定が行われるとする見方は非現実的であり，実際には**限定的合理性**（bounded rationality）に基づいて決定されている。限られた選択肢から「まあまあ良い」と判断して決定する，そうした満足化の原理が働いているというのである（第7章を参照）。

政治学者の**リンドブロム**（Charles E. Lindblom）もまた，**増分主義**（incrementalism）の見方を示し，意思決定における完全合理性を否定している。現実には，既存の政策や予算を前提にして，それをもとに多少の修正を施していく増分主義の政策決定が行われる。一から政策を見直したり，既存の予算割合などを大きく変えるとなると，多大な労力を要するため，政策の決定や変更は徐々に試行錯誤を繰り返しながら，まさに「どうにかこうにかやり遂げる（muddling through）」しかないのである（Lindblom 1959; 宮川 2002）。

政策過程論の古典的研究で，1962年のキューバ・ミサイル危機における政府の意思決定過程を分析した**アリソン**（Graham T. Allison）の『決定の本質（*Essence of Decision*）』（アリソン 1977；アリソン／ゼリコウ 2016）も，同様の指摘をしている。アリソンは，① 合理的アクターモデル（Rational Actor Model）（第1モデル），② 組織行動モデル（Organizational Behavior Model）（初版では組織過程モデル（Organizational Process Model））（第2モデル），③ 政府内政治（Governmental Politics Model）モデル（第3モデル）の3つのモデルを提示し，第2・第3モデルの有用性を示した。

第1の合理的アクターモデルは，従来の外交政策決定論で用いられてきた概念レンズである。国家を単一のアクター（行為者）とみなしたうえで，合理的な意思決定が行われるものと考える。第2の組織行動モデルは，国家を複数の下位組織の連合体としてとらえる。各組織はそれぞれに割り当てられた任務を，標準作業手続きにしたがって遂行する。組織行動モデルは，意思決定を合理的選択の過程ではなく，組織の既存のルールを適用した結果であると見る。第3の政府内政治モデルは，組織を役職者たちの集合体としてとらえる。大統領や閣僚，官僚らは各々が地位に伴う自己利益を追求し，自らに有利な案を進めようとする。そのため，組織の意思は多様な利害をもつ役職者たちのあいだで展開される政治的な駆け引きの結果決まるのである。アリソンは，第2・第3モデルに基づく分析を通じて，政府の意思決定が必ずしも合理的に行われているわけではないことを明らかにした。

おそらく，多くの人びとは，政策は合理的に決定されるべきであると考えるだろう。しかし，あるべき政策決定の姿と現実のそれとでは大きな乖離があることを，これらの研究は示している。ただし，注意しなければならないのは，それらは，アクター（政策過程に参加する人や組織）が何も考えずに非合理な決定を行っていることを示すものではない，という点である。確かに，最適化がなされているわけでは必ずしもないかもしれない。けれども，そもそも公共的な問題は複雑であり，政策の形成・決定には数多くの，多様な利害関係をもったアクターが関与し，アクター間の衝突や対立も頻発する。政策の立案や実施を担う行政組織の資源制約もある。そうしたさまざまな制約のもと，「どうにかこうにかやり遂げる」ための努力を政策決定者はしているのである。

第3節　中央政府での政策過程

1．法案の種類

政策は実際にはどのように策定され，そして決定に至るのだろうか。ここでは，政策過程の典型例として法律の立案・決定の過程を概観する（予算の策定過程は第12章を参照）。

立法活動およびそれに基づいて成立した法律には，内閣が中心に行う内閣立法と国会議員が主体的に行う議員立法とがある。国会で可決・成立する前の法案の段階では，前者は**内閣提出法案**，後者は**議員提出法案**と呼ばれる。内閣提出法案は内閣が国会に対して提出する法案のことを指す。議員提出法案とは国会議員が発議する，あるいは国会の委員会・調査会・憲法審査会が提出する（提出者は委員長・調査会長・憲法審査会長となる）法案のことである。法案が国会に提出されると，内閣提出法案は閣法，衆議院の議員などが提出した法案は衆法，参議院のそれは参法とそれぞれ呼ばれる（茅野 2017）。

議員提出法案の提出には，衆議院では20名以上（予算を伴う場合は50名以上），参議院では10名以上（同じく20名以上）の賛成を得ることが要件となっており（国会法56条1項），提出のハードルは高い。その上，とくに野党議員の提出法案は可決される見込みが低いこともあり，議員立法は低調であった。しかし，近年では政治主導への期待の高まりなどもあり，時期によっては閣法よりも議員立法の方が提出数が多いこともある。特定非営利活動促進法（NPO法）や児童虐待防止法などのように，社会的にも注目された議員立法も少なからず存在する（中島 2020）。とはいえ，成立件数という数字でみると，やはり閣法の方が圧倒的に多い。図表10-2は近年の各通常国会（常会）に提出された法案件数と成立件数を閣法と議員立法とに分けてグラフ化したものである。この間の法案成立率は閣法が平均で9割を超えているのに対して，議員立法は2割に満たない。前者の成立件数の方がはるかに高いことが一目瞭然である。したがって，本章では内閣提出法案の立案・決定の過程を詳しく見ることにしよう。

図表 10-2　閣法と議員立法の提出・成立件数

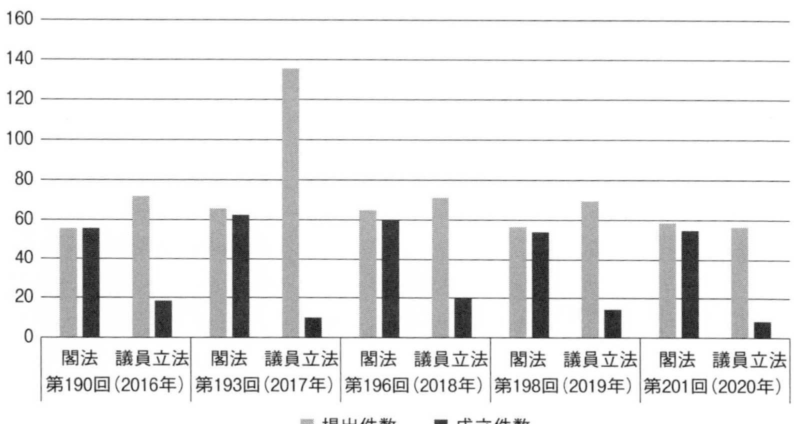

（注）継続審査に付されていた法案は除く。
（出典）内閣法制局ウェブサイト「過去の法律案の提出・成立件数一覧」〈https://www.clb.go.jp/recent-laws/number/〉をもとにして作成。

2．ボトムアップ型の政策過程

内閣提出法案の政策過程の特徴はボトムアップ型であるという点である。その意味するところは 3 つの要素に分解できる。第 1 に，意思決定がトップダウンではなくボトムアップで行われる。政策の立案や意思決定が組織の下位者から始まり段階を踏んで上位者から承認を受けていく。これは，当初段階での起案・立案が政府組織のピラミッドのなかで下位に属する担当官庁所管課の主導のもとで行われることを意味する。第 2 に，政策の決定に至るまでに幅広い合意を調達しておくことが重視される。担当官庁内部だけでなく，他の官庁，与党なども含めて，広い範囲で合意形成を図ることが目指される。逆にいえば，合意が得られなければ決定には至らず，法案の提出が断念される。第 3 に，その合意形成が法案の国会提出以前にほぼ終了していることである。なぜ事前の合意形成が重視されるかといえば，国会提出後の法案審議をスムーズに行うためである。

こうした特徴をもつ政策過程は，① 所管官庁での立案・合意形成，② 政府部内での合意形成，③ 与党での合意形成，④ 閣議決定，⑤ 国会審議，の 5 つ

図表 10-3　法案策定の流れ（国会提出まで）

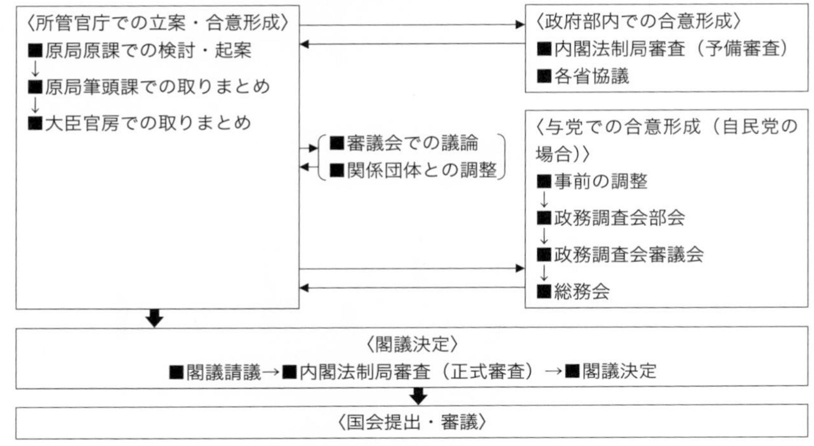

（出典）中島 2020：86 図5および同書の記述内容を参考にして作成。

の段階に区分される（図表 10–3）。政策の策定過程は所管官庁の原課での議論と原案作成を起点として，審議会での議論，組織階統制のなかのより上位者の審査や決済を受け，法案の場合はその後内閣法制局審査，各省協議，与党審査などを経て閣議決定，国会への提出，国会での審議・議決へと至る。

3．所管官庁での立案と合意形成

第1段階は所管官庁での立案と合意形成の過程である。省庁が法案策定に向けた準備に取りかかる契機としては，内発型のものと外発型のものとがある（中島 2020）。内発型は，既存の法制度上の課題や制度の不備といった問題を官庁自らが認識して，法案策定にとりかかるものである。外発型は，社会の耳目を引く事件や事故，災害の発生，あるいは首相指示といった，所管官庁の外部での動きをきっかけとして，法案策定に向けた作業に入る場合を指す。

中央府省の組織の基本的単位は課である。法案の立案作業は当該法律を所管する課（原課や所管課と呼ばれる）を中心に始められる。その際，原課内だけでなく局全体や省内全体でも検討を行う。省内に私的諮問機関や研究会を設置して幅広い見地から議論を行い，事前に政策の中身を詰めておくこともある。

法案策定の際には，政府の審議会で審議を行い所管官庁はその意見を聴くことも多い。審議会では有識者や関係団体の代表者などがメンバーとなっており，政策に関して審議し，所管官庁に対して意見を述べる。所管官庁の長が諮問という形で審議会に案件を諮り，それを受けて審議会は審議を行い，最後に審議結果をまとめ答申を出す。審議会の存在意義は政策策定に当たっての客観性の確保や専門的知見の反映，関係者間の利害調整にあるが，審議会での結論が所管官庁が事前に準備した方向で取りまとめられることも多く，審議会は役所の隠れ蓑に過ぎないとの批判も根強い（森田 2006）。この間，当該政策に関係する業界団体などとの意見交換・調整も進められる。

審議会での審議・答申などを経て，原課は法文化に向けた作業に取り組み，法案の原案を策定する。起案された法案は局の筆頭課に回される。筆頭課は一般的には「総務課」といった名称が付いており，局内の取りまとめを行う部署である。筆頭課を通じて局内での調整を行った後，大臣官房の文書課（省によって名称は異なる）にあげられ審査が行われる。そして，大臣官房を通じて省内全体での調整がなされ，合意形成が図られる。

行政組織内部での意思決定の仕組みとして**稟議制**と呼ばれるものがある（辻 1969）。組織の末端に位置する担当職員が稟議書を起案し，それを関係職員や上司に順次回覧して承認と押印を得て，最終的には決済権者の承認をもって当該組織としての意思決定とする仕組みである。稟議制が日本の官僚機構でのボトムアップ型意思決定の特徴を端的に示すものであるといわれてきた。ただし，現実には意思決定の方式は多様であり，常にこのような順次回覧型と呼ばれる稟議制に基づいているわけではない（井上 1981）。法令改正や予算要求などの重要な案件では，個別了解，局議（局の全体会議），課長会議などで実質的な意思決定が行われ，その後に稟議書が作成される。その場合，稟議書は最終確認のための形式的なものとして扱われ，順次回覧ではなく担当職員が関係者に直接持参して押印を得る持ち回り型となる（中島 2020）。

4．政府部内での合意形成

第 2 段階は政府部内で合意を形成していく過程である（中島 2020）。法案の策定作業は所管官庁を中心に行われるが，国会提出に至るまでには，内閣法制局の審査や他の省庁との調整・合意（**各省協議**や省庁間協議などと呼ばれる）

を経る必要がある。

この段階で第1に重要な手続きは，**内閣法制局**による法案の審査である。審査の対象となるのは閣議に付議される法令案（法案・政令案・国会承認を要する条約）である。審査には，各省協議の事前段階で行う予備審査（下審査）と閣議請議後に行う正式審査（本審査）とがある。実質的な審査は前者でなされ，後者では，多くの場合，用字・用語の修正などにとどまる。

審査は法律上・立法技術上の観点から行われ，当該原案が法律上妥当であるかどうかが詳細に吟味される。具体的には，① 憲法や他の法律との整合性，② 立法の法的適格性と法的正当性，③ 立法意図の表現の適切性，④ 条文配列の構成の適切性，⑤ 用字・用語の正確性といった点を審査する。とくに，憲法を頂点とする法体系全体との整合性を図ることが重視され，非常に緻密な審査が行われる（阪田編 2013）。内閣法制局の審査はあくまでも法律的な観点から行うものであり，法案の内容そのものの妥当性を問うものではないが，形式面の審査が実質面に影響を与え，法案の大幅な修正につながる場合もある。

内閣法制局審査とともにもう1つ重要な手続きは，各省協議である。これは，所管官庁が他のすべての省庁に対して意見照会をかけ，閣議前に全省庁の合意を取り付けておく手続きである。法案は閣議決定を経て，内閣の責任のもとに国会に提出される。閣議は全会一致が原則であり，1人でも反対する閣僚がいればその案件は決議されない。このような事態を回避するために，事前に他のすべての省庁からも合意を取り付けておくのである。

5．与党での合意形成

法案は国会に提出されそこで審議に付されるが，国会での議決は最終的には多数決に委ねられるため，とくに議会の多数派である与党の賛成を得られるかどうかが決定的に重要になる。そのため，所管官庁は法案を国会に提出するよりも前の段階で与党との調整を行い，賛成を取り付けておく。それが**事前審査制**と呼ばれる手続きである。ここでは自民党政権での事前審査制について述べるが，この手続きは1960年代にはすでに定着していたといわれる（奥・河野編 2015）。

自民党内の組織的意思決定は，① 政務調査会部会→② 政務調査会審議会→

③ 総務会の順番で進んでいく（中島 2020)。事前審査の中心となるのが**政務調査会**（政調）部会である。国会の委員会や省庁の編成におおよそ対応する形で，外交，文部科学，厚生労働，農林，国土交通といった，各種の部会が設置されている。さらに個別分野に応じて，調査会や特別部会も設けられている。

部会には当該案件を担当する省庁の局長と課長が出席して説明を行う。質疑応答がなされた後，全会一致で了承するという流れが通常である。政調部会での決定は全会一致を原則としており，1 人でも反対する議員がいればその案件は通らない。全会一致で了承を得ることで，自民党は所属議員に対して党議拘束をかけ，国会での審議を円滑に進めることができる。

省庁の側は当該案件が部会で了承されないことには先に進めないため，部会での議論が円滑に行くよう，当該政策分野に精通し業界団体とも密接な関係をもつ**族議員**などに対して事前に周到な根回しをしておく。彼らは意思決定に対して実質的な拒否権をもつため，予め賛同を得ておくのである。その過程で原案を修正することもある。

部会で承認された案件は，政調審議会に議論の場が移り，他の部会と意見の齟齬が発生した場合などはその調整が図られる。そして最終的には総務会で，自民党として最終的な意思決定がなされる。総務会による承認は機関決定として扱われ，当該案件について党議拘束がかけられるため，自民党議員は，自分たちが与党であるときに，国会で政府の法案に反対するようなことは基本的にはしない（堀内 2006)。このように議会の多数派を握る与党から了承をとっておけば，法案の可決・成立を事前に見込める。事前審査制は閣法の成立を容易にするための工夫である。なお，連立政権の場合には，連立を組む各政党からも合意を得ておく必要がある。連立政党間の協議が行われ，そこでの決定が連立与党としての最終的な意思決定となる（中北 2017，2019)。

6．閣議決定

与党審査の関門をクリアして政府および与党内での全体的な合意形成が図られると，当該法案を所管する主任の大臣が閣議を求める閣議請議と呼ばれる手続きを，内閣官房に置かれた内閣総務官室を通じて行う。内閣総務官室から送付された法案は内閣法制局による審査（正式審査）を経て，閣議に諮られ，決定される（茅野 2017）。閣議には定例・臨時・持ち回りの3つのタイプがある（第4章を参照）。このうち定例閣議は原則として毎週火曜日と金曜日の午前中に首相官邸内の閣議室で開催されている。閣議決定は全会一致を原則としており，1人でも反対する閣僚がいれば決定されないことになる。そのため，閣議の場で意見の不一致が生じないように事前の調整が行われてきた。その重要な場が，かつての**事務次官等会議**であった（第4章を参照）。

事務次官等会議とは，全府省の事務次官らが出席して行われていた会議である。定例閣議の前日（月曜日と木曜日）に開催され，全官僚の頂点に立つ内閣官房副長官（事務担当）が会議を取りしきっていた。閣議に諮られる案件は事前に事務次官等会議で調整され，同会議で承認された案件が翌日の閣議に諮られていたのである。すでに省庁間で調整済みであり異論のない案件が閣議に諮られることになるので，閣議の場で反対の声が出される機会はほぼ皆無である。閣議で閣僚のする仕事といえば，法案や政令に花押という特殊な署名をする程度であり，まるで「お習字教室」のようであるとの声もあった（飯尾 2007：29-30）。しかも，事務次官等会議での決定もまた全会一致を原則としており，事前に省庁間の調整を経て合意に至った案件が挙げられる。事務次官等会議自体が半ば儀礼化していた（真渕 2020）。

官僚主導から政治主導への転換を掲げた民主党は，事務次官等会議を官僚主導の象徴であるとして，政権発足直後の2009年9月に廃止した。しかし，その後11年に東日本大震災への対応のため被災者生活支援各府省連絡会議として事実上復活させた。12年の自民党政権復帰後は次官連絡会議が設置され，毎週金曜日の閣議後に開催されている。現在では，閣議の事前調整の場ではなく，情報共有と各府省庁の連携を目的としたものとなっている。

7．国会審議

法案は閣議決定がなされると，内閣総理大臣名で衆参どちらかの先議院の議長に送られる。予算案は衆議院に先に提出することが憲法60条によって定められているが，法案に関しては衆参のどちらを先議院とするかについて，特段の法的規定はない。しかし実際には，予算執行に必要な予算関連法案は衆議院を先議院とする慣例があり，その他の法案も大多数が衆議院に先に提出される。

国会提出後の法案審議のおおよその流れは図表 10-4 のとおりである（茅野 2017；中島 2020）。日本の国会では本会議ではなく，分野ごとに設置された委員会での審議が中心となる。これを，イギリスなどに見られる本会議中心主義と対比する形で**委員会中心主義**という。そのため，国会に提出された法案は，まず議院運営委員会によってどの委員会に付託するかが決められる。実際には，各党の国会対策委員会などの非公式な場で決まることも多い。ただし，重要法案など，議院運営委員会がとくに認めた場合には，委員会に付託する前にまず本会議で趣旨説明・質疑が行われることもある。近年では，各党の国会戦術の一環として，提出された法案に対して，まずは本会議での趣旨説明を要求することが常態化しており，委員会の付託まで時間がかかるようになってきている（茅野 2017）。

図表 10-4　国会審議の流れ

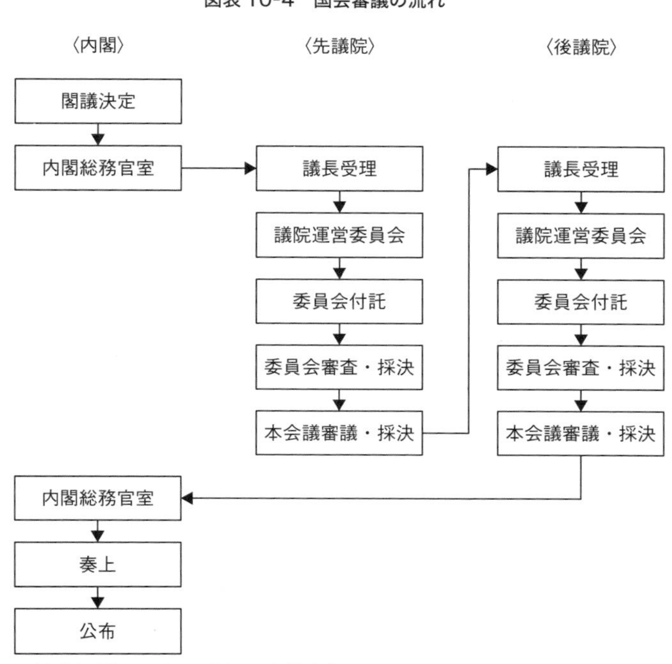

（出典）縣 1995：144 図 4-4 を簡略化。

委員会は常設の常任委員会と必要なときにその都度設置される特別委員会とがある。前者は予算委員会や国家基本政策委員会など国政全般に関わるもののほか，個別の政策分野・府省に対応する形で文部科学，厚生労働，国土交通などの各委員会が設置されている。

委員会での審査は，① 提案理由説明→② 質疑→③ 討論→④ 採決の順番に進められる。はじめに所管大臣による提案理由の説明が行われる。つぎに，大臣や副大臣，大臣政務官などに対して委員（議員）が質疑を行う。これは一問一答形式で行われる。質疑が一通り終わった後，重要法案の場合などでは，利害関係者や学識経験者らから意見を聴く公聴会や参考人質疑，委員派遣（地方公聴会など）が行わることもある。その後，各会派の代表が議案に対する賛否を表明する討論が行われ，最後に採決に入る。出席議員の過半数をもってして議決とみなす。

委員会で採決された法案は本会議に送られる。本会議では委員長が法案の審議や採決について報告をした後，通常はそのまま採決に入る。重要法案の場合には委員長報告の後，質疑・討論が行われることもある。

先議院で可決された法案は後議院に送られ，先議院と同様の手続きを経て審議・採決される。なお，衆議院と参議院とで議決が異なる場合は，憲法の規定によって，法律案に関しては衆議院の優越が認められている。すなわち，「衆議院で可決し，参議院でこれと異なつた議決をした法律案は，衆議院で出席議員の3分の2以上の多数で再び可決したときは，法律となる」（憲法59条4項)。ただし，憲法に規定された両院協議会を開いて，そこで成案を得たうえで，両院で採決する途もある。

法案は衆参の両院で可決・成立すると，後議院の議長から内閣を経由して奏上される。奏上された日から30日以内に法律は公布され，官報への掲載によって国民に周知される。当該法律が実際に効力を発するようになることを施行と呼ぶが，施行日は法律の附則などで定められる。

ところで，国会会期中，中央官庁が集まる霞が関は不夜城と化す。職員が国会答弁の作成に追われるためである。国会の審議過程では与野党議員から当該案件に対して数多くの質問が出され，政府側はそれに答える必要がある。

議員が行う質問（正確には質疑という）は事前に担当官庁に通告がなされ

る。質問通告を受けると，国会対応を担う各省庁の大臣官房担当課が議員のもとに関係課の職員を赴かせ質問内容を聞き取らせる。聞き取りした質問を大臣官房担当課が取りまとめ，各質問に対して答弁を作成する担当部局を決定する。各省では答弁作成業務を行う要員を（通常退庁時刻を過ぎても）省内に待機させているが，作成部局が決まれば，それ以外の部局の待機指示を解除する。作成部局ではそこから答弁の作成作業に取りかかり，上司の決済や関係機関の了承を得たうえで，最終的な答弁案と資料をセットして，大臣などの答弁予定者に質問内容と答弁案を説明し，国会での質疑に備える。質問通告が遅いと，答弁を徹夜で作成しなければならないことも多い（内閣官房内閣人事局 2016；中島 2020）。

第 4 節　政策過程の変化と政官関係

従来の閣法の政策過程はボトムアップ型としてとらえられる。しかし近年では，トップダウン型の政策過程も見られるようになってきている（第 3 章を参照）。2000 年代の小泉政権や 2010 年代の第 2 次安倍政権での政策過程にはそうした傾向がとくに顕著だった。小泉政権下では郵政民営化や道路公団民営化，地方税財政制度に関わる三位一体の改革など，旧来の政策の基本枠組みを根本的に変える大きな改革が実現したが，その意思決定過程は小泉首相の方針に基づくトップダウン型のものだった（内山 2007；大嶽 2006；竹中 2006）。小泉首相は内閣府に設置された経済財政諮問会議を活用し，政府の上位レベルで基本的方向性を決め，その方向性に従う形で具体的な政策案を所管官庁や審議会が練るという順番で政策形成を進めた。郵政民営化の際には自民党内からも強い反発が見られたため与党内で合意形成が図られず，最終的には自民党の与党審査を無視して法案を国会に提出した。それまでの法案立案過程での与党審査の重要性を考えれば，前代未聞の事態であった。

第 2 次安倍政権でも，「アベノミクス」の推進，集団的自衛権の行使容認に転じた憲法解釈の変更，安全保障関連法の制定，幼児教育・保育の無償化など，安倍首相や官邸のイニシアティブのもとで大胆な政策の採用や変更が行われ，こうした政策決定の様相は「官邸主導」と呼ばれた（中北 2017；野中・

青木 2016；牧原 2016)。とくに内閣官房を活用して，そのもとに日本経済再生や働き方改革といった看板政策を所管する部署を多数配置したり，また安倍首相や菅官房長官と「官邸官僚」とも称された側近の官僚らが中心となって，トップダウンで政策を指示・決定したことが特徴であった。

従来のボトムアップ型・権力分散型の政策過程から，首相を中心とするトップダウン型・権力一元的なそれへの変化は，イギリス型になってきたという意味で，日本の議院内閣制の「ウェストミンスター化」とも呼ばれる（第3章を参照)。あるいは，権限や自律性が増した首相を大統領的首相としてとらえ，「**政治の大統領制化**（Presidentialization of Politics)」が起きているとの議論もある（ポグントケ＆ウェブ 2014；岩崎 2019)。

このような政策過程の変化は**政官関係**（政治と官僚の関係）の変化を反映している。かつての政策過程では官僚が主導権を握っており，それは今でもある程度当てはまるが，1990年代以降，官僚主導型の政策過程が批判されるようになり，選挙で選ばれた，国民の代表である政治家が政策決定を主導すべきであるとの論調が広まった。とくに，「官僚主導から政治主導への転換」を掲げた民主党が2009年に政権をとると，その流れは一挙に加速した。事務次官等会議の廃止はその象徴的な出来事である。12年に自民党が政権に復帰した後も，政治主導の考え方は保たれている。「政治主導」という言葉は多義的であるが，第2次安倍政権では「官邸主導」という側面が強かった。とくに，14年に内閣人事局が設置され，中央省庁の幹部職員の人事を官邸がコントロールできる仕組みが整えられると，官邸主導が一層進んだといわれる。

民主主義の理念からすると，公選職である政治家が官僚や行政組織を統制することは理に叶っている。プリンシパル－エージェント理論が教えるように，行政のプリンシパルは国民とその委任を受けた政治家である。プリンシパルである政治家がエージェントである官僚を統制するのは当然といえる。しかし他方で，官僚や行政組織は政策に関する専門知識や実務上のノウハウをもつ。そのうえ，選挙の勝敗にとらわれ，地元選挙区の有権者や業界団体など自分たちの支持者の意見に左右されがちな政治家よりも，官僚は選挙の洗礼を受けない分，また組織として継続性をもっている分，より長期的・俯瞰的な視点で政策を考えることができるかもしれない。

あるべき政官関係の唯一の正解というのはないだろう。仕組みとしても，アメリカのように政権交代の度に多数の政府職員を交代させ，プリンシパルとエージェントの関係を密にすることで，政権の意に沿う政策を円滑に実施させようとする国もあれば，日本のように，内閣が変わっても，それに伴って行政職員が入れ替わるということがほとんどない国もある。前者は国の統治を政治家に委ねることを当然視しているのに対して，後者は官僚を信頼し，その有能さに期待している制度だといえる。

官僚主導から政治主導への転換は，官僚に対する国民の信頼が低下し，その期待が薄れてきたことを示している。逆にいえば，政治家への期待が高まっているということだが，政治家はそれに十分に応えられているのだろうか。政治家が強くなった，あるいは強くなり過ぎたことで，官僚が忖度するようになったり，政治主導で取り組まれた政策も結局うまくいなかったりといった，課題も見えてきた。望ましい政官関係を構築し維持するためには何が必要か，改めて問い直す必要があるだろう。

（西岡晋）

第11章

政策の実施と評価

本章のねらい

本章は政策の実施と評価について論じる。政策は決定された後，実施に移される。政策は実施されなければ「絵に描いたモチ」に過ぎない。言われてみれば当然のことであるが，その当然のことがあまり理解されていない。そこで，なぜ政策の実施に目を向けることが重要なのかを述べた上で，行政学は政策実施についてどのようなことを明らかにしてきたかを概観する。つぎに，政策評価に目を向ける。政策実施が重要であるなら，単に実施するだけでなく，果たして効果はあったのか，無駄はなかったのか，それらを評価することも同じく重要だからである。政策の経済性，効率性，有効性などを検証して，より良い政策を作り上げていくことが政策評価の目的である。本章では政策評価の基本的な考え方や政府による実際の取組みを見ていく。

第1節　なぜ政策実施が重要なのか

1．政策過程の「ミッシング・リンク」

「有言実行」，その重要性は政策過程にも当てはまる。政策とは公共的な問題の解決手段であり，それゆえ問題解決に向けた取組みが実際に行われてはじめて意味をもつ。政策過程においていかに複雑なメカニズムを経て政策決定がなされようとも，それが実施されなければ元も子もないだろう。逆にいえば，「実施されない政策はいわば『絵にかいたモチ』にすぎない」のである（森脇 2010：123）。

ただし，ここで以下のような疑問を抱く読者もいるのではないだろうか。政策過程において最も重要なのは政策決定であり，決定されたことがそのとおり実施されているのであれば，特段それに焦点を当てる必要はないのではないか。実際，かつての政治学・行政学では政策決定の段階に注目が集まる一方で，実施過程については十分には論じられていなかった。

しかしながら，1970年代のアメリカ行政学において，実施過程にも光が当たりはじめる。政策過程のなかの「ミッシング・リンク（見失われた環）」(Hargrove 1975）として，政策実施段階の重要性が論じられるようになり，その後，日本でも政策実施研究が隆盛した（伊藤2020；大橋編2010；高橋2014；畠山1989；真山1991，2016；森田1988)。

2．なぜ政策は失敗するのか

政策実施研究が明らかにしたのは，政策は決定したとおりにそのまま実施されるわけでは必ずしもないということである。いわば，「政策の失敗」に目を向けたのである。その代表的な研究として知られるのが，1973年に刊行された**プレスマン**（Jeffrey L. Pressman）と**ウィルダフスキー**（Aaron Wildavsky）による，その名も『実施（*Implementation*)』というタイトルの著作である(1984[1973])。この本の目的は，サブタイトルである，「ワシントンにおける大いなる期待がオークランド市でいかに打ち砕かれるのか，あるいは連邦プログラムがうまくいくことがなぜ驚きなのか」に集約されている。連邦政府で立案・決定され，大きな期待を集めた政策が結果として失敗に終わったのはなぜか，その要因を解明することにあった。

1960年代当時，アメリカ・カリフォルニア州オークランド市では景気が低迷しており，失業率も全米平均の2倍以上に達していた。66年，アメリカ商務省経済開発局は，失業対策の一環として，同市の公共事業に対して総額2,000万ドル超にも及ぶ補助金や事業融資など大規模な支援を行うことを決定した。この事業によって数千人分の雇用創出が見込まれ，前評判も高かった。ところが，当初の期待とは裏腹に，実際の事業融資の総額は100万ドル程度に過ぎず，雇用創出効果もあまりなかった。政策は失敗に終わったのである。

プレスマンとウィルダフスキーは政策が失敗した要因について，立案・決定段階と実施段階とのあいだに多くのギャップやネックとなる障害物が存在していることにあると指摘した。政策の立案者と実施を担当する者とのあいだの認識の違い，政策に反対する者たちの存在，他の施策との不整合，複雑な手続きといった事柄である。政策は多数の人や組織を介して実施される以上，決定と実施のあいだには何らかのギャップが生じるのは常だとはいえ，そのことが十分に認識されてこなかった。プレスマンとウィルダフスキーの実施研究は，それを再認識させたのである。

実施研究は政策の立案・決定の過程を知っただけでは，政策の真の理解には到達できないことを教えてくれる。政策が現実レベルでさまざまな問題に直面しながら，いかに実施されているかを理解しなければ，これらの政策を本当に理解したことにはならないだろう。例えば，ごみ収集は行政の基本的な活動の1つだが，実際にそれがどのように行われているのかを知っている人は少ないだろう。行政学者の藤井誠一郎は自治体が実施するごみ収集活動のフィールドワークを行い，清掃事業が抱えるさまざまな課題，現場の苦労や工夫を明らかにしている（藤井 2018）。政策立案にはこうした現場感覚が必要である。現場感覚なき政策は机上の空論になりがちである。政策の全体像をよく知り，政策を円滑に実施するためにも，実施過程に対する洞察は不可欠といえる。

第2節　政策実施過程の構造

日々，多種多様な政策が，市町村から国あるいは国家間・国際機関に至るまで，さまざまなレベルで立案・決定されているが，立案・決定の主体と実施の主体とが同一であるとは限らない。日本では，一般的にいって，政策の多くが国のレベルで立案・決定されるが，立案・決定の主体が自らその政策を実施するとは限らない。政策の立案・決定主体と実施主体とが異なる場合，その実施構造は基本的には以下の4つの類型に整理できる。

第1に，国が決定主体，地方自治体が実施主体となる場合である。中央地方関係として融合型の行政システムを主に採用する日本では，多くの政策は国レベルで法律，政令，あるいは省令などとして決定され，自治体レベルで実施される。自治体レベルとしては，都道府県が実施主体となる場合，市町村が実施主体となる場合，あるいは都道府県を介して市町村が実施主体となる場合などがある。例えば，生活保護政策の全体方針に関わる決定や法令の策定は国で行われるが，その実施は**法定受託事務**とされ，実際に住民からの保護の申請を受け付け，保護の要否を審査・決定し，現金給付などを通じて保護を行うのは自治体である。

第2の類型として，国が**出先機関**（地方支分部局）を設けて自ら政策を実施する場合がある。中央地方関係における分離型の行政システムに相当し，地方自治体に実施業務を担わせるのではなく，出先機関を全国に配置することによって，国が直接的に政策実施までを担う。実は日本においてもこの類型に当てはまる政策は少なくない。雇用・労働政策において重要な役割を担う公共職業安定所（ハローワーク）や労働基準監督署などが，その例に当たる。

第3の類型は，国あるいは地方の政府が政策の企画部門と実施部門を分離し，政策実施を政府本体から切り離した実施機関（エージェンシーなど）に任せる方式である。この方式の典型がイギリスの行政エージェンシーであり，これをモデルとして日本において導入されたのが**独立行政法人制度**である（第8章を参照）。また，日本年金機構などの特殊法人もこの類型に含まれる。

そして第4の類型として，中央府省や地方自治体などの公共部門以外に政策実施を任せる方式がある。すなわち，政府は政策の枠組みのみを決定し，政府以外のアクターによって政策が実施されることで，社会全体として公共政策が実現される場合である。例えば，公共政策としてあまねく人びとの移動の権利を実現し，さらには環境にやさしい移動手段の普及を方向づけるべく，電車やバスといった公共交通機関の多くは，政府の定めた規制のもとで民間事業者によって経営されている。

第3あるいは第4類型による政策実施は，1980年代以降のNPM改革の世界的潮流により大きく拡大してきた。例えば，1980年代には日本国有鉄道がJRグループ，日本電信電話公社がNTTグループ，日本専売公社が日本たばこ産業株式会社（JT）としてそれぞれ民営化され，2000年代には郵政事業や日本道路公団が民営化された。2004年には，それまで文部科学省の施設等機関であった国立大学が国立大学法人へ，厚生労働省の施設等機関であった国立病院・療養所が独立行政法人国立病院機構へと移行した。これらの民営化や独法化は，政府本体の組織・財政上の負担を軽減することや公務員の数を減らして「小さな政府」を実現することに主な狙いがあった。

いずれの類型においても，政策は，これを実施するアクターによる能動的な作用も含めた実施段階を通じてこそ実現する。それはすなわち，政策決定段階では残されていた解釈や調整の余地が，実施段階になって後づけで明確化されて政策が実現すること，あるいは場合によっては，政策決定段階での意図とは異なる解釈をされて政策が具体化されることを意味している。言い方を換えれば，政策の実施機関は単に機械的な実施機能しかもっていないのではなく，このように裁量という実質的な決定機能をも有しているのである。

第3節　第一線職員論

1．政策実施の現場

料理をしていて，それが完成に近づくと，もはややり直しがきかないものの，それでも最後の味つけは料理の出来映えを大きく左右する。政策実施も同様である。政策実施の最終工程では，政策実施者による裁量がつきものであり，それが政策あるいはその印象に決定的な影響を与える。政策の受け手である市民や事業者らが行政に接触するのは，多くの場合，自治体の役場・役所，あるいは国の出先機関の事務所である。霞が関にある国の本省に行ったことのある人はほとんどいないだろう。一般市民が政策や行政に対して具体的なイメージをもつのは，役所などの現場の行政職員とのやり取りを通じてである。そのため，現場の行政職員が市民に対してどのような対応をするのか，それが政策や行政についての市民の理解や印象の形成につながるのである。

政策実施を第一線で担う公務員の果たす役割の大きさに着目した代表的な研究が，**リプスキー**（Michael Lipsky）による『ストリート・レベルの官僚制（*Street-Level Bureaucracy: Dilemmas of the Individual in Public Services*）［邦題は『行政サービスのディレンマ』］』である（リプスキー 1986)。リプスキーは，現場で政策実施業務を担っている警察官やケースワーカーなどの公務員，すなわち「仕事を通して市民と直接相互作用し，職務の遂行について実質上裁量を任されている行政サービス従事者」を「**第一線職員**（ストリート・レベルの官僚 street-level bureaucrats)」と呼んだ（リプスキー 1986：17)。

上の定義に表れているように，リプスキーが強調したのは，第一線職員の業務における裁量の大きさである。既述のプレスマンとウィルダフスキーの研究などは「トップダウン・アプローチ」と総称されるが，リプスキーらの研究は「ボトムアップ・アプローチ」と呼ばれる。前者が，いわば政策決定者の立場に立って，決定された政策がなぜうまくいかないのかを問うたのに対して，後者は政策実施を担う現場レベルの視点を重視し，第一線職員が裁量をもち，それによって事実上の決定を行っていることを明らかにした。

2.「法適用の裁量」

第一線職員が有する裁量は，大きくは2つの種類に区分できる。すなわち「法適用の裁量」と「エネルギー振り分けの裁量」である（西尾 2001）。

法適用の裁量とは，法令やそれに類するルールを実際に適用する際に生じる裁量のことである。このことは，政策実施の最終段階としての現場に至るまでの政策体系において，法律から政令，省令，条例および規則へ，あるいは基本方針から事業計画を経て実施要綱へ，いかに事細かく適用基準などがルール化・マニュアル化されていようとも，それでも最終判断の多くは現場の行政職員の裁量に委ねられることを意味する。ルールやマニュアルを機械的に適用できるほど，行政の現場で起こる出来事は単純ではない。ルール自身も抽象的な文言で規定されているのが常であり，そうした言葉にはどうしても曖昧さがつきまとう（平田 2017）。例えば，生活保護や介護保険などの申請に対して，個々の事例においてきわめて多様な申請内容をいかに適用基準と照らし合わせて要否の判断をするか，あるいは，これらが適用された場合に，千差万別に個性的な要保護者や要介護者の日々の生活のあり方をどう組み立てるか。これらの現場判断は，いくら現代の自動判定ソフトなどの技術が日進月歩で進化しているからといっても，やはり経験を積んだ熟練の職員らの裁量に負うところが大きい。現代では，科学技術の進展によって各ケースのカテゴリーをより精緻に細分化し，NPM 改革の文脈における顧客指向も相まって，より対象者の事情に則した個別対応に近づけていくことが求められており，「法適用の裁量」の現代的意義もここに見出せるだろう。

一方でもちろん，法適用の裁量は，制度の恣意的な運用の危険性も内在させることになる。法令や規則などのルールが大量に存在する場合，第一線職員はそれを逆手に取って自らに都合良くルールを「つまみ食い」するかもしれない。なぜ多くのルールが存在するかといえば，個別具体的な事態に，公平・公正性を保ちつつ対応するためである。それは，官僚制の「成熟」を含意する。しかし，その「成熟」がルールの過剰を生み出し，第一線職員にとってはストレスとして作用する。結果として，遵守される中心的ルールと軽視される周縁的ルールへの分化と選別が発生する。ルールの過剰さが，逆に第一線職員の裁量の余地を高めるのである（畠山 1989）。

典型的事例の１つとして，生活保護政策の実施過程については，行政による恣意的とされる制度運用がたびたび問題になってきた。例えば，生活保護の申請自体を思い止まらせるように仕向けるいわゆる「水際作戦」や，ひとまず生活保護の対象としておきながら，これを辞退するように仕向ける「硫黄島作戦」などである。こうした行政の対応が，本来は保護すべき人たちを保護しない漏給につながっていると見ることもできる（原田 2010；川島 2015）。すなわち，政策の対象者・顧客の側から見た場合に，第一線職員のもつ裁量性がマイナスの方向に作用しうることを示している。

３.「エネルギー振り分けの裁量」

第一線職員が有する今一つの裁量が「エネルギー振り分けの裁量」である。エネルギー振り分けの裁量とは，第一線職員が，担当する複合的な職務を実際にどのような配分や順序で取り組むかについて有する裁量のことである。例えば，ケースワーカーや外勤警察官，学校教師などの第一線職員の日々の職務は，実際に政策対象者となる要支援者や要介護者，児童・生徒などと接することだけではなく，書類作成などの事務処理業務や各種の会議など，種々雑多なものから構成される。それら多様な職務のうち，どの仕事にどのくらいの時間やエネルギーを注ぐのか，その割合の配分は現場のそれぞれの職員の裁量に任せざるを得ないし，むしろ任せることによるメリットも大きい。なぜなら，個々の第一線職員がそれぞれの裁量に基づいて最適なエネルギー配分を実現することによって，その直属の部局全体としても最も効果的かつ効率的なリソースの配分が実現しうるからである。ただし，そのためには当然のこととして，各職員の裁量を認めつつ組織全体として整合性を確保するためのマネジメントの視点も不可欠である。換言すれば，所属部局の所掌事務の目標達成に向けた進行管理の必要性である。

そして現場レベルの各課として最適な業務進行が，その上位部局全体としての所掌事務の達成について整合的であるかについてのマネジメントも不可欠とされ，その最適化がさらに上位機関全体としての進行管理にスムーズに適合しているか，というように第一線から政策体系全体の進行管理へと入れ子構造となっている。各段階でのマネジメントが政策実施に欠かせない一面であることが認識できるだろう。政策実施論では，このように政府中枢から現場に至る組織体系を政策実施に適するようにマネジメントする組織上の機能のことを，**政策管理機能**と呼ぶ。そうすることで，実際にどのような政策が対象者のもとへ届けられ，実施されたかという**政策デリバリー機能**とを区別して整理し，論じることができる（真山 1991）。

第4節　なぜ政策評価が重要なのか

1．PDCA サイクルと政策評価

これまでの節では，政策の実施がいかに重要であるかを見てきた。しかし，だからといって実施さえすればそれで良いのか，といえば，そうではないだろう。やはり実施したことを振り返ることによって，その結果（アウトプット），あるいはそこから生じた成果（アウトカム）などを評価し，政策が所期の目的を達成できたのか，リソースは効率的に用いられたのかを検証する必要がある。すなわち，政策実施だけでなく政策評価もまた，政策過程における不可欠の要素である。

政策過程やその循環はいろいろなモデルで示すことができるが，評価の段階を欠かすことはできない。これを最も単純化すればPlan-Do-See の3段階として示すことができる。Plan は政策形成・決定，Do は政策実施に，最後のSee は政策評価に相当する。このモデルはSee（評価）の重要性を示唆するものである。また，政策過程を Plan-Do-Check-Action の4段階モデル，すなわち**PDCA サイクル**として表すこともできる。PDCA サイクルは，実施された政策を評価（Check）し，その評価結果を踏まえてつぎの政策立案へ向けて

行動して改善する（Action）という点を重視する。ここでは，評価が単に評価だけに終わるのではなく，つぎの政策に活かされることが期待されているのである。

2．アカウンタビリティと政策評価

第5章で見たように，フリードリッヒ（Carl J. Friedrich）とファイナー（Herman Finer）による**FF論争**は，行政学における伝統的な論点の1つであるが，これは政策評価論にも重要な示唆をもつ。フリードリッヒが重視した**レスポンシビリティ**（責任）の考え方を政策評価論に応用するならば，それは，政策の立案・実施を担う当事者自身が，誰かに評価されるのではなく自らを自己評価してその責任を認識することを意味する。例えば人命を預かる医師や，人の将来を左右する教員には，個々に専門家（プロフェッショナル）として研鑽した能力と不可分に結びついた職業倫理を有する者としての責任が求められる。同様に，複雑化・専門化が進んだ現代の行政国家において政策の立案・実施を担う公務員にも，職務に応じたレスポンシビリティが求められる。

しかし，プロフェッショナルの自己評価へ過度に期待し，これに委任したまま依存してしまうと，特定分野の専門家およびその分野と利害関係のあるアクターのみによって閉じられた政策共同体を生み出し，それが社会全体としての政策評価の基準からは逸脱しかねないという危険性も孕む。このことが明らかとなった典型例の1つが，2011年の福島第一原発事故によって改めて白日の下に晒された，いわゆる原子力ムラの存在であろう（風間 2015）。

政策は社会から支持を得てはじめて成り立つものである以上，政策の立案・実施主体である各行政機関は社会に対してアカウント（説明）を行い，社会からの支持や納得を得る必要がある。レスポンシビリティだけでなく，ファイナーが強調した**アカウンタビリティ**（説明責任）もまた重要なのである。

政策評価におけるアカウンタビリティとは，これから実施する政策あるいは実施された政策について，評価される側が評価する側に対して納得してもらえるように説明すること，と定義できるだろう。評価する側とは，行政内部における監査・評価部門や，プリンシパル－エージェント理論に照らして，行政官僚を統制する政治家であり，その政治家に選挙を通じて委任した有権者あるいは納税者としての私たち自身である。政策評価についての代表的研究者の１人である山谷清志は「政策評価を語る学問と実践とは，政策責任を問うために政治と行政の責任（アカウンタビリティ）を考える研究でもある」とその重要性を指摘している（山谷 2012：2)。

第 5 節　政策評価の視点

1．政策評価のロジック・モデルと基準

それでは，いざ政策を評価するためには，どうすればよいだろうか。そもそも政策とは，ある公共的な問題を解決するための取組みのことである。これを評価するということは，すなわち，その政策が実際に問題の解決にどの程度役に立っているのかを見定めること，あるいは，これから実施しようとする政策が有効であるかどうかを事前に検討することといえる。そのために用いられるのが，ロジック・モデルと評価の基準である。

政策評価では，一般的には，政策を３つの段階で区分するロジック・モデルが用いられる。すなわち，① インプット（投入）→② アウトプット（産出）→③ アウトカム（成果）である。**インプット**とは，資金や職員などの行政資源を投入することである。**アウトプット**とは，資源を投入したことで直接的に生み出される物理的変化のことである。**アウトカム**とは，政策を実施した結果としてもたらされる何らかの状況の変化のことである。待機児童対策を例に考えれば，保育所の建設や運営のための予算や人を費やし（インプット），それによって保育所が増設され（アウトプット），実際に待機児童が減少する（アウトカム），というロジックになる。

それでは，どのような基準で評価をするのだろうか。その代表的なものが **3E** と呼ばれる３つの基準であり，いずれもＥを頭文字とする。すなわち，① いかに少ないインプットで済ませることができるのかに着目する「経済性 (economy)」，② 一定のインプットでどのくらいのアウトプットが生まれるのかを計る「効率性（efficiency)」，③ 政策によってもたらされたアウトカムを測定する「有効性（effectiveness)」の３つの基準のことを指す。有効性の基準にしたがえば，政策の目的を達成できればインプットが多くなっても構わな

いが，経済性や効率性の基準からすると，アウトカムはインプットとの比において評価されるため，それは必ずしも好ましくない。待機児童が減少したかどうかというアウトカムだけでなく，それを経済的・効率的に達成できたのかも評価の重要なポイントになる。

待機児童対策であれば，待機児童を減らすことが当初の目的であることから，アウトカムを見れば，その目的が達成されたかどうかがわかる。しかし，そもそも，なぜ待機児童を減らす必要があるかといえば，女性の就労を促進したり，子育てを社会全体で支援するといった，より大きな目的に資するためである。そうであれば，単に待機児童数の増減だけではなく，保育所の増設で女性の就労が増えたのか，子育てに対する満足度が向上したのか，といった点までも含めて評価する必要があるかもしれない。そのような場合には，アウトカムのさらに先に，政策によってもたらされる**インパクト**（効果）や効用・満足度の指標を加えて，より幅広い見地から評価を行う（長峯 2014）。

しかし現実には，インパクトの正確な評価は難しい。子育て中の女性が仕事を続けられるかどうかは，単に保育所の有無だけによって決まるわけではないだろう。勤務先の労働条件，自宅と職場・保育所との地理的関係，子どもの成育状況，家族との関係性，自分の体調や仕事へのモチベーション，経済状況など，数多くの要素が影響を及ぼすはずである。当該政策とインパクトの因果関係を特定することは容易ではない。そうであれば，保育政策が1つの要因になった可能性は十分にあるものの，それだけで女性の就労促進につながったと言い切ることは困難である。ましてや，子育てに対する満足度を測ることはそれ以上に難しい。

最近では，統計分析や実験的手法を用いることで政策のアウトカムやインパクトを科学的に検証しようとする試みが広まってきている。それらの研究は政策とその効果とのあいだの因果関係を厳密に特定し，事後的な政策評価の精度を向上させるだけでなく，事前に有効な政策提案を行うことを目的としている（伊藤 2017；中室 2015；中室・津川 2017）。近年，日本でもトレンドとなっているEBPMの考え方もその延長線上にある。それでもなお，行政の活動や政策の実績を客観的に評価することは，本質的な意味で困難性を伴うことには変わりがない。売上高や利益率といった形で業績を評価することが比較的容易な民間企業と比べ，公共政策を担う行政の場合には何をもってして業績とするのか，それを特定すること自体が難しい。政策の目的が抽象的であることも多く，その場合，その政策の妥当性や効果を厳密に評価することには多くの困難がある。だからといって，その政策が不要であると即断することもできない。成果や効果の如何に関わらず，国民によってその政策が一定程度支持されていれば，政策は継続されるだろう。

政策は社会的な影響が大きいがゆえに，論争の種ともなる。政策に掲げられた目的自体に対する異論もありうる。時間的な射程を踏まえれば，その当時は成功したとみなされていた政策が後の時代になって失敗であったと評価される，あるいはその逆もありうる。このように，政策の評価は一筋縄ではいかないのである。

2．内部評価と外部評価

政策は誰が評価するのだろうか。それには，大きくは2つの考え方がある。内部評価と外部評価である。第1に内部評価とは，政策を実施する当事者が行う政策評価である。内部で評価を行うことの最大のメリットは，政策実施の当事者であるがゆえに，当該政策について知悉しており，評価に必要な情報にも容易にアクセスできることである。しかし他方で，当該組織の内部での評価となるため，どうしても贔屓目が生じてしまうこと，自らの組織に不利になるような評価結果を下しにくいことがデメリットとして挙げられる。結果として，評価に対する信頼を損ねてしまう懸念もある。

日本の国レベルにおける政策評価制度について，ずばり『政策はなぜ検証できないか』という本を執筆した西出順郎は，内部評価に重きを置くが故に「お手盛り」批判に直面し，政策評価自体が評価対象として批判されるべき状態に陥ってしまう，いわば「ミイラ取り」が「ミイラ」になってしまう構造が生み出されていることを実証的に検証している（西出 2020）。そして，この構造を行政職員による「作為的評価行動」と名づけて可視化しつつ，それが内部評価制度である限り超えられない構造的限界を飲み込んだ上で，それでも「セカンド・ベストな仕組みを，『イタチごっこ』を繰り返し『振り子』に揺れながらも地道に作り上げてゆくしかないのであろう」と結論づけている（西出 2020：

174)。

第2に外部評価とは，当該政策の当事者ではない外部からの評価のことを指す。行政から評価を委託された有識者などで構成された会議体によるもの，会計検査院や議会の決算審議などによるもの，政府からの委託あるいは市民が独自に結集したオンブズマン形式によるものなど，その具体的な方式は多様である。もちろん，どこまでが内部でどこからが外部であるかの線引きについては，線を引く側の視点によって異なる。例えば，第三者委員会方式であれば，政策実施に当たる当事者にとっては，外部の有識者によって評価されると認識するであろうし，政府外のアクターからはその有識者を含めた会議体も政府内に設置されているので内部評価に過ぎないと認識されることもあるだろう。

いずれにしても，内部評価と比較した場合の外部評価の主なメリットとしては，当事者ではない外部の視点から政策を評価するので，政策についてより客観的な評価が見込まれることが挙げられる。内部評価が政策の継続を前提とし，あるいは政策手段の自己目的化を見逃しがちであることに対し，外部評価であれば，政策が本来意図した目的に即した評価を行い，場合によっては，政策そのものの存否にも踏み込むことができる。それに対して外部評価の主なデメリットは，評価のための情報へのアクセスが内部評価よりも限られるため，深層まで正確に評価しきれない可能性があることである。

3．評価の時期

政策の評価はどの段階で行うのだろうか。PDCA サイクルや，第10章で見た政策段階論の図式では，政策評価は政策を実施した後に行われることになっているが，実際には，その図式に完全に当てはまるとは限らない。政策過程のどの段階で評価を行うのかによって，① 事前評価，② 中間評価，③ 事後評価の3つに区分される。

第1に事前評価とは，政策を実施するより前の段階で，当該政策案の有効性や効率性を評価するものである。その一例として，**費用便益分析**が挙げられる。便益（benefit）と費用（cost）の比で評価するやり方で，便益が費用を上回れば実施が望ましいと判断される。

第2に中間評価とは，政策を実施している途中の段階で評価を行うものである。その代表的なものが**プロセス評価**である。政策が順調に実施されているかどうか，進行管理に問題はないかどうか，といった点を評価する。

そして第 3 に，政策の実施後に行われるのが事後評価である。政策が実際にどの程度の効果を生んだのか，そのアウトカムやインパクトを評価するのが**プログラム評価**と呼ばれるものである。**業績評価**や業績測定と呼ばれる仕組みもある。政策を実施する以前の段階で予め具体的な達成目標と達成時期を掲げておき，実際にその時期までに目標を達成できたのかどうかを検証する。

第 6 節　政策評価の制度

1．政策評価法に基づく仕組み

日本では，政策評価に類するものとして，中央省庁の行政監察制度や行政相談委員といった独自の制度的伝統を有していたものの，現代的な政策評価制度は，1994 年に静岡県で導入された業務棚卸表や 96 年の三重県における事務事業評価システムの導入などを皮切りにして，まずは地方自治体から広まっていった。

国レベルでは，1997 年に出された行政改革会議の最終報告書で政策評価制度の導入が謳われたのを受け，2001 年に**政策評価法**（行政機関が行う政策の評価に関する法律）が制定された。同じ年には，中央省庁再編にともなって新たに発足した総務省に行政評価局も設置された。翌年 4 月からは政策評価法に基づく政策評価制度が施行され，その後改正を経ながら，現在に至っている。

それでは，現在の政策評価法に基づく評価は具体的にどのように行われているのだろうか。各府省による評価の方式は図表 11 － 1 にあるとおりである（総務省行政評価局 2017）。政策評価法では事前評価と事後評価とを区分している。前者は政策を決定する前に行う評価であり，後者は決定した後に行う評価のことを指す。事前と事後を，事業の進捗段階ではなく政策決定の有無によって識別しているため，未着手や未了の政策に対する評価であっても政策決定後のものであれば事後評価として区分される。事前評価としては**事業評価**，事後評価としては**実績評価**と**総合評価**がある。

政策は，政策—施策—事業という 3 つの階層から成る体系性をもつ。（狭義の）政策が政策体系のなかで最上位に位置し，当該課題に対する取組みの全体方針を抽象的に定める。それを具体化したものが施策である。施策で掲げられた目標を達成すべく，さらに具体的な手段が講じられる。それが事業（行政機関では事務事業と呼ぶことが多い）である。

第1に，事業評価とは，政策―施策―事業の内，最も具体的な事業レベルのものを対象に行うものである。当該事務事業がどの程度効果を発揮するのか，そのための費用はどれくらいかかるのか，といった観点から政策を事前に評価する。とりわけ，国民生活や社会経済に対して大きな影響を及ぼす可能性をもつ政策や多額の費用を要することが見込まれる政策で，評価手法が開発されているものに関しては，事前評価を行うことが法律上義務づけられている。具体的には，一定以上の費用を要することが見込まれる研究開発・公共事業・政府開発援助，規制，そして租税特別措置である。

第2に，実績評価とは，主に各府省の施策レベルのものを対象に行うものである。施策の目標を予め設定した上で，その達成度合いを測る業績評価型の評価手法が用いられる。「いつまでに，何について，どのようなことを実現するのか」を明確に設定して，それが実際に順調に進んでいるのか，最終的に期限までに達成できたのかどうかを評価する。

そして第3に，総合評価とは，政策―施策―事業の内，最上位層に区分される政策レベル（あるいは施策や事業も含めたレベル）を対象として，より包括的な視点から評価を行うものである。政策実施後，一定の期間が経過した後に行われるものが中心であり，政策効果の発現状況をさまざまな観点から分析する。

評価の結果は予算査定や政策の企画立案において活用することが想定されている。そのため，各府省が行う一般分野の政策（事前評価が法的に義務づけられている上記分野以外の政策）に関する評価書の多くは次年度予算の概算要求期限までに作成・公表される。各評価書は公表されており，総務省の「政策評価ポータルサイト」からアクセスできる（総務省 n.d.)。

これらの政策評価は当該政策を所管する官庁自身が行うものだが，総務省は独自に政策評価を行っている。実施主体は総務省行政評価局であり，「**行政評価局調査**」と呼ばれる（総務省行政評価局 n.d.)。行政評価局調査には「政策

図表 11-1　政策評価の方式

	対象	時点	目的・ねらい	やり方
事業評価	個々の事務事業が中心だが，施策も対象となりうる	〈事前〉 必要に応じ事後検証	事務事業の採否，選択等に資する	あらかじめ期待される政策効果やそれらに要する費用等を推計・測定
実績評価	各府省の主要な施策など	〈事後〉 定期的継続的に業績測定，目標期間終了時に達成度を評価	改革の不断の見直しや改善に資する見地	あらかじめ政策効果に注目した達成すべき目標を設定 目標の達成度合を評価
総合評価	特定のテーマ（狭義の政策・施策）	〈事後〉 一定期間経過後が中心	問題点を把握 その原因を分析するなど総合的に評価	政策効果の発現状況をさまざまな角度から掘り下げて分析するなど総合的に評価

（出典）総務省行政評価局 2017：13 を一部修正して作成。

の評価」（政策評価法 12 条 1 項に基づく）と「行政評価・監視」（総務省設置法 4 条 1 項 12 号に基づく）とがある。前者は「統一性・総合性確保評価」と呼ばれ，複数の府省にまたがって実施される政策について，政府全体としての統一性や総合性を確保することを目的として評価するものである。これまで，「クールジャパンの推進に関する政策評価」や「グローバル人材育成の推進に関する政策評価」などが行われてきた。行政評価・監視は各府省の業務の現場における実施状況を対象とするもので，「子育て支援に関する行政評価・監視」や「公文書管理に関する行政評価・監視」など，多種多様なテーマについて評価が行われている。

行政評価局調査は以下の手順で行われる。まず，総務省行政評価局が毎年度「行政評価等プログラム」を策定し，調査対象とする特定のテーマを選定する。つぎに，情報収集や実地調査を行う。そして，評価結果をまとめた上で，関係府省に対して改善措置を勧告する。最後に，勧告などに基づく改善措置状況に関するフォローアップ調査を行う。

この種の政策評価に加えて，総務省は「**客観性担保評価**」（政策評価法 12 条 2 項に基づく）も実施している。これは，各府省による政策評価の実施状況を調査するとともに，客観的で厳格な評価が行われたのかどうかを総務省が点検し，関係機関に結果を通知して，公表するものである。いわば「評価の評価」

といえる。これまで，規制の事前評価や公共事業の政策評価に関する点検などが行われてきた。

２．その他の政策評価の仕組み

日本の国レベルにおける政策評価は政策評価法に基づくものだけではない。これとは別に，内閣官房行政改革推進本部事務局が所管する「**行政事業レビュー**」という仕組みもある。元々は2010年に当時の民主党政権が始めたものだが，現在の制度は，政権再交代後，自民党政権が従前の制度を廃止したうえで，2013年から新たに実施しているものである。現在の行政事業レビューは約5,000ある国のすべての事業を対象に行われるものであり，各府省は所管事業に関して，その実施状況や資金の流れ，事業の妥当性などを記した「レビューシート」を作成し，公表する。内部での評価だけでなく外部からの評価も行われ，一部の事業については外部有識者による点検や公開の場での検証が行われる。

さらに，外部の視点を取り入れた政策評価の仕組みとして，情報公開制度や公文書管理制度の活用も考えられる（第５章を参照）。こうした制度を利用して，一般市民や研究者など政府部外の者が政府の活動を検証・評価することも政策評価の一環としてとらえることができるだろう。

３．より良い政策サイクルの実現に向けて

政策評価の重要性は明らかであるが，運用の仕方によっては弊害も生じかねず，その点にも留意する必要がある。現在，各府省や独立行政法人，地方自治体に至るまで，「政策評価」あるいは「行政評価」などそれぞれの名称で，あらゆる政策分野を対象としてさまざまな形態の政策評価が実施されている。そうしたなか，政策評価が本来の概念に照らして整理されることもなく，機械的に処理すべきルーティン業務と化した挙げ句，業務量が年々増加することによっていわゆる「評価疲れ」が起きていると指摘されることもある。それだけでなく，政策実施の正統性を確保するためだけのアリバイとして用いられる，あるいは単に行政コストの削減にお墨付きを与えるためだけに行われるという懸念もある。

これからの政策実施と政策評価のあり方は，本章で論じた基本的な概念に立ち返りつつ，今一度，それ自体が再評価されるべき時期にあるといえよう。そして，21 世紀の環境と社会の発展を見据えた政策実施と政策評価の絶え間ないアップデートを通じて，Plan-Do-See あるいは PDCA のより良い政策サイクルの実現へ向かう必要があるだろう。

（寺迫剛・西岡晋）

第12章

予算と決算

本章のねらい

本章では，行政の活動に不可分となる予算・決算制度についての理解を深めることを目的とする。はじめに，予算の意義について述べたうえで，予算制度の概要について解説する。つぎに，予算が決まるまでの編成過程と，予算が執行された後の決算・会計検査の２つの段階に分けて，それらの実際の状況や制度について解説する。そして，日本の予算の状況について焦点を当て，これまでの変遷と，今後の改革に向けた議論を紹介する。

第1節　予算制度

1．予算の意義：財政民主主義と予算の機能

予算の最も根源的な意義として，政府の経済活動に当たる財政が，民主主義国家においては国民による統制を受けなければならないとする考え方を指す**財政民主主義**が挙げられる。財政民主主義を構成する要素として，**租税法定主義（租税法律主義）の原則**，**予算承認の原則**，**予算執行統制の原則**，**決算承認の原則**，**下院優先の原則**の５つの要素が挙げられる（新藤 1995）。租税法定主義の原則とは，財政活動の資源である租税やその他の費用を国民に賦課，あるいは国民から徴収する場合には，議会が制定した法律に基づき行われなければならないとする原則である。予算承認の原則とは，予算は国民の代表で構成される議会に提出され，議会での議決，承認を受けなければならないとする原則である。予算執行統制の原則とは，予算執行過程において行政府が物品購入や事業実施の契約，財産処分を行う場合や，予算執行を行政府が留保する場合に，

行政府の裁量にすべてを委ねるのではなく，議会が契約案件を議決，承認するとともに，執行の留保に対しても統制が行われなければならないとする原則である。決算承認の原則は，決算の議決と承認は，予算の準備および執行過程の評価として行われなければならず，その際には歳入・歳出の締めくくり方の基準や手続きを問うものでなければならないとする原則である。最後に，下院優先の原則は，議会制度が二院制をとる場合には，国民代表から構成された下院が予算，決算過程の議決と統制に第一義的権力をもつ原則である。日本国憲法では，財政に関する章である第7章の冒頭の83条で，「国の財政を処理する権限は，国会の議決に基いて，これを行使しなければならない」とし，大枠としての財政民主主義について定めている。さらに，個別の構成要素についても各条で言及しているが，詳細については次項で述べる。

つぎに，予算の機能は，大きく資源配分機能，所得再分配機能，経済安定機能（景気安定化機能）の3つが挙げられる（西尾 2001)。資源配分機能とは，序章で紹介した，消費の非排除性と非競合性をもつ公共財のみならず，準公共財や混合財について，市場に代わり政府が財やサービスを供給するという機能を指すものである。所得再分配機能は，社会階層間の格差を，累進課税や社会保障関係費の支出といった手段を組み合わせることにより小さくする機能を指すものである。また，経済安定機能は，政府支出の拡大，抑制を通じて，景気の波を和らげる機能を指すものである。

2．予算制度の原則

前項で述べた財政民主主義の5つの構成要素と日本国憲法の対応関係についてここで見ておきたい（図表12-1)。

冒頭の83条は上述したように財政民主主義を体現したものであるが，つぎの84条以降について見ると，84条は租税法定主義の原則に対応する条文であり，85条は予算執行統制の原則に対応するものである。また，順序が前後するものの，86条は予算承認の原則に対応している。さらに，90条は決算承認の原則に対応する条文であるといえる。最後の下院優先の原則は，憲法の第7章では直接言及されていないものの，国会に関する条文を収めた第4章の60条において，1項では「予算は，さきに衆議院に提出しなければならない」と

図表 12-1　日本国憲法第 7 章の条文

第 83 条　国の財政を処理する権限は，国会の議決に基いて，これを行使しなければならない。
第 84 条　あらたに租税を課し，又は現行の租税を変更するには，法律又は法律の定める条件によることを必要とする。
第 85 条　国費を支出し，又は国が債務を負担するには，国会の議決に基くことを必要とする。
第 86 条　内閣は，毎会計年度の予算を作成し，国会に提出して，その審議を受け議決を経なければならない。
第 87 条～第 89 条　（省略）
第 90 条　国の収入支出の決算は，すべて毎年会計検査院がこれを検査し，内閣は，次の年度に，その検査報告とともに，これを国会に提出しなければならない。
2　会計検査院の組織及び権限は，法律でこれを定める。
第 91 条　内閣は，国会及び国民に対し，定期に，少くとも毎年一回，国の財政状況について報告しなければならない。

（出典）筆者作成。

して衆議院の予算の先議権を認め，2 項では「予算について，参議院で衆議院と異なつた議決をした場合に，法律の定めるところにより，両議院の協議会を開いても意見が一致しないとき，又は参議院が，衆議院の可決した予算を受け取つた後，国会休会中の期間を除いて 30 日以内に，議決しないときは，衆議院の議決を国会の議決とする」としていわゆる衆議院の優越を認めていることで，本原則が体現されているととらえられる。

なお，これ以外の予算の原則として，会計年度ごとに予算編成と国会の承認を必要とする，**単年度主義**が挙げられる。単年度主義については，日本国憲法 86 条において「内閣は，毎会計年度の予算を作成し，国会に提出して，その審議を受け議決を経なければならない」とされている。また，憲法には規定されていない原則として，ある会計年度における歳出予算の経費は，当該年度の歳入をあてるとともに，歳出予算はその年度内にすべての支出を終わらせて，次年度には関係させないようにする，**会計年度独立原則**がある。同原則については，財政法 12 条において「各会計年度における経費は，その年度の歳入を以て，これを支弁しなければならない」，および 42 条で「毎会計年度の歳出予算の経費の金額は，これを翌年度において使用することができない」として規定されている。さらに，会計処理の方式としては，財政法 2 条において「収入とは，国の各般の需要を充たすための支払の財源となるべき現金の収納をいい，支出とは，国の各般の需要を充たすための現金の支払をいう」と規定することにより，現金の出入が行われた時点で経済活動をとらえる現金主義会計を採用している。

3．予算の種類

予算の種類は，大きく**一般会計予算**，**特別会計予算**，及び**政府関係機関予算**に分けられる（横山・馬場・堀場 2009）。一般会計は，国の基本的なサービス供給に関する一般の歳入と歳出を経理したものであり，文字通り最も一般的な予算であると見なすことができる。本来，会計年度ごとの政府の活動を網羅的に見られるよう，単一の会計とするのが望ましく，その点においては一般会計のみであらゆる会計を把捉できるのが理想的な状態である。しかし，政府の活動が大規模かつ複雑になるにつれ，個別の事業の状況や資金運営の実績を単一の会計でとらえることが困難になってきた。そこで，一般会計とは別に，特定の歳入をもって特定の歳出にあてる会計として，特別会計が設置されている。特別会計を設置するための要件は財政法 13 条 2 項に規定されており，具体的には（1）国が特定の事業を行う場合，（2）特定の資金を保有してその運用を行う場合，（3）その他特定の歳入をもって特定の歳出に充て，一般の歳入歳出と区分して経理する必要がある場合に，法律を定めて設置することとされている。2020 年度時点では，図表 12-2 に示す 13 の特別会計が設置されている。最後に，政府関係機関予算は，予算に関して国会の議決を必要とする機関の予算であり，現在は沖縄振興開発金融公庫，株式会社日本政策金融公庫，株式会社国際協力銀行，及び独立行政法人国際協力機構有償協力部門の 4 つのみとなっている。

4．予算の形式

わが国の予算の形式は，財政法 16 条の規定により，大きく分けて予算総則，歳入歳出予算，継続費，繰越明許費，および国庫債務負担行為の 5 つからなる。予算総則は予算書の冒頭に記載され，国の予算に関する総括的な規定が示されるとともに，公債，借入金，財務省が発行する証券，国庫債務負担行為の限度額，公共事業費の範囲，および予算を執行するに当たり必要な事項を定めたものである。歳入歳出予算は最も基本となる予算であり，当該年度の歳入と

図表 12-2　特別会計の一覧

特別会計名	所管府省	目的
交付税及び譲与税配付金	内閣府・総務省・財務省	地方交付税，地方特例交付金及び地方譲与税の配付に関する経理の明確化
地震再保険	財務省	一定額以上の巨額な地震の損害に関して，民間損害保険会社が負う地震保険責任を国が再保険する地震保険制度の経理の明確化
国債整理基金	財務省	公債，借入金等の償還及び利子等の支払いを行う経理を区分
外国為替資金	財務省	外国為替相場の急激な変動の際の為替介入などによる為替相場の安定化
財政投融資	財務省・国土交通省	財政融資資金の運用，産業開発や貿易振興のために国の財政資金で行う投資に関する経理の明確化
エネルギー対策	内閣府・文部科学省・経済産業省・環境省	エネルギー対策に関する経理の明確化
労働保険	厚生労働省	労災保険及び雇用保険に関する経理の明確化
年金	内閣府・厚生労働省	基礎年金・国民年金・厚生年金・福祉年金・健康保険・児童手当などの経理の明確化
食料安定供給	農林水産省	農業経営基盤強化事業，農業経営安定事業，食糧の需給及び価格の安定のための事業の経理の明確化
国有林野事業債務管理	農林水産省	旧国有林野事業特別会計から承継した借入金債務の処理に関する経理
特許	経済産業省	特許事務の高度化のための体制構築と経理の明確化
自動車安全	国土交通省	自動車損害賠償保障，自動車検査登録業務，自動車事故対策，空港整備などの経理の明確化
東日本大震災復興	復興庁等 17 機関	復興に係る国の資金の流れの透明化と復興債償還の管理の適正化

（出典）財務省 2020a をもとに筆者作成。

歳出の見込みを示したものである。歳入歳出予算は本節第2項で述べた会計年度独立原則に基づき，当該会計年度で支出することとなるが，実際に行われる政府の事業は必ずしも単年度で完結するとは限らない。このような状況を踏まえて，複数年度にまたがる予算支出を念頭に置いた予算形式として，継続費，繰越明許費，および国庫債務負担行為が制度化されている（図表 12-3）。

継続費は，複数年度にわたる事業などについて，必要な経費の総額と毎年度の支出見込みを示し，国会の議決を得るものである。なお，期間は5年を超えないものとされている。繰越明許費は，上述した歳出予算のうち，事業の性格

図表12-3　継続費・繰越明許費・国庫債務負担行為のイメージ

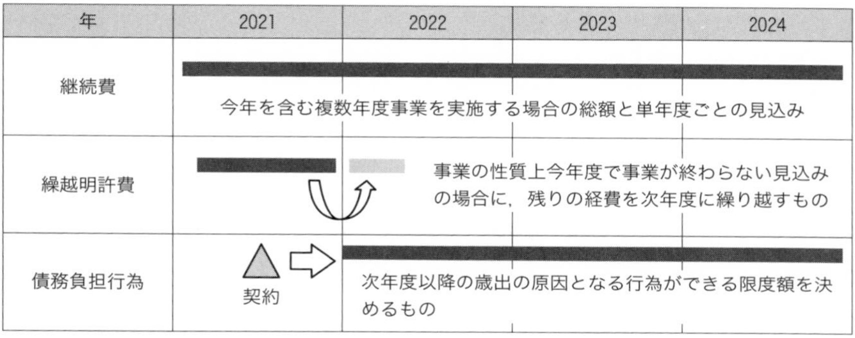

年	2021	2022	2023	2024
継続費	今年を含む複数年度事業を実施する場合の総額と単年度ごとの見込み			
繰越明許費		事業の性質上今年度で事業が終わらない見込みの場合に，残りの経費を次年度に繰り越すもの		
債務負担行為	契約	次年度以降の歳出の原因となる行為ができる限度額を決めるもの		

（出典）筆者作成。

によって年度内にその支出が終わらない見込みのものを，翌年度に繰り越すことができるよう，国会の議決を得るものである。国庫債務負担行為は，当該年度では実際の支出はないものの，次年度以降に支出の見込みがあるものについて，契約などで債務負担をあらかじめ設定しておく行為を指すものである。この場合，実際の支出に当たってはその予算を当該年度の歳出予算として計上し，あらためて国会の議決を経ることが必要となる。

5．予算手続上の分類

第4項で述べた予算の種類が会計処理上の観点から分類したものであるのに対し，予算手続上の観点から予算を分類すると，本予算（当初予算），補正予算，暫定予算に分けられる。本予算は年度当初に編成される予算である。実際には，災害などの突発的な事態や，経済状況の変化により，本予算通りに執行できない場合もあるため，これらに対応するために本予算の内容を変更することが必要となる。その際に国会の議決を経て編成されるのが補正予算である。一方，暫定予算とは，本予算自体が当該予算年度の開始（具体的には4月1日）までに成立しなかった場合に，政府活動が停止するのを避けるために，短期間かつ必要最低限の活動が行えるよう，臨時的に編成される予算である。本予算が成立すると，暫定予算の内容は本予算に吸収されることとなる。日本では1947年に現在の財政法が施行されて以降，本書の発行時点までに33回暫定予算が編成されており，本稿執筆時点（2021 年５月）で最後に暫定予算が編成されたのは 2015 年度である。

第２節　予算編成

１．予算循環

予算循環は大きく**予算編成過程**，**予算執行過程**，そして**決算過程**の３つから構成される（森田 2017）。第１の予算編成過程は，行政府における予算の立案過程と，国会における予算の決定過程とに分けられる。国会で予算が決定されると，具体的な事務・事業に関する計画が策定され，それを実施するために実際に歳出面では契約や実際の支払い，歳入面では税金などの賦課や徴収が行政府によって実施される予算執行過程へと移る。その後，年度が終わった段階で当該年度に執行した予算の結果を歳入・歳出両面について国会に報告し，その妥当性について承認を得る決算過程を経て，予算循環は完結することとなる。

このような予算循環の一連の流れをある特定の年度に着目してみると，前年度開始直後の予算立案のスタートから，次年度に入っての決算の承認に至るまで，足かけ３カ年度にわたる非常に長い期間をかけて行われるものである（図表 12-4）。予算が成立しないと行政の活動自体が停止，機能不全に陥ることからも，予算循環は行政の活動において大きなウェイトを占めるものであるととらえられる。

図表 12-4　予算循環のイメージ

年度	2021	2022	2023	2024
2020 年度予算	決算			
2021 年度予算	執行 ⇨	決算		
2022 年度予算	編成 ⇨	執行 ⇨	決算	
2023 年度予算		編成 ⇨	執行 ⇨	決算

（出典）筆者作成。

2．予算編成過程（ミクロバジェッティングとマクロバジェッティング）

予算編成過程のうち，まず予算立案過程について見ると，毎年度の予算の立案過程は，大きく分けて，各省庁の予算の積み上げによる**ミクロバジェッティング**と，予算全体の推計作業を行う**マクロバジェッティング**に分かれる。本項ではミクロ・マクロ両面について解説したい。

ミクロバジェッティングの第1段階に当たるのが，各省庁内部における予算要求の作成である。5月頃から各省庁の課レベルでの作業が開始され，ここでは課内の各係や班などから出された予算要求を査定し，課の予算要求を決定する。つぎに，6月頃から各課から上がってきた予算要求を局の総務課で査定し，局としての予算要求を決定する。その後，各局から上がってきた予算要求を各省庁の大臣官房会計課が7～8月の2カ月をかけて全庁的な観点から査定し，省庁レベルの予算要求の取りまとめ，決定が行われ，当該省庁の概算要求として8月末までに財務省に提出される。その際，大臣官房会計課は，毎年7月に財務省から公表される，各省庁の予算基準の考え方や基準，ルールを示した概算要求基準を念頭に置きつつ，省庁としての要求額をどのようにするかの検討を行う。

こうして省レベルでの概算要求が財務省に提出されると，ミクロバジェッティングは第2段階である，財務省原案の作成へと移る。この段階では，各省庁から提出された概算要求について，国の歳出予算を担当する財務省主計局から各省庁に対してヒアリングが行われる。ヒアリングでは，要求内容に関する各省庁の説明とそれに対する財務省の質問が行われるとともに，必要に応じて追加資料が提出される場合もある。そしてヒアリング後に概算要求の本格的な査定が行われ，政府全体の予算方針や，省庁間のバランスを考慮しつつ，各省庁の予算の積み上げが行われるのである。このように見ていくと，予算編成過程では，「要求→査定」のサイクルの重層構造であることが分かるだろう。

ミクロバジェッティングと並行してマクロバジェッティングも行われる。経済状況に基づき当該年度の税収の見積もりを財務省主税局が行い，不足する財源確保のための公債発行の規模を財務省理財局が見積もる。これらの合計額をもとに歳入見込みを算出すると同時に，国債費，地方交付税，一般歳出の大まかな歳出見込みを算出し，予算の大枠について4～5月に第1次推計を行う。

その後，各省庁からの概算要求とその査定を行うのに合わせて，数次にわたる改定を行い，12月末ごろに政府原案を取りまとめ，国会に提出する。

政府原案は1月の通常国会に提出され，国会での審議を行う。その際に，予算の数字や文言について修正を行う形式修正や，予算書自体の書き換えは行わず，後日補正予算を編成する合意を与野党間で取り交わす実質修正を行う場合もある。これらの修正を必要に応じて行ったうえで議決されると，本予算として成立に至るのである。

3．経済財政諮問会議の役割

前項で紹介した概算要求基準の作成に当たって大きな役割を果たすのが，2001年の中央省庁再編の際に内閣府に設置された**経済財政諮問会議**である。同会議は，経済財政政策に関する重要事項について内閣総理大臣のリーダーシップを発揮することを目的として設置された会議であり，内閣総理大臣を議長とし，内閣官房長官，経済財政政策担当大臣を含むメンバーで構成されている。また，有識者の専門的な知見を活用する観点から，民間有識者の割合を4割以上とすることが法律で定められている。ここでの重要政策とは，経済全般の運営の基本方針，財政の基本，予算編成の基本方針などであり，毎年の「経済財政運営と改革の基本方針（いわゆる「骨太の方針」）」や，概算要求基準が同会議で審議されている。2020年の同会議においては，中長期の経済財政に関する試算を，政策効果が過去の実績も踏まえたより現実的なペースで発現する成長実現ケースと，経済が潜在成長率並みで将来にわたって推移するベースラインケースの2種類の想定を立てて行い，経済シナリオを提示した（図表12-5）。同年の経済シナリオは，前年度までに比べ，新型コロナウイルス感染症拡大の影響を考慮して，実質GDP成長率こそ大きく変わらないものの，それ以外の項目については軒並み数値が悪化し，目標達成時期についても後ろ倒しとなっている。

上記の試算を行う一方で，これまでの経済・財政一体改革の中間評価と今後の改革に向けた考え方について審議を行い，「経済財政運営と改革の基本方針2020」の案を答申し，同方針は閣議決定された。通常であれば，同方針を踏まえて，「予算の全体像」，および各省庁が概算要求を行ううえでの基準を示した

図表 12-5　中長期の経済財政試算で想定する経済シナリオ

経済シナリオ	成長実現ケース	ベースラインケース
実質 GDP 成長率	実質 2%程度を実現	概ね 1%台で推移
名目 GDP600 兆円の達成時期	2023 年度	2026 年度
消費者物価指数上昇率	2024 年度に 2%	1%弱で推移
国・地方の基礎的財政収支対 GDP 比	2029 年度に 0.0%	2029 年度に－1.7%
国・地方の公債等残高対 GDP 比	2027 年度に 174.8%	2027 年度に 210.4%

（出典）内閣府 2020 をもとに筆者作成。

「予算の概算要求に当たっての基本的な方針について」の案についても同会議での審議ののち，閣議での了解を経て，各省庁に対して提示される。しかし，2020 年度については，新型コロナウイルス感染症の影響を予見することに限界があることから，概算要求の段階で予算額を決めることはせず，概算要求額を基本的には前年度と同額にすることで，手続を簡素化する措置がとられている。

以上のように，予算編成を行う前提となる議論が経済財政諮問会議で行われ，具体的な方針が同会議において提示，答申されることからも，同会議が予算編成過程で大きな役割を果たしていることがうかがえる。

第 3 節　決算と会計検査

1．決算の概要

政府における決算の流れは概ね以下のように進められる。まず，会計年度末で予算の執行が完結すると，各省庁は決算報告書を作成し，7 月末までに財務省へ提出する。財務省は，各省庁から提出された決算報告書に基づき政府全体の決算を作成し，閣議決定を行う。閣議決定された決算は**会計検査院**に送付され，同院では会計検査を行い，決算検査報告を作成する。その後，内閣が国会に決算を検査報告とともに提出する。なお，提出時期については，財政法上は決算を行った翌年度開会の通常国会（2021 年度の例では，決算報告の作成を 2022 年に行うことから，国会に提出されるのは 2023 年 1 月に開始される通常国会となる）に提出することとなっているが，2003 年に参議院より決算の提出時期を早める要請が行われたことを受けて，以降は会計年度翌年の11月20日前後（上記の例では2022年11月20日前後となる）に提出されることとなった。

2．会計検査の目的・基準

会計検査の目的は，会計経理の監督と決算の確認の2つに大別される。前者は，各機関における適正な会計経理が行われることを図るものである。会計検査において，不適切な会計経理が見つかった場合には，指摘してその責任を追及するだけでなく，背景となる制度等の是正，改善を要求することにより同様の事案が再度発生するのを防ぐ役割を果たす。後者は，決算の結果が正確であるかを確認するとともに，その妥当性を確認するものである。

つぎに，会計検査の基準は，会計検査院法の20条によれば，**正確性，合規性，経済性，効率性，有効性**の5つであるとされている。第1の正確性（Accuracy）は，提出された決算が予算執行の状況を正確に反映しているかについてである。また，第2の合規性（Regularity）は，会計経理が予算，法律やその他の規則などを遵守して適切に行われているかについての基準である。ただし，これらは単に手続上問題がなかったかの検査にとどまるため，新しい検査の観点が求められてきた（秋吉2016）。そこで，後にその他の基準も考慮されるようになった。第3の経済性（Economy）は，事務事業の実施がより少ない費用でできないかを判断するものである。一方，第4の効率性（Efficiency）は，同じ費用でより多くの事務事業を実施し，成果を達成できないかを判断するものである。この点において，経済性と効率性は表裏一体の基準であると見なしうる。最後に，第5の有効性（Effectiveness）は，事務事業の実施が所期の目的を達成し，効果を上げているかに関する基準である。後半で述べた3つの観点については，いわゆる「**3E**」として，NPM（New Public Management）における業績測定の観点から，世界的にとくに重視される傾向にある。

3．会計検査の実際：事例と効果（検査活動の具体的な事例や効果）

本項では，2019年度分の会計検査を例にとり，会計検査の効果や具体的な検査活動の事例を紹介したい。

同年度の検査では，(1) 法律，政令，予算に違反または不当と判断した不当事項や，(2) 会計経理に関し法令等に違反または不当であるため意見を示し是正処置を要求する事項，(3) 法令，制度，行政の改善の必要性があるため意見を示し改善処置を要求する事項を中心に，全体で248件，指摘金額で合計297億2193万円分の指摘がなされた。このうち，会計検査院からの指摘に基づき，各省庁等において改善の処置が講じられた事項は22件で，指摘金額に換算すると154億2426万円に相当するものであった。

つぎに，具体的な事例として，行政の保有する個人情報を含むデータが事前の許可なく海外でその処理が行われていたとして大きく報道された，A省におけるデータ入力等の請負等業務における監督，検収に関する2017年度の会計検査における指摘を紹介する。A省が監督する特殊法人がB社に対して委託した申告書のデータ入力業務に関して，B社が契約に違反して海外の業者にデータ入力の下請けを行わせたり，同法人が検収を適切に行わなかったりした結果，国民向けの給付が過少となった事案である。会計検査院はこの事案を受け，A省が直接B社，および他社と締結したデータ入力等の請負契約について検査を行った。その結果，上記事案とは別の事案においても，業務が完了していないのに代金を支払っていたり，B社と同様に契約に違反して下請けを行わせたりしていたことが明らかになった。このような検査結果を踏まえ，会計検査院はA省に対して，適正な契約事務を実施するために研修などで法令遵守を周知することや，契約に反して下請けを行わせることのないよう，立入調査の対象や方法を定めて職員に周知することを求めた。

第4節　日本の予算

1．歳入歳出予算の変遷

わが国の一般会計における歳入歳出予算の変遷は図表12-6に示すとおり，年ごとの多少の振れ幅はあるものの，全体としては歳出が増加傾向にあり，100兆円に達する規模となっている。とくに，2020年度においては，新型コロナウイルス感染症対策に関する予算が増加したことから，前年度に比べて歳出

図表 12-6　一般会計における歳入歳出予算の推移

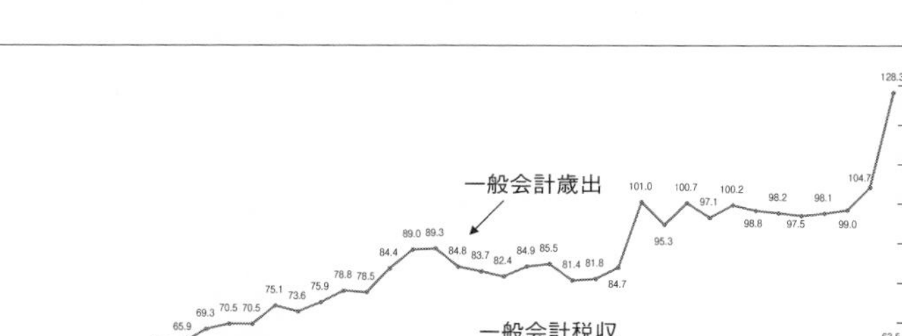

（注）なお，2018（平成 30）年度までは決算ベース，2019（平成 31）および 2020（令和 2）年度は補正予算ベースの額となっている。
（出典）財務省 n.d.。

の伸びが大きくなっている。また，歳入と歳出の関係を見ると，歳出が税収を大きく上回る状態が続いており，その差を国債である建設公債や特例公債の発行で補う状態が続いている。

つぎに，歳入歳出予算ごとの構成について見ると，2020 年度予算の状況は図表 12-7 のとおりとなっている。歳出に関しては，これまでに発行した建設公債や特例公債の償還および利子の支払いに必要な経費である国債費は全体の 2 割弱を占めている。また，医療，介護，年金，保健福祉，生活保護等に支出される経費である社会保障関係費が全体の 3 割弱を占めている。これら 2 つの経費は年々増加する一方で，公共事業や教育，防衛等その他の政策に投入する経費の割合は年々縮小しており，とくに 2020 年度は新型コロナウイルス感染症対策の予算が追加されたこともあり，全体の 4 分の 1 程度となっている。一方，歳入については，上述の会計年度独立原則に基づけば，ある年度の歳出はその年度の税収などの歳入で賄うのが本来の姿であるにもかかわらず，税やその他の収入の割合は全体の 3 分の 2 に留まっている。その結果，将来世代の負担となる公債の残高が増加しており，2021 年度末には公債残高は約 990 兆円

図表 12-7　2020 年度一般会計補正後予算における歳出および歳入の構成

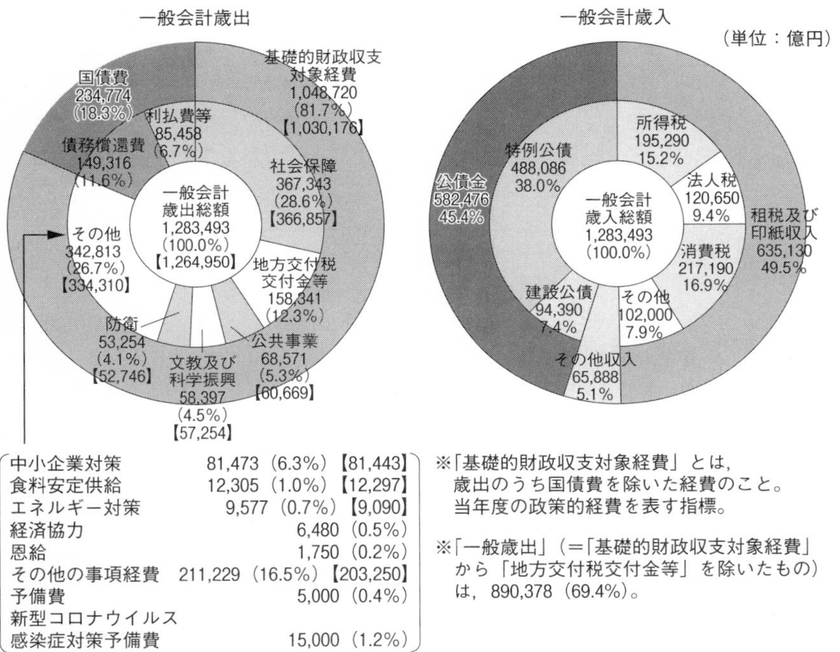

(出典) 同上。

に到達する見込みとなっているが，これは一般会計税収の約16年分に相当する額である (財務省 2020b)。

以上のようなわが国の財政状況は，諸外国と比較してどのように位置づけられるのであろうか。先進6カ国 (アメリカ，イギリス，ドイツ，フランス，イタリア，カナダ) との比較を行うと，GDPに占める債務残高の比率では最も悪い水準となっており (図表12–8)，また財政収支についてもアメリカに次いで赤字が大きい状況となっている (図表12–9)。これらのデータから，国際的に見てもわが国の財政状況が厳しいことがわかる。

図表 12-8　7カ国の債務残高（対 GDP 比，%）

年	2005	2010	2015	2020
日本	176.8	207.9	231.3	266.2
アメリカ	65.4	95.4	104.8	131.2
イギリス	39.8	75.2	86.9	108.0
ドイツ	67.4	82.3	72.1	73.3
フランス	67.4	85.3	95.6	118.7
イタリア	101.9	115.4	135.3	161.8
カナダ	70.6	81.3	91.2	114.6

図表 12-9　7カ国の財政収支（対 GDP 比，%）

年	2005	2010	2015	2020
日本	▲4.6	▲8.1	▲4.5	▲10.3
アメリカ	▲5.8	▲13.0	▲4.8	▲15.4
イギリス	▲3.0	▲9.3	▲4.5	▲16.7
ドイツ	▲3.3	▲4.4	0.9	▲6.3
フランス	▲3.4	▲6.9	▲3.6	▲9.5
イタリア	▲4.1	▲4.2	▲2.6	▲10.7
カナダ	1.6	▲4.7	▲0.1	▲15.6

（出典）財務省 2021 をもとに筆者作成。

2．予算制度改革の議論

小泉政権下の 2003 年に作成された「経済財政運営と構造改革に関する基本方針（以下，「基本方針」という）2003」において，予算編成プロセス改革が柱として示され，トップダウンの予算編成の強化を進めることとされた。同時に，政策目標を国民に分かる形で明確に示し，目標達成のために弾力的執行により予算を効率的に活用し，目標達成の状況を厳しく評価する予算編成プロセスの確立が謳われ，このプロセスが試行的に導入されることとなった。翌 04 年の「基本方針」では，予算制度改革を本格的に進めることとし，上記の取組みに加えて，一般会計・特別会計に独立行政法人や特殊法人などの関係法人を連結し，発生主義を基本とする省庁別の連結財務書類を作成，公表することとなった。また，政策ごとに予算と決算を結びつけ，予算と成果を評価できる予算書，決算書の作成に取り組むこととなった。さらに，府省間の連携強化や重複の排除を目的とする「政策群」ごとの概算要求，予算査定，執行の方針や，特別会計の必要性に関する検証と見直しも盛り込まれた。

民主党政権期の 2009 年には，「予算編成などの在り方の改革について」が閣議決定され，このなかでは，(1) 複数年度を視野に入れたトップダウン型の予算編成，(2) 予算編成・執行プロセスの抜本的な透明化・可視化，(3) 無駄な予算執行の排除，(4) 政策達成目標明示制度の導入が掲げられた（小林 2013）。

再度の政権交代を経て再び自民党政権となってからは，経済財政諮問会議における優先順位付け，概算要求や予算編成における政策評価，行政事業レビュー，予算執行調査等の成果の活用，コスト情報の開示や EBPM（証拠に基づく政策立案）といった方向性が示されている。

このように，予算制度改革に向けた取組みが進められているものの，残された制度改革の論点も存在する。具体的には，複数年度予算の導入や政策目的別予算の導入，また公会計に関しては民間企業と同様の会計であり，取引が行われた時点で経済活動をとらえる発生主義会計の導入といった論点が存在する。これらの点について諸外国の動向を見ると，複数年度予算に関しては，イギリスにおいて，1997 年の予算制度改革以降，3 カ年度の公共部門の支出総額を定めた計画であるスペンディングレビューを決定し，この計画をもとに毎年度の予算を編成する仕組みが採られている。また，政策目的別予算に関しては，フランスでは 2001 年に成立した予算組織法（LOLF）において，日本と同様の組織別・費目別の予算から，ミッシオン・プログラム・アクシオンの三階層で構成される政策目的別予算を編成する方向へ転換が行われた。最後に，発生主義会計に関しては，1980 年代以降，スウェーデンやイギリスなどから発生主義会計への転換の動きが起こり，同会計を採用する国の数は拡大している。国内に目を転じると，自治体では三重県が 1998 年に発生主義会計方式で決算を公表したのを皮切りに，全国に取組みが拡大しつつあり，国でも発生主義会計の考え方を参考とした国の財務書類が 2003 年度より作成されているが，会計方式自体の変更には至っていない。

これらの予算制度改革は，財政法をはじめとする法律の改正に留まらず，日本国憲法自体の修正を伴うものもあり，過去に憲法審査会で議論が行われたものもある。したがって，予算制度改革の道は必ずしも容易なものではないが，今後の動向に注目する必要があるといえる。

（松岡清志）

第５部　地方自治

第13章

地方自治体の制度

本章のねらい

一国の行政システムは，国の行政システムと地方自治システムから構成される。この章では，日本の地方自治システムの特性を解説することを目的に，つぎの各側面から地方自治体の制度を描く。まず地方自治の憲法上の位置づけに触れたうえで，地方自治に関連する制度体系を概説する。つぎに地方自治体の層のあり方について，さらに地方自治体の権能を見る。続けて地方自治体の財政的な自律性と区域のあり方を検討し，最後に参加のあり方を，住民参加手法としての住民投票の制度と地方自治体の国政参加の手法に分けて見ていく。

第1節　日本の地方自治制度体系の概観

1．日本国憲法における地方自治

一国の行政システムの重要な構成要素の1つとして地方自治システムが挙げられる。日本国憲法では，それまでの大日本帝国憲法とは異なり地方自治に1章を割き，4カ条を置いた。日本国憲法の第8章「地方自治」に置かれた第92条から第95条までがそれである。これらにより地方自治は憲法上の地位を得た。とくに，第92条では「地方公共団体の組織及び運営に関する事項は，地方自治の本旨に基づいて，法律でこれを定める」と「地方自治の本旨」を地方自治の基本原則とすることを明記した。そしてこの「地方自治の本旨」とは団体自治と住民自治から構成されるというのが一般的な理解であろう。

団体自治とは地方自治体の自治のことといえる。行政は国の行政機関によってのみ行われているのではなく地方自治体を通じても行われている。地方自治体は国の行政機関と異なり国家から自律的に，自らの意思と責任において行政を行う。日本国憲法が「地方公共団体は，その財産を管理し，事務を処理し，及び行政を執行する権能を有し，法律の範囲内で条例制定権を有する」（憲法94条）と定めていることはこうした団体自治の保障を意味している。とはいえ，地方自治体は国の法律を遵守する必要もあるため，地方自治体がどの程度の自律性を実際に有するのかがつねに問題となる。

これに対して**住民自治**とは地方自治体の事務処理等をその地域の住民の意思と責任で行うことを意味している。

住民がこうして自治体の事務処理等に関わることは民主政治を確かなものとする。例えばイギリスのブライス（James Bryce）は主著『近代民主政治』のなかで「地方自治は民主政治の最良の学校，その成功の最良の保証人なり」という格言を引き，民主政治における地方自治の重要性を指摘している（ブライス 1929：160）。

もちろん，ありとあらゆる政治的意思決定を住民が直接行うことは実際上困難であろうから住民が選挙で代議員を選出する間接民主制が日本の地方自治制度の基調となっている。日本国憲法は自治体の長（首長）や地方議会の議員を住民が直接選挙すると定め（憲法93条２項），住民自治を保障している。

もっともこの「地方自治の本旨」は抽象的な表現であることから，その内容を具体化する必要が指摘されることもある（全国知事会総合戦略・政権評価特別委員会憲法と地方自治研究会 2016）。あるいは市町村優先の事務配分の原則や自主財源の保障などを含めて広く解するべきという見解も見られる（宇賀 2017：9）。

このように日本国憲法では地方自治の憲法上の地位を与え，それを保障している。地方自治が存在する意義は多様であろうが，① 独裁や専制政治の防止や民主化の促進，② 政治過程の民主化と多元化，③ 政策の地域的な実験，④ 民主主義の学校，⑤ 民主的社会改革という５点が挙げられている（土岐他 2009）。

２．地方自治の制度体系

日本の地方自治の制度体系は地方自治法を中心とする複数の法律から構成さ

れている。

地方自治法は憲法の示す「地方自治の本旨」に基づいて自治体の組織や運営に関する事項の大綱や国と地方自治体の間の基本的関係を規定している。

もっとも地方自治の基本的，一般的な事項がすべてこの地方自治法に規定されているのではない。例えば選挙については公職選挙法，地方公務員については地方公務員法，国と地方の財政関係については地方財政法，また地方税については地方税法がある。この他にも例えば地方公営企業法のように地方自治法の特別法として自治体の経営する企業に関して規定する法律もある。こうした特別法として地方教育行政の組織及び運営に関する法律，警察法，消防組織法などがある。

3．自治体の層：基礎自治体と広域自治体

地方自治制度の基礎に国と地方の関係や地方自治体の層がある。

地方レベルにおいて地方自治体が何層に分かれているかを国際比較の観点から見てみよう。イングランドでは地方自治体が一層しかない場所と二層制となっている場所とに分かれている。スウェーデンはランスティング（Lansting Kommuner）と市町村（Kommuner）の二層制となっている。これに対してフランスは州（Régions），県（Départements），市町村（Communes）の三層制，連邦国家であるドイツでは連邦州（Bundesländer）の下に郡（Kreis）と市町村（Gemeinde）の二層制となっている地域と特別市（Kreisfreie Stadt）のみの一層制となっている都市部とに分かれている。国際的に見れば，人口規模が日本並みの国では，基礎レベル，広域レベル，超広域レベル（連邦制である場合には州）の三層制が一般化している（山下 2010）。

これに対して日本では二層制が採用されている。地方自治法は，都道府県と市町村を普通地方公共団体に分類する一方で，特別区，地方公共団体の組合，財産区を特別地方公共団体と分類している（地方自治法 1 条の 3)。このうち住民自治の単位として自律的な政府を構成する都道府県，市町村，特別区を「自治体」と呼ぶ（磯崎・金井・伊藤 2014)。基本的には都道府県と市町村が二層をなし，東京都区部では例外的に東京都と特別区が二層をなしている。

都道府県と市町村は異なる役割をもつ地方自治体として位置づけられる。地

方自治法によれば**市町村**は「基礎的な地方公共団体」として都道府県が処理するもの以外の地方自治体の事務を担当する（地方自治法2条3項）。これに対して**都道府県**は「市町村を包括する広域の地方公共団体」として，地方自治体の事務のうち広域事務，連絡調整事務，補完事務を処理する（地方自治法2条5項）。

東京都区部には市町村ではなく**特別区**が設置されている。特別区はもともと東京都の内部的な行政機関とされてきたが，1998年の地方自治法改正により「基礎的な地方公共団体」として位置づけられた（地方自治法281条の2第2項）。もっとも事務処理権限が一部制約され，また市の固有の課税権の一部が都に留保されている。例えば市町村が処理するものとされている事務のうち，人口が高度に集中する大都市地域における一体性及び統一性の観点から都が一体的に処理することが必要と認められる事務は東京都が処理する（地方自治法281条の2第1項）。上下水道事業，消防事業，廃棄物の最終処分場，都道の管理，東京港の管理，都営バス・地下鉄の経営などがそれにあたる（土岐2003）。

こうした特別区の制度は長く東京都に独自のものであったが，2012年の**大都市地域特別区設置法**の制定により，**政令指定都市**と隣接地方自治体の人口が200万人以上となる地域では市町村を廃止して特別区を設置できることとなったが，これまで設置された例はない（2020年現在）。

第2節　自治体の権能

1．事務の配分：融合システム

2000年の地方分権一括法以降の地方自治制度では国と地方自治体の事務配分の原則は，地方自治体，とくに**基礎自治体**である市町村を優先するものとなった。

改正前の地方自治法では地方自治体の事務は非権力的な「公共事務」が中心であった。旧地方自治法2条2項は「普通地方公共団体は，その公共事務及び法律又はこれに基づく政令により普通地方公共団体に属するものの外，その区域内におけるその他の行政事務で国の事務に属しないものを処理する」と規定し，権力的な「行政事務」については国の事務に属しないものや法令によって地方自治体に属するものとされたものだけが地方自治体の処理するものとなっていた。

これに対して改正後の地方自治法では「地方公共団体は，住民の福祉の増進を図ることを基本として，地域における行政を自主的かつ総合的に実施する役割を広く担うものとする」（地方自治法１条の２第１項）と規定され，さらに「普通地方公共団体は，地域における事務及びその他の事務で法律又はこれに基づく政令により処理することとされるものを処理する」（地方自治法２条２項）と規定された。この時の改正で機関委任事務制度が廃止され，主務大臣から一般的な指揮監督を受けることがなくなったことと相まって，地方自治体は「地域における事務」の一般的な処理主体となった（山崎 2004）

都道府県が市町村間の連絡調整，広域事務，また補完事務を担うとされる一方で市町村が基礎自治体として位置づけられていることから，現在の地方自治制度では地域における事務等はまず市町村が処理し，それが困難な場合に都道府県が処理し，さらにそれも困難である場合に国が処理することが想定されている（山崎 2004)。

しかし国と自治体の事務の領分が明確に区別されたわけではなかった。地方自治法は国が本来果たすべき役割を「国際社会における国家としての存立にかかわる事務」，「全国的に統一して定めることが望ましい国民の諸活動若しくは地方自治に関する基本的な準則に関する事務」，又は「全国的な規模で若しくは全国的な視点に立つて行わなければならない施策及び事業の実施」などとし，それを重点的に国が担う一方で「住民に身近な行政はできる限り地方公共団体にゆだねることを基本」とすることを謳っている（地方自治法２条２項)。しかし，これは国と地方自治体との事務の重複を前提としたうえで国と地方自治体の役割の重点と役割分担の方向性を示したものであった。国と地方自治体とで事務が重複しうる地方自治制度は**融合型**と呼ばれ，国と地方自治体の事務がはっきりと分けられている**分離型**と区別されている。

日本の地方自治制度が融合型であることを反映して，地方自治体の担う「地域における事務」（地方自治法２条２項）は主に国の地方自治体に対する関与の手法の違いの観点から自治事務と法定受託事務に区別されている。1990年代の**地方分権改革**を経て自治体に対する国の関与はルール化されるようにはなったが，その際に国と地方自治体の事務がはっきりと分けられたわけではなく，国の関与が前提となる融合型の地方自治制度であることに変化はなかった。

自治事務とは「地方公共団体が処理する事務のうち，法定受託事務以外のもの」（地方自治法２条８項）と定義される。自治事務とされた事務に対して国や都道府県の関与は制限されることとされた。例えば，介護保険サービス，国民健康保険の給付，児童福祉や老人福祉，乳幼児医療補助金のような各種助成金交付，文化ホールやスポーツ施設のような公共施設の管理などが挙げられる。

しかし自治事務といってもそのすべてを地方自治体が自己決定できるわけでない。自治事務のなかにも法律に基づく事務（例えば，国民健康保険の給付）もあり，また実施が義務付けられている事務（例えば，文化ホール等の管理）もある。

そのため地方分権の観点からは法令による規律の詳細さを緩和させることが必要であり，2007年に設置された地方分権改革推進委員会では法令の「義務付け・枠付けの見直し」が重要な論点となった（宮脇 2010)。

一方，**法定受託事務**とは，法令によって地方自治体が処理することとされている事務のうち，「国が本来果たすべき役割に係るものであつて，国においてその適正な処理を特に確保する必要があるものとして法律又はこれに基づく政令に特に定めるもの」（地方自治法２条９項１号），及び法令によって市町村・特別区が処理するものとされる事務のうち，「都道府県が本来果たすべき役割に係るものであつて，都道府県においてその適正な処理を特に確保する必要があるものとして法律又はこれに基づく政令に特に定めるもの」（地方自治法２条９項２号）と定義されている。例えば，生活保護，戸籍事務，旅券の交付，国道の管理などがこれらに該当する。

２．事務の範囲：広範囲・多目的・総合性の程度

実際に地方自治体が担う事務の範囲は広く，またその量も国に対して大きい。

まず事務の範囲についていえば，都道府県と市町村，また市町村の中でもその地位（例えば政令指定都市や中核市の場合）が異なればその範囲も異なるが，総じていえば，地方自治体は，例えば住宅，保健衛生，社会保障・福祉，文化，教育，環境分野，まちづくり，治安・安全，経済，公益事業などの分野を担当している。

つぎに地方自治体の事務の量を支出面から見てみると，国の支出の割合が 42.5% であるところ地方自治体のそれは 58.5% であり（2018 年度），地方自治体の活動量の大きさが際立つ。ただし GDP 比で国際的に比較すると，支出規模で測る地方自治体の活動量は必ずしも大きいわけではなく，やや小規模と評価される点には注意が必要だろう（山下 2010）。

国と地方自治体の支出額の割合は分野ごとに異なる（図表 13–1）。例えば，保健所やごみ処理等の分野（衛生費）では支出の 99% が地方自治体のものであり，小・中学校や幼稚園などの分野（教育費）でも地方自治体の支出割合は高い（87%）。また国と地方自治体とを合わせてもっとも支出規模の大きな社会福祉関係（民生費）ではそのうち 70% を地方自治体が担っている。こうした分野では地方自治体の活動が中心となっていることがわかるだろう。これに対して年金や防衛の分野では国の支出がすべてであり，地方自治体の支出はない。

このように地方自治体は幅広い事務を担い，少なくとも国の支出規模と比較すれば大きな支出を行っている。地域における事務の多くは地方自治体に統合されているといえるだろうが，それとは逆にさまざまな行政の事務が分立している側面も見られる。

まず地方自治体の内部に国の省庁間の「縦割り」が持ち込まれているため地方自治体の総合性に限界が見られるとする指摘も見られる。

また，地域には国の**出先機関**（地方支分部局）が多くは各省別に置かれ，必ずしも地域で行われている事務がすべて地方自治体に統合されているわけではない。例えば法務局（法務省），財務局（財務省），労働局（厚生労働省），地方農政局（農林水産省），経済産業局（経済産業省），地方整備局（国土交通省）などがそうした出先機関であり，ブロックごと（関東，近畿など）に○○局が置かれることが多く，さらにその下に都道府県ごとに支所などが置かれる

図表 13-1　国・地方を通じた純計歳出規模（目的別）

	地方の割合 57.5%	国の割合 42.5%
衛生費 3.7%	保健所・ごみ処理等 99%	1%
学校教育費 8.8%	小・中学校，幼稚園等 87%	13%
司法警察消防費 4.0%	78%	22%
社会教育費等 2.9%	公民館，図書館，博物館等 78%	22%
民生費（年金関係を除く。）21.9%	児童福祉，介護などの老人福祉，生活保護等 70%	30%
国土開発費 8.3%	都市計画，道路，橋りょう 公営住宅等 74%	26%
国土安全費 1.5%	河川海岸 72%	28%
商工費 4.5%	62%	38%
災害復旧費等 0.8%	78%	22%
公債費 20.6%	35%	65%
農林水産業費 1.7%	45%	55%
住宅費等 1.9%	32%	68%
恩給費 0.1%	3%	97%
民生費のうち年金関係 6.9%		100%
防衛費 3.2%		100%
一般行政費等 7.8%	戸籍，住民基本台帳 7.8% 78%	22%
その他 1.2%		100%

（出典）総務省 2020：4。

こともある。第二次世界大戦後の占領期には各省別の地方出先機関が多く創設・拡充されたのだが，こうした傾向は，事務の実施を地方自治体に委ねることを嫌った中央各省が独自の実施系列の構築を推進した結果であり，「機能的集権化」として理解できると論じられた（市川 2012）。2000 年代に入ると，地方分権化，すなわち国と地方の役割分担の見直しに合わせ，これら出先機関の事務と組織を地方自治体に委譲し，また出先機関の統合が計画されたが（宮脇 2010），実施には至らなかった。

このように地域で行われている行政の事務が地方自治体内で，あるいは地方自治体外で分立している側面も見過ごされてはならないだろう。

第 3 節　財政的な自律性―自己財源率と自主課税権の状況―

1．地方自治体の歳入の種類と一般財源

前節に見たとおり，日本の地方自治体の支出規模は国のそれよりも大きい。では，こうした支出はどのような収入によって賄われているのだろうか。地方税，地方交付税，国庫支出負担金，そして地方債という 4 つが主たる財源となっている。

地方自治を財政面から見るとき，地方自治体がどの程度財政面での自己決定が可能であるのかが問題となり，使途の特定がない財源（**一般財源**）が重視される。先に挙げた主要財源の中では地方税と地方交付税が一般財源である。なお国庫支出負担金や地方債は使途が特定されているため**特定財源**と呼ばれる。

日本の地方自治体の一般財源は総じて見れば全歳入の 59.3％であり，そのうち地方税は全歳入の 40.2％，地方交付税は 16.3％を占めている（2018 年度；総務省 2020a）。地方税のように地方自治体が自主的に調達できる財源の全歳入に占める割合が 3 割程度であったことから日本の地方自治の弱さを **3 割自治**と呼んできたが，現在では地方税の全歳入に占める割合は 4 割弱まで上昇している。この水準は先進民主主義国のなかで著しく低いわけではないことが指摘されている（北村・青木・平野 2017）。

２．地方税の自由度

地方自治の観点から重視されてきたのは課税の自由度であった。まず総量の面では，課税の自由度が高い地方税の収入は国税収入に対しておよそ６：４である（総務省 2020a）。

つぎに質的な面について見てみよう。**地方税**として課税される税金の種類や税率などの主要事項は原則として地方税法によって規定されていることから，地方税とはいえ自由度が低いといわれる。もっとも，地方自治体は地方税法に認められた一定の範囲内ではあるが標準税率を超えた税率を課すこと（**超過課税**）ができる場合もあり，実際に実施されている。例えば都道府県民税の法人税割では 46 団体が，また市町村民税の法人税割では 996 団体が超過課税を課している。市町村の個人均等割や所得割で実施している例はごくわずかである（個人均等割は横浜市と神戸市の２団体，所得割は兵庫県豊岡市１団体）（総務省 2019）。

また自治体は地方税法が定めるもの以外の税も一定の条件のもとで創設できる（**法定外税**）。1990 年代の地方分権改革の成果である 2000 年施行の地方分権一括法によって，法定外普通税の創設はそれまでの許可制から同意を要する協議制へと変更され，また新たに法定外目的税が創設され，自治体は条例によって新設できるようになった（条例可決後に総務大臣との協議・同意が必要）。こうした制度改正が行われたことで，その後，一部の自治体では独自財源を求めて法定外目的税を創設する動きが活発となった。例えば産業廃棄物税や宿泊税などが新設された。とはいえ 2018 年度決算において法定外税が地方税収に占める割合は 0.16％に過ぎない（総務省 2020b）。

３．小規模な地方自治体の一般財源

一般財源の内訳は地方自治体の規模によって大きく異なる（図表 13-2）。規模が小さくなればなるほど地方税の占める割合が低下し，その分，地方交付税の占める割合が上昇する。規模に関わらず歳出に占める一般財源の割合がほぼ６割で一定である。地方交付税の存在によって小規模自治体でも一般財源が確保されていることが確認できるだろう。

この**地方交付税**とは自治体間の財源の均衡化を図り，また地方行政の計画的な運営を保障する仕組み（**財源保障**）である。毎年度，地方自治体の歳入と歳出の基準額をまとめた地方財政計画の策定を通じて地方自治体全体の財源が巨視的に確保され，交付税総額が定まる。その財源には所得税・法人税の33.1%，酒税の 50%，消費税の 19.5%，地方法人税の全額が充てられるが，不足する場合にはその補塡措置が講じられてきた（**地方財政対策**）。

そうして確保された交付税総額の大半は**普通交付税**として，基準財政需要額（自治体が合理的で妥当な水準の行政を行った場合に必要となる需要額を一定の方法で算定した額）と基準財政収入額（標準的な状態で徴収が見込まれる地

図表 13-2　団体規模別の歳入決算の内訳

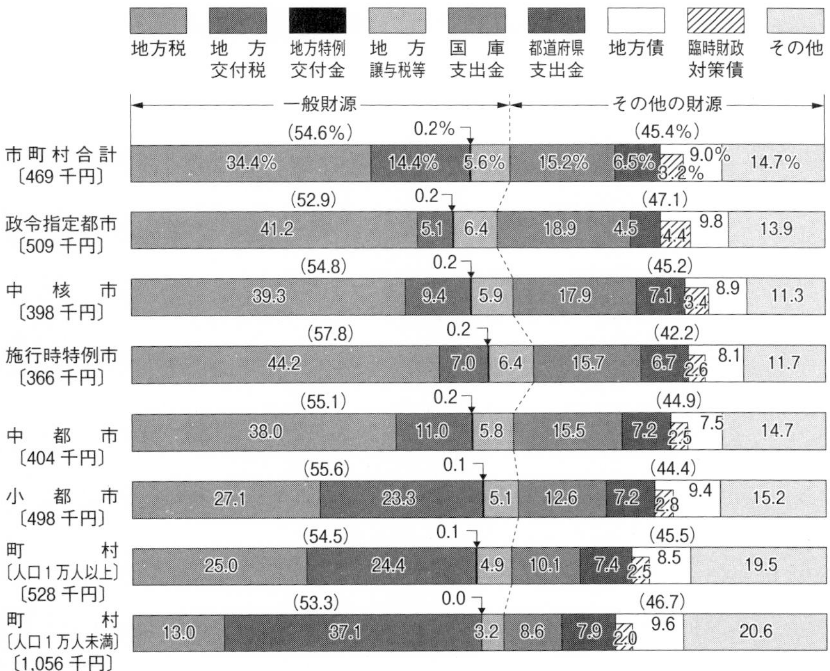

（注）1 「市町村合計」は，政令指定都市，中核市，施行時特例市，小都市および町村の合計である。

2 「国庫支出金」には，国有提供施設等所在市町村助成交付金を含み，交通安全対策特別交付金を除く。

3 〔　〕内の数値は，人口 1 人当たりの歳入決算額である。

（出典）総務省 2020a：141。

方税と地方譲与税の収入を一定の方法で算定した額）の差額を補てんするように各自治体に配分され，残りは**特別交付税**として災害などの特別の事情に応じて交付される。その性格は一般財源であるとされ，使途を特定されない。

第4節　地方自治体の区域

1．地方自治体の規模

地方自治体の適正規模を定めるのは難しい。地域内のつながりや民主政の実質を考えると地方自治体の適正規模は相対的に小さなものになるが，効率，例えばさまざまな行政サービスのコスト最小化を考えるとある程度の規模が必要となるだろう（岩崎 2004）。

とはいえ，地方自治体の規模拡大を支持する見方が有力となってきた。例えば，量的分析によって1人当たり歳出額を最小となる規模を算出した研究は，計算条件によって結果は異なるが，約20万人から30万人程度が最小効率規模としている（吉村 1999）。

また，行政の専門性の観点からも地方自治体の規模拡大は論じられてきた。市町村を地域におけるナショナル・ミニマムの公共サービスを提供する主体としてとらえる場合には，それぞれの公共サービスの実施体制が充実していることが望まれるだろう。しかし小規模の地方自治体では重要な政策分野であっても1人または数名の体制しかとられずに，また企画部門が置かれることもない。企画部門が置かれ，各政策領域に少なくとも係体制がとられているのは人口3万人以上の地方自治体である。さらに土木技師などの専門職種は人口10万人を超えると相当程度確保される（山崎 2004）。

とはいえ，日本の地方自治体の規模は国際的に見ると大きい。日本の市町村数は1718（2018年度）であり，平均人口は約7.3万人である。主な西欧諸国と比較すると，こうした日本の市町村の平均人口はかなり大きい。それぞれの国の総人口が異なるため単純には比較できないが，西欧諸国のなかでも基礎自治体の規模が大きいといわれる北欧諸国でも1万人弱（ノルウェー）から3万人強（スウェーデン）であり，ドイツも約8千人である。これに対して市町村の平均規模が小さいと言われる南欧諸国では，例えばフランスは1.6千人程度，イタリアは 7.1 千人程度である。

確かに日本の市町村の平均規模は国際的に見て大きいが，日本にも小規模な市町村は存在する。人口規模が最大の市（横浜市）の人口が約 370 万人であるのに対して，最小の市町村（東京都青ヶ島村）の人口は 178 人である（福島県の被災地を除く）。次節で見るように大規模な市町村合併が進められてきたにもかかわらず，人口が 1 万人を切る町村は全体の 29.6%（2018 年度）を占め，人口減少の傾向とともに比率を高めてきている（総務省 2020a）

2. 市町村合併

現在の地方自治体の区域と規模になるまでに日本では，3 回の大規模な市町村合併の時期を経験している。

第 1 は，「明治の大合併」である。これは，伝統的な集落である自然村を戸籍業務や徴税等を行う単位として大規模化するために，1888 年頃の市制町村制の制定に合わせて行われた。約 7 万 1000 ともいわれた自然村が 89 年時点で約 1 万 6000 の市町村となった。

第 2 は，「昭和の大合併」である。これは，第 2 次世界大戦後の改革の過程で，新たに市町村の事務となった新制中学校の設置・管理などにふさわしい規模とするために行われた。1953 年に町村合併促進法が，さらに 56 年に新市町村建設促進法が制定されて人口 8000 人の規模を目途として市町村合併が推進された。その結果，1962 年 1 月 1 日には市町村数は 3466，平均人口は 2 万 4555 人となった。

第 3 は，「平成の大合併」である。昭和の大合併後も市町村合併特例法が 10 年ごとに更新されてはいたが 1990 年代まで市町村数は約 3300 で大きく変わらなかった。しかし 1990 年代後半から「平成の大合併」が推進された。2000 年に制定された市町村合併特例法には市町村合併への財政支援（合併特例債等）が盛り込まれ，さらに 05 年には合併三法（改正市町村合併特例法，市町村の合併の特例等に関する法律，改正地方自治法）が施行された。これにより財政支援の継続，総務大臣・都道府県の役割明確化，市となる要件の緩和，一定期間の議員身分の保障（定数特例），旧市町村単位での合併特例区（5 年以下の時限組織）の設置などの合併促進策が導入された。

こうした市町村合併促進策の効果もあり，市町村数は2010年3月末には1730まで減少し，平均規模は6万8947人となった。合併をした市町村を対象として08年に行われたアンケート調査によれば，市町村合併を行った理由として多かったのは財政的理由（74.5%）や地方分権への対応（61.3%）であった（日本都市センター2008）。

平成の大合併の評価はさまざまである。総務省の調査では市町村合併の効果として，① 専門職員の配置など住民サービス提供体制の充実強化，② 少子高齢化への対応，③ 広域的なまちづくり，④ 適正な職員の配置や公共施設の統廃合など行財政の効率化を挙げる一方で，その課題として，① 周辺部となった旧市町村の活力喪失，② 住民の声が届きにくくなる，③ 住民サービスの低下，④ 旧市町村地域の伝統・文化，歴史的な地名などの喪失を挙げた（総務省2010）。

3．地方自治体内の下位区分

従来から大都市ではよりきめ細かで総合的な行政を実施するために狭域行政の制度が問題となってきたが，市町村合併の拡がりと合わせて大都市以外にも地方自治体内に下位区分を置く地方自治体が見られるようになっている。

東京都には特別区が置かれているが，これは1998年の地方自治法改正で「基礎的自治体」と位置づけられるようになっているため，東京都の内部団体という位置づけではもはやない。公選の区長と区議会を有している。

これに対して政令指定都市である大都市に置かれる区は，その市の内部団体であり，公選の区長や区議会はもたない。区長は置かれているが，市長の補助機関である職員が市長によって任命されている。政令指定都市の区はあくまでも行政組織の一部であり，**行政区**と呼ばれている。

2014年の地方自治法改正により行政区に代えて**総合区**を置くことができるようになっている。総合区制度では，総合区長は議会の同意を得て市長に選任される特別職の地方公務員（任期4年）とされ，職員任免権や市長への予算意見具申権が認められるなど，区長の地位と権限が強化される。ただし総合区制度を導入した事例はまだない（2021年1月現在）。

市町村合併を促進しようとするなかで住民自治を強化することを目的とし

て，例えば旧市町村区域を単位とするような下位区分（**地域自治区**）を置くことが法定された。

地域自治区には事務所が置かれ，その長には市町村長の補助機関である職員（市町村の首長部局の職員）が充てられる。また地域自治区には，地域自治区の事務所が処理するその区域にかかる事務に関することを審議するなどのために，地域協議会が置かれる。地域協議会の構成員はその区域内に住所を有する者の中から市町村長によって選任される。

こうした制度の整備にもかかわらず，地域自治区の利用は限られている。2020年（4月1日現在）には，地域自治区は13団体（128地域自治区）で設置されているに過ぎない（総務省 2020c）。

4．広域連携

2010年を境に市町村合併の積極的な推進に代わり，市町村間の**広域連携**が進められるようになった。市町村合併によらず自治体の公共サービス提供体制を整備していくために，中核となる市町村と周辺の市町村の連携策として**定住自立圏**や**連携中枢都市圏**の形成が進められている。

また，こうした連携策を実現しやすくするためもあり，別法人を新たに設立する広域連携の仕組み（**一部事務組合**や**広域連合**）とは異なり，より簡便で柔軟な広域連携の仕組みとして**連携協約**や**事務の代替執行制度**が創設されたが，その利用はまだ限定的である。

第5節　地方自治体の機関―二元代表制―

日本の地方自治体には**議事機関**である議会と**執行機関**である首長が置かれる。日本国憲法のもとでは，自治体の首長（都道府県知事と市町村長）も，議会議員もともに住民の直接選挙で選ばれることとなり（憲法93条2項），両者ともに代表機関としての性格をもつようになった。こうした日本の地方自治体の政治制度を**二元代表制**と呼ぶのが一般的となっている（第15章を参照）。

地方自治体の首長は執行機関として位置づけられる。地方自治体の執行機関には首長の他にも教育委員会や公安委員会などの行政委員会もあるが，それらを統括するのは首長である。

この首長は広範囲にわたる強力な権限をもつ。まず首長は条例案や予算案を議会に提出する権限をもつ。とくに重要であるのは予算案の編成と議会への提出に関する権限であろう。これらは首長に専属していることから首長は地方自治体の運営を主導できる。また，首長は法令に違反しない限りにおいて規則を制定する権限をもち，さらに，副知事などの特別職職員や一般職員の任命権などの人事権も有している。

これに対して議会は，議決権，検査・監査請求権，調査権などの権限をもち，その範囲は地方分権改革のなかで確かに拡大はしたが，制約は残る。例えば，議会の議決事項は，条例を制定・改廃すること，予算を定めること，決算を認定することなど重要事項が必要的議決事項として地方自治法に限定列挙されている。ここに掲げられているもの以外についても条例によって議決事項として追加できるとされているが，「法定受託事務のうち国の安全に関することその他の事由により議会の議決すべきものとすることが適当でないものとして政令で定めるもの」は議決事項として追加できないとされている。こうした制約は検査・監査請求権や調査権にも見られる（宇賀 2017：258-269）。

首長は議会に対して**再議権**と**専決処分権**をもつことで少なくとも制度上は優位に立つ。首長は，条例の制定や改廃，予算に関する議会の議決に対して異議がある場合には，議会に対して再議を求めることができる。議会が同一議決をするためには，出席議員の３分の２以上の同意を経る必要がある。また，緊急の場合など一定の要件を満たすときには首長は議会の議決を経ずに予算などを決定することができる。

議会は首長に対する不信任決議を行うことができる。総議員の３分の２以上が出席し，その出席議員の４分の３以上が首長の不信任案に賛成するとき，首長の不信任決議は議決される。この場合，首長は失職か議会の解散かを選ばなければならないとされる。

第６節　住民投票・住民参加

地方自治体の意思決定への住民の直接参加の機会として**住民投票**がしばしば

行われるようになっている。そもそも日本国憲法95条は特別法の制定に住民投票の実施を必要としているが，1940年代後半から50年代に「広島平和都市建設法」などで実施されただけである。

これに対して地方自治法に基づいて住民投票が行われる場合がある。地方自治法が定める直接請求の制度には，議会解散の請求，首長や議員の解職請求，条例制定改廃の請求，事務監査の請求の4種類がある。住民は選挙権を有する住民の一定数以上の署名によってそれぞれの実施を請求できる。

こうした直接請求の制度のうち**解職請求**の場合に住民投票が実施される。一定数以上の署名が集まれば住民投票が実施され，過半数が同意すれば議会解散や解職が実現する。これに対して，条例制定改廃の請求では住民投票は行われない点に注意が必要であろう。首長に対して条例制定や改廃を求める制度であり，住民投票によって最終的な判断を行える制度ではない。請求を受けた首長は20日以内に議会を招集し，首長自身の意見を付した上で議会での審議を求め，議会が条例の制定改廃について審議・議決を行うこととなる。

そこで1990年代半ば頃から，解職を伴わない，特定の政策課題に対する意思決定に対する直接参加の方策として，条例に基づく住民投票が実施されるようになった。その嚆矢とされるのは1996年の新潟県巻町（現新潟市）での原子力発電所建設をめぐる住民投票であった。市町村合併に関連するものがかなり多いが，産業廃棄物処分場（岐阜県御嵩町など）やヘリポート基地建設の是非（沖縄県名護市）などを問うもの，あるいは大規模な公の施設の建設の是非（千葉県四街道市など）を問うものなども行われている。

これらの条例による住民投票は，投票結果が議会や首長を拘束しない非拘束型，諮問的なものである点が特徴になっている。また，住民投票の成立要件を投票率が過半数であることとするものが多い。投票が不成立であった場合には開票作業を行わないものも多い。全有権者に対する賛成票の率を要件とする例（ドイツ）や成立要件を設定しない例（スイス）も見られることから，成立要件のあり方は論点の1つとなっている（岡本2012)。さらに，条例による住民投票の制度では，議会や首長発議を認めているものも多い。住民からの実施請求をする場合でも，その案件を住民投票に付すのが適当か否かを判断する裁量権が自治体（首長）に存する点も日本の条例による住民投票の特徴といえる。

第7節　国政参加の制度

融合的な地方自治体制であることもあり，国が決定する政策のなかにはその実施を担うなど地方自治体に影響を与えるものも少なくなく，とくに高度経済成長期には集権化も進んだことから，地方分権を推進する立場から自治体の国政参加が議論されてきた（例えば成田 1979a，1979b，1980）。そうした機会として，各自治体議会による国会または関係行政庁への**意見書提出**（地方自治法 99 条），個別法律に基づく関係自治体の意見提出，意見公募手続（**パブリックコメント**），請願（憲法 16 条），国会の法案等審議過程における自治体の長，議会議長等の公聴会での発言が挙げられるが（原田 2010），とりわけ，自治体の全国的連合組織（「**地方六団体**」，すなわち全国知事会・全国市長会・全国町村会・全国都道府県議会議長会・全国市議会議長会・全国町村議会議長会）による意見提出と「**国と地方の協議の場**」が注目される。

まず制度化されたのは連合組織による意見提出権である。これは 1979 年の第 17 次地方制度調査会において全国知事会の意見書を受けてその必要性が答申されたものであったが，それが実現したのは 90 年代に入ってからのことであった。93 年 6 月には地方自治法が改正され，地方自治に影響を及ぼす法令等に関して，全国的連合組織による内閣または国会への意見提出権が創設され，さらに 99 年の地方分権一括法では全国的連合組織からの意見申出に対して内閣に回答努力義務（一部回答義務）が課せられた（原田 2010）。

もっとも，連合組織が意見提出できるのは全国的に幅広く影響を及ぼすものに限られるため，実際の提出は「地方分権推進」に関する 2 回しかない（戸谷 2019）。

つぎに「国と地方の協議の場」が，民主党政権のもとで 2011 年に「国と地方の協議の場に関する法律」が制定され，制度化された。

協議の場の制度概要はつぎのとおりである。

第 1 に，協議の場の議員は国側と地方側から構成されている。国側議員は，内閣官房長官，内閣府特命担当大臣（地方分権改革），総務大臣，財務大臣ほか内閣総理大臣が指名する国務大臣であり，地方側議員は地方六団体の代表各

1 名である。これらの議員の他にも，議長は議案に限って国務大臣または自治体の首長・議長を臨時に出席させることができる（臨時委員）。内閣総理大臣は協議の場の議員ではない。もっとも内閣総理大臣の出席や発言はいつでも許される（国と地方の協議の場に関する法律 2 条）。

第 2 に，協議の場を招集するのは内閣総理大臣である。議員は招集を求めることができる。

第 3 に，協議の対象となる事項の範囲は広い。「国と地方公共団体の役割分担に関する事項」，「地方行政，地方財政，地方税制その他の地方自治に関する事項」，「経済財政政策，社会保障に関する政策，教育に関する政策，社会資本整備に関する政策その他国の政策に関する事項のうち，地方自治に影響を及ぼすと考えられるもの」のうち「重要なもの」が協議対象となる（国と地方の協議の場に関する法律 3 条）。

第 4 に，協議の場が終了したら議長は報告書を作成し，国会に提出する（国と地方の協議の場に関する法律 7 条）。また，協議の場において協議が調った事項がある場合には，協議の場の議員や臨時委員はその協議の結果を尊重しなければならない（国と地方の協議の場に関する法律 8 条）。

制度創設以来，協議の場の実施は年に数回は定期的に行われているが，協議が調うことは創設当初を除いて見られない。制度の創設時には，消費税を 10％に引き上げることで得られる増収分を社会保障の維持拡充の財源に充てるとする「社会保障・税一体改革」が議論されていたが，これは自治体に大きな影響を及ぼすものであったことから，臨時会合が 5 回開催されるほど盛んに協議の場で議論が繰り広げられた。その結果，例えば，消費税・地方消費税の引き上げ分を 5％とする場合，「国分を 3.46％，地方分を 1.54％とする」ことについて協議が調った（『国と地方の協議の場（平成 23 年度第 5 回臨時会合）における協議の概要に関する報告書』）。しかし，2012 年第 1 回臨時会合以降 2020 年第 2 回会合まで，協議が調ったとして報告書に記載されている事項は見られない。

（宇野二朗）

第14章 地方自治体の組織と人事管理

本章のねらい

地方自治体の組織は複雑である。知事や市町村長がすべての事務を所掌しているわけではなく，さまざまな機関が権限を分け合いながら事務を分担して処理している。また，自治体では多くの職員が働いており，世間からは，安定した身分をもち，勤務条件も比較的恵まれた職業であると思われている。しかし，1990年代半ば以降，業務が増加する一方で職員数は大幅に削減され，また，給与水準や手当の見直しも進められるなど，自治体職員を取り巻く環境は年々厳しくなっている。本章では，そのような自治体の組織や職員の実態について見ていくこととする。

第1節　組織管理

1．地方自治体の執行機関

地方自治体には，**議事機関**と**執行機関**が置かれる。執行機関には，**長**（都道府県知事および市町村長をさす。**首長**ともいう）のほか，**委員会**または**委員**（以下，「**行政委員会**」という）が存在する。執行機関が複数存在するのは，政治的中立性・公平性を確保すべき分野について，首長から独立した地位と権限をもつ行政委員会を設け，行政の一部を担わせるためである（**執行機関多元主義**）。ただし，自治体としての一体性を確保するため，行政委員会は，予算の調製・執行，議会への議案の提出，税の賦課・徴収などに関する権限は有しない。

行政委員会のうち，教育委員会，選挙管理委員会，人事委員会または公平委員会，監査委員はすべての自治体に置かれる。このほか，都道府県には公安委員会，労働委員会，収用委員会など，市町村には農業委員会などがそれぞれ置かれている。

首長を補佐する存在として，**副知事**，**副市町村長**を置くことができる。いずれも，首長の命を受け政策および企画をつかさどり，職員の担任する事務を監督するとともに，首長が欠けた場合や不在の場合などにその職務代理を遂行するものとされる。なお，1 人ではなく複数置くことも可能であり，選任には議会の同意が必要である。

このように，首長がその事務を管理・執行するに際し，これを補助する機関を**補助機関**という。副知事・副市町村長のほか，会計管理者，出納員および会計職員，職員，専門委員も補助機関とされる（松本 2017)。

2．内部組織

知事および市町村長は，その権限に属する事務を分掌させるため，必要な**内部組織**を設けることができる。首長の直近下位に部を置き，その下に課を置くのが一般的であるが，東京都や政令指定都市など組織規模が大きな自治体では，部の上に局を置くこともある。また，町村など組織規模が小さな自治体では，部を置かずに首長の直近下位を課とすることもある。

なお，部と課のあいだに局を置く自治体もあるが，これは部にするほどでもないが部のなかで比較的大きなウェイトを占める分野，あるいは，異質な分野について，部長の下に局長を置くことで部長の負担を軽減しようとするものである。また，首長直下など部外に局を置く自治体も見られるが，これは首長直轄とすることで庁内横断的な役割を果たさせようとする場合と，部を増やすと外部から組織の肥大化と見なされるためそれを回避しようとする場合がある。

自治体の内部組織は，全体の調整・連絡を担う総務・企画部門（例えば総務部，企画部など）と，行政分野ごとに分けられた事業部門（例えば商工労働部，農林水産部，土木部，保健福祉部など）により編成されるのが一般的である。

自治体，とくに都道府県では，どこも似たような組織となっていることが多い（図表 14-1)。これは，2003 年までは地方自治法で都は局を，道府県は部を直近下位に置くこととされ，その部局数についても人口等による標準部局数が

図表 14-1　都道府県の一般的な組織図

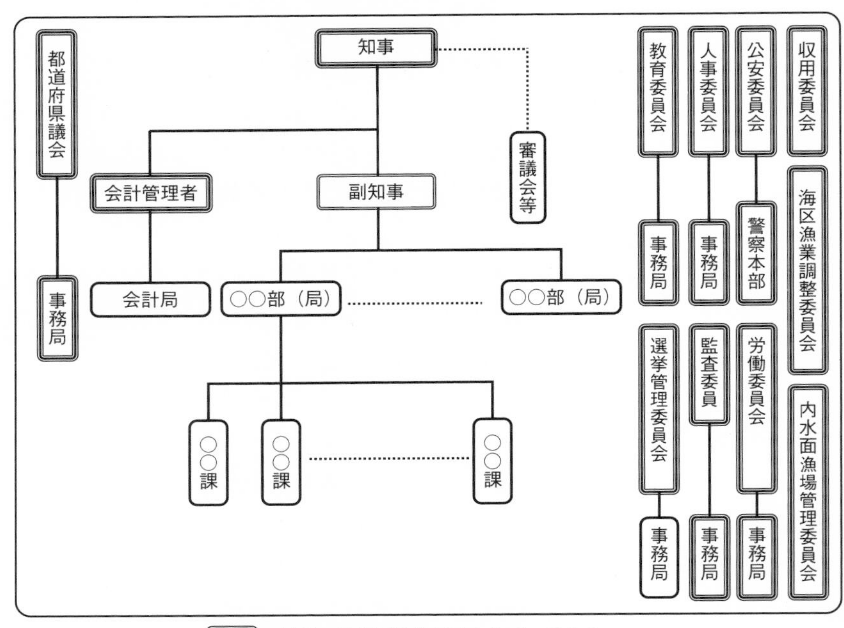

（出典）総務省ウェブサイト〈http://www.soumu.go.jp/main_content/000451028.pdf〉。

定められていたためである。標準部局数を超える数の部局を置く場合には，総務大臣への事前届出（1997 年までは事前協議）が必要とされていた。また，1991 年までは，部局の名称や分掌事務まで地方自治法に例示されていた。なお，市町村については，このような規定は存在せず，単に条例で必要な部課を設けることができるとするのみであった（稲継 2011；松本 2017)。

現在はそのような規定は存在せず，各都道府県がそれぞれの考え方に基づいて組織を編成するようになったため，以前に比べれば都道府県組織のバリエーションは豊かになっている。

３．出先機関

自治体には，内部組織（一般にいう本庁・本所組織）のほかに，**出先機関**が存在する。出先機関とは，首長の権限に属する事務を地域的，機能的に分担させるため，本庁・本所の外に置かれる組織を指す。

出先機関には，首長の権限に属する事務の全般について地域的に分掌する総合出先機関と，福祉，保健，徴税，土木など特定の事務のみを分掌する個別出先機関（特定出先機関）がある。また，出先機関には，これらのように一般住民の権利義務に密接な関係のある機能を担当する機関（行政機関）のほか，研究機関や研修所のように一般住民の権利義務とは無関係の機関（分課機関）や，学校，病院，福祉施設など住民の利用に供する機能を有する機関（**公の施設**）がある。

出先機関には，法律により必置とされるものがある。都道府県か市町村か，あるいは市でも政令指定都市か中核市かなどによって異なるが，代表的なものとして，社会福祉法に基づく福祉事務所，地域保健法に基づく保健所，児童福祉法に基づく児童相談所，売春防止法による婦人相談所，狂犬病予防法に基づく犬の抑留所，消防組織法に基づく消防学校などが挙げられる。

かつては，国が自治体の組織や職の設置について細かな**必置規制**を課していたが，地方分権の進展により，その廃止・緩和が進められた。例えば，福祉事務所の法律による配置基準の廃止，児童相談所と他の行政機関等との統合や保健所と福祉事務所等との統合など設置形態等の弾力化，公立図書館の館長の国庫補助を受ける場合の司書資格規制および専任規定の廃止などである。これにより，自治体はそれぞれの状況に応じた行政の総合化・効率化を推進することが可能となった。

4．組織・定員の見直し

行政ニーズの変化に対応しつつ，効果的・効率的な行政の実現を図るためには，組織や人員配分について不断の見直しを行う必要がある。国においては，内閣人事局が各府省による機構・定員等要求に対する審査を行っているが，これと同様に，多くの自治体においても組織・定員の調整が行われている。

組織の見直しについては，毎年度，各部局からの要求を受け，人事・組織担当課がその査定を行うのが一般的である。ただし，大規模な組織改編については，首長や人事・組織担当課の発意によりトップダウンで行われる。なお，首長の直近下位の内部組織（部局等）や出先機関のうち行政機関に分類される機関については，その設置改廃に条例改正が必要であるため，議会や利害関係者との調整を経るなど，発意から実現まで数年を要することも珍しくない。

定員の見直しについても，毎年度，各部局からの要求を受け，人事・組織担当課がその査定を行うのが一般的である。なお，1990 年代半ば以降，財政状況の悪化と度重なる行政改革の影響を受け，自治体の定員は抑制傾向にあるが，そのような定員を削減すべき局面においては，人事・組織担当課が各部局に削減目標を提示することが多い。

組織・定員要求に対する査定は，予算査定と類似した過程を経て行われる。査定に際しては，前年度の定員配分を基本とし，その後の状況の変化に応じた見直しのみを加える**増分主義**がとられる。また，人事・組織担当課における査定者は，担当者，課長，さらには部長，首長と次第に上位に上がっていく。この過程においては，予算査定同様，あるレベルの査定者がつぎのレベルでは要求側になるという**攻守交代システム**が展開される。

なお，組織・定員の改正はポストの見直しを伴うため，人事異動に密接に関係する。そのため，各部局における組織・定員の要求案は秘匿性が高く，概ね各課の課長・課長補佐クラス以上により作成され，それ以外の職員が関与することはあまりない。

近年の組織見直しの主な傾向としては，フラット化，大括り化の導入等が挙げられる（稲継 2011；礒崎・金井・伊藤 2014)。**フラット化**とは，例えば「課長―課長補佐―係長―係員」の組織を「課長―係員」に改正するなど，組織の階層を削減するものであり，その効果として意思決定の迅速化，中間ポストの削減等が見込まれる。大括り化とは，細かく分けられた組織を従前よりも大きな組織に再編統合することであり，効果として管理職ポストの削減等が見込まれる。いずれも管理職が従前よりも多数の直属部下を抱えることになり，下位職員への権限委譲や職員１人ひとりの自立性・自律性の涵養などの措置を十分に講じなければ，その十分な管理監督が難しくなることがあるため，安易な導入には注意が必要とされる。とくにフラット化の場合には，中間ポストが廃止されることで，管理職になるための訓練・経験を十分に積めないまま管理職ポストに就くことになるため，職責を十分に果たせないだけでなく，プレッシャーやストレスから心身を病む管理職が出てしまうことも問題視されている。

また，複数の部局が協力して当たるべき課題に対応するため部局横断型組織を設置したり，首長の強力なリーダーシップのもとで当たるべき課題に対応するため首長直轄型組織を設置したりすることも多数見られる。いずれも縦割り行政の打破が期待される一方で，前者は責任の所在が不明確になりやすく，後者は複雑な案件が集中しやすいという懸念も指摘されている。

第 2 節　人事管理

1．地方公務員制度

戦前において地方行政に従事したのは，官吏，公吏，雇員・傭人である。官吏は，地方官官制に基づき国によって任命された職員である。当時，官選であった知事をはじめとする府県の幹部職員はほとんどが官吏であった。公吏は地方団体によって任命された職員で，府県制，市制，町村制に若干の規定が置かれていた。雇員・傭人はいずれも私法上の雇用関係によって採用された職員である。一般に，雇員は高等官，判任官といった官位をもたないが実質的に官公吏と同じような業務に従事する職員を，傭人は給仕，タイピストなど現在の現業職に相当する労務を提供する職員を指す。このように，戦前は統一的な地方公務員という観念は存在しておらず，実際の人事行政の運用についても，当時の 6 大都市（東京市・横浜市・名古屋市・京都市・大阪市・神戸市）等を除けば現在の地方公務員制度に連なるようなものはなく，各地方団体において適宜処理されていた（稲継 2000；池田 2015）。

戦後，知事が公選化されて公吏となり，都道府県に勤務する官吏の身分も公吏に切り替えられた。知事が官吏でなくなれば地方のコントロールが難しくなると考えた内務省は，官公吏を通じた公務員法を制定して国・地方間の人事交流を可能にし，人事面から地方をコントロールしようと考えた。しかし，連合国最高司令官総司令部（GHQ）により国家公務員と地方公務員を切り離す方針が提示されたため，国家公務員に関する法律と地方公務員に関する法律は別々に制定されることとなった（稲継 2000）。

1950年12月，**地方公務員法**が成立・公布され，自治体に勤務する職員に関する統一的な規定が整備された。同法は，近代的地方公務員制度の確立を通じて，自治体の行政の民主的かつ能率的な運営を保障することにより，地方自治の本旨の実現に資することを目的としている。この近代的地方公務員制度は，① 全体の奉仕者であること，② 勤労者性を有すること，③ 成績主義の採用，④ 政治的中立性の確保，⑤ 公務能率の確保，などの要素により構成されている（圓生・大谷 2017）。

2．地方公務員の数と種類

(1) 地方公務員の数の推移

地方公務員数は，ピークの1994年には328万人に達したが，その後は財政状況の悪化に伴う行政改革の進展等により減少に転じ，2020年には約276万人となっている（図表14-2）。1994年からの26年間の推移を部門別にみると，総職員数では15.9%の減少であるのに対し，一般行政部門に限ると21.0%も減少している。警察，消防，防災，児童相談，福祉の分野で大きく増加した影響を受け，その他の分野では職員数の減少がかなり進んでいることが見てとれる（図表14-3）。

また，2020年の職員数約276万人を部門別にみると，教育103万人，警察29万人，消防16万人，公営企業35万人，一般行政93万人（うち福祉37万

図表14-2　地方公務員数の推移（1994～2020年）

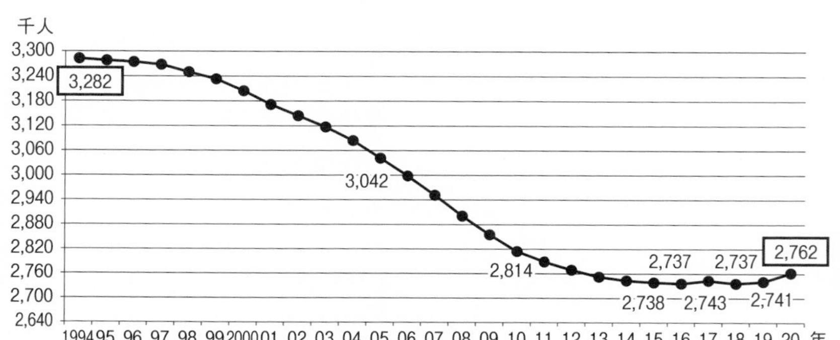

（出典）総務省 2020a：1。

図表14-3　部門別職員数の推移（1994年を100とした場合の指数）

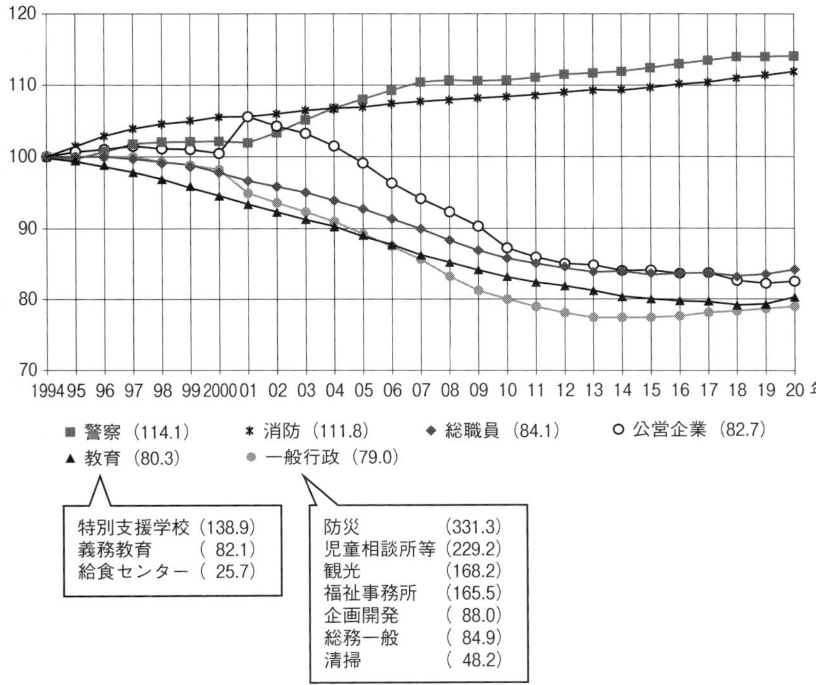

（注）2001年に生じた一般行政部門と公営企業等会計部門の変動は，調査区分の変更によるもの。
（　）内の数字は，2020年の数値。
（出典）総務省 2020a：4。

人）となっている。また，団体区分別にみると，都道府県140万人，政令指定都市35万人，その他の市町村（特別区を含む）91万人，一部事務組合等10万人となっている（総務省 2020a）。

(2) 一般職と特別職

地方公務員は，**一般職**と**特別職**に区分される。特別職は，① 公選または議会の選挙，議決もしくは同意による職（首長，議会の議員，副知事・副市町村長，行政委員会の委員等），② 臨時または非常勤の審議会等の委員，顧問，参与，調査員，嘱託員等の職，など地方公務員法3条3項に限定列挙されている職が該当し，それ以外の職が一般職とされる。

地方公務員法は，一般職のみに適用され，法律に特別の規定がある場合を除き，特別職には適用されない。例えば，一般職は採用に際して成績主義の原則が適用されるのに対し，特別職は選挙，議会の議決，特定の知識経験等に基づいて任用されること，一般職は定年までの勤務が想定されているのに対し，特別職は一定の任期が定められていることなどが相違点として挙げられる（橋本 2020）。

なお，2017 年に地方公務員法が改正され，2020 年 4 月から特別職の任用が厳格化された。これは，通常の事務職員等であっても特別職として不適切に任用され，一般職であれば課される守秘義務などの服務規律等が課されない者が存在していたことなどから，特別職の範囲を本来想定する「専門的な知識経験等に基づき，助言，調査等を行う者」に厳格化したものである。

３．地方公務員の人事管理

(1) 地方公務員の任用

地方公務員の任用は，**成績主義**により行われる。任用とは，特定の者を職（ポスト）に就けることで，採用，昇任，降任，転任のいずれかの方法で行われる。

採用は，都道府県や政令指定都市など**人事委員会**を置く自治体においては原則として**競争試験**により，人事委員会を置かない自治体においては競争試験または**選考**のいずれかによるものとされている。競争試験，選考とも，職務遂行能力の実証という面では同じであるが，競争試験がすべての国民に対して平等の条件で公開して行われるものであるのに対し，選考は特定の候補者について採用を予定する職に相応しい能力があるかを判定するものであり，職務遂行能力が資格など何らかの形で既に実証されている場合などに用いられる。なお，職員の採用はすべて条件付採用である。採用から 6 カ月間はいわゆる試用期間であり，その間，職務を良好な成績で遂行したときに正式採用となる（橋本 2020）。

採用された職員は，通常，最下位の職から公務員人生をスタートする。一定年数を良好な勤務成績で過ごすと，上位の職に昇任していくが，そのスピードやパターンは自治体によって異なる。一例としてA県における昇任パターンを図式化したものが図表 14-4 である。A県の場合，主に大卒を対象とする上級職採用試験（事務）に合格して採用されると，まず主事に補される。その後，教育異動の意味合いで 2〜3 の部署を経験した後，主任を経て係長に到達する。この頃までは同期採用者はほぼ同時に昇任するが，それ以降は少しずつ差が生じるようになり，課長以上に到達できない者も生じる。

なお，ある研究によれば，高い職位にまで昇進した職員は，若い時期に人事担当課あるいは財政担当課を経験していることが多いという。両課には全庁的な情報が集まる。日頃からそのような情報に接するうちに「誰が何を知っているか」という知識が蓄積され，この知識を他の部署に異動後も活用し，高いパフォーマンスを上げるようになるといわれている（竹内 2019）。

前述のとおり，**昇任**も成績主義により行われる。一部の自治体では昇任試験を課しており，例えば係長級への昇任時には都道府県の 11%，政令指定都市の 56%，その他の市区の 24%，町村の 11% が昇任試験を実施している（大谷・稲継・竹内 2019）。しかし，このように昇任試験を課すのは少数派であり，多くの自治体では人事評価を踏まえた選考により昇任者が決定される。

国家公務員のキャリア組の場合とは異なり，アップ・オア・アウトの昇進管理は行われておらず，早期退職を希望するごく一部の職員を除けば，基本的に

図表 14-4　A県における昇任パターンの例（上級職採用（事務）の場合）

入庁年数	年齢（4月1日現在）	職　名
1 年目	22 歳	主　事
8 年目	29 歳	主　任
14 年目	35 歳	係　長
21 年目	42 歳	課長補佐
25 年目	46 歳	総括課長補佐
27 年目	48 歳	副参事／室長
30 年目前後	50 歳代前半	課　長
33〜35 年目頃	50 歳代半ば	参事／部次長
36〜38 年目頃	50 歳代後半	部　長

（注）副参事／室長までは最短のパターン，課長以降はポストの空き状況の影響も受けるため部長まで到達する場合の平均的なパターンとした。
（出典）A県職員録およびA県職員への聞き取り結果をもとに筆者作成。

全員が定年まで勤め上げる。定年退職後は，外郭団体等に再就職するか，県庁内で再任用されるかのいずれかにより，第2の人生を歩む者が多い。

なお，2021年に地方公務員法が改正され，地方公務員の定年年齢が現行の60歳から65歳に引き上げられることになった。国家公務員と平仄を合わせ，2023年度から2年に1歳ずつ段階的に引き上げられることとされ，また同時に，組織の新陳代謝を図るため役職定年制も導入された。

(2) 地方公務員の給与

地方公務員の給与（給料＋各種手当）は，**職務給の原則**に従い，その職務と責任に応じて決定される。また，**条例主義の原則**のもと，条例で定めることとされ，法律またはこれに基づく条例に基づかない限り支給することはできない。これにより，住民の代表である議会の議決を経ることで住民の納得を得るとともに，職員の労働基本権制約の代償として条例により一定の水準を保障している。

具体的な給料月額は，各自治体が条例で定める給料表のどこに位置づけられるかによって決定される（図表14-5）。給料表は「級」と「号給」の組み合わせで構成される。「級」は職務の複雑，困難および責任の度合いに応じて区分され，各自治体が条例で定める等級別基準職務表によって決まる（図表14-6）。さらに，各級にはそれを細分化するための「号給」が設けられ，同一の内容と責任の職務であっても職務経験年数による習熟度を給料に反映させる仕組みとなっている。

給料表は国家公務員俸給表に準拠するものが大多数であるが，独自給料表を用いる自治体も存在する。地方公務員の給与水準は，**均衡の原則**に従い，生活費，国および他の自治体の給与，民間企業の給与等を考慮して定めることとされている。具体的には，人事委員会が置かれている自治体においては，国家公務員給与に係る人事院勧告や人事委員会が自ら実施する民間賃金の動向調査結果等を総合的に勘案して出す勧告を受け，具体的な給与改定方針を決定する。また，人事委員会が置かれていない自治体においては，人事院勧告や都道府県の人事委員会勧告等を参考に，具体的な給与改定方針を決定する。

地方公務員には，その勤務成績の評価に基づき，通常は年に1回，昇給の機

図表 14-5　地方公務員の給料表の仕組み

（例）

医療職給料表

小中学校教育職給料表

警察職給料表

一般行政職給料表

職員の区分	職務の級	1級	2級	3級	4級	5級	6級	7級	8級	9級	10級
	号給	給料月額	給料月額	給料月額	給料月額	給料月額	給料月額	給料月額	給料月額	給料月額	給料月額
		円	円	円	円	円	円	円	円	円	円
	1	134,000	183,800	221,100	262,300	289,700	321,100	367,200	414,800	468,700	534,200
	2	135,100	185,600	223,000	264,400	292,000	323,400	369,800	417,300	471,800	537,400
	3	136,200	187,400	224,900	266,500	294,300	325,700	372,400	419,800	474,900	540,600
	4	137,300	189,200	226,800	268,600	296,600	328,000	375,000	422,300	478,000	543,800
	5	138,400	190,800	228,600	270,700	298,700	330,300	377,600	424,600	481,100	547,000
	6	139,500	192,600	230,600	272,800	301,000	332,500	380,200	427,000	484,200	549,500
	7	140,600	194,400	232,600	274,900	303,300	334,700	382,800	429,400	487,300	552,000
	8	141,700	196,200	234,600	277,000	305,600	336,900	385,400	431,800	490,400	554,500
	9	142,800	198,000	236,600	279,100	307,800	339,200	388,000	434,100	493,400	557,000
	10	144,100	199,800	238,600	281,200	310,100	341,400	390,700	436,400	496,500	558,900
	11	145,400	201,600	240,600	283,300	312,400	343,600	393,400	438,700	499,600	560,800
	12	146,700	203,400	242,600	285,400	314,700	345,800	396,100	441,000	502,700	562,700
	13	148,000	205,000	244,600	287,500	316,900	347,800	398,700	443,200	505,700	564,500
	14	149,500	206,900	246,600	289,600	319,100	349,900	401,100	445,200	508,100	566,000
	15	151,000	208,800	248,600	291,700	321,300	352,000	403,500	447,200	510,500	567,500
	16	152,500	210,700	250,600	293,800	323,500	354,100	405,900	449,200	512,900	569,000
	17	153,800	212,600	252,600	295,900	325,700	356,300	408,200	451,200	515,400	570,500
再任用職員以外の職員	18	155,300	214,600	254,600	298,000	327,800	358,300	410,300	453,000	516,900	571,700
	19	156,800	216,600	256,600	300,100	329,900	360,300	412,400	454,800	518,400	572,900
	20	158,300	218,600	258,600	302,200	332,000	362,300	414,500	456,600	519,900	574,100
	21	159,700	220,400	260,500	304,300	334,100	364,400	416,600	458,400	521,200	575,300（最高号給）
	22	162,300	222,400	262,400	306,400	336,200	366,400	418,600	459,900	522,700	
	23	164,900	224,400	264,300	308,500	338,300	368,400	420,600	461,400	524,200	
	24	167,500	226,400	266,200	310,600	340,400	370,400	422,600	462,900	525,700	
	25	170,200	228,300	268,200	312,600	342,300	372,500	424,700	464,400	527,000	
	26	171,900	230,200	270,100	314,700	344,300	374,500	426,300	465,800	528,200	
	27	173,600	232,100	272,000	316,800	346,300	376,500	427,900	467,200	529,400	
	28	175,300	234,000	273,900	318,900	348,300	378,500	429,500	468,600	530,600	
	41									542,600（最高号給）	
	45								482,600（最高号給）		
	61							460,300（最高号給）			
	77						425,900（最高号給）				
	85					403,700（最高号給）					
	93	244,100（最高号給）			391,200（最高号給）						
	113			357,200（最高号給）							
	125		309,900（最高号給）								
再任用職員		186,800	214,600	259,000	279,400	295,000	321,100	364,600	399,000	451,600	534,200

職務の「級」
・職務の複雑，困難および責任の度に応じて区分するもの
・地方公共団体において級別職務分類表を定める。
・級の上昇が「昇格」

「号給」
・同一級をさらに細分化するもの
・職務経験年数による職務の習熟を給与に反映させる。
・号級の上昇が「昇給」

（出典）総務省ウェブサイト〈http://www.soumu.go.jp/main_sosiki/jichi_gyousei/c-gyousei/kyuuyo-tk.html#02〉。

会が与えられる。昇給とは，職員の号給を同一級内の現在よりも上位の号給に決定するもので，勤務成績により昇給幅は異なり，勤務成績がとくに悪い場合には昇給しないこともある。これに対し，職員の級を現在よりも上位の級に決

図表 14-6　等級別基準職務表の例（都道府県の行政職給料表（一）の職務の級）

職務の級	職務の内容（本庁職員）
1級	係員の職務
2級	特に高度の知識又は経験を必要とする業務を行う係員の職務
3級	係長の職務
4級	課長補佐の職務
5級	総括課長補佐の職務
6級	課長の職務
7級	総括課長の職務
8級	次長の職務
9級	部長の職務

（出典）平成17年9月28日付総行給第119号総務事務次官通知。

定することを昇格という。例えば係長から課長補佐に昇任し，その新たな職務が等級別基準職務表に照らして上位の級に相当する場合，給料表上も昇格ということになる。なお，昇格するためには，現在の級に一定年数以上在任することが必要であり，その基準は各自治体が規則で定めることとされている。

なお，2014年には地方公務員法が改正され，新たな人事評価制度に関する規定が設けられた。これにより，能力および実績に基づく人事管理が徹底されることとなり，2017年4月からその評価結果を給与等の人事管理に本格的に活用していくことになった。これにより，年功序列重視と言われてきた地方公務員の世界に，能力・実績が適切に反映されるようになることが期待されている（大谷2020）。

4．近年の動向

(1) 任用形態の多様化

公務員の世界では，公務の中立性の確保，職員の長期育成を基礎とする公務の能率性の追求等の観点から「任期の定めのない常勤職員」が基本とされ，長きにわたってそれに基づく人事運営が行われてきた。しかし，近年は民間における雇用形態の多様化の動きを追うように，多様な任用形態の職員，言い換えれば公務員としては例外的な任用形態の活用が拡がっている（大谷2016）。

2002年には「地方公共団体の一般職の任期付職員の採用に関する法律」等

が成立し，任期付職員に関する制度が創設された。地方分権の進展に伴い地方行政の高度化・専門化が進む中，自治体内部では得られにくい高度の専門性を備えた民間の人材を一定期間のみ活用することが必要な場面が生じてきたため，自治体内には存在しない専門的知識経験等を有する者を一定の期間活用する場合に任期を区切って採用することを可能としたのである。さらに 2004 年には，より柔軟な任用・勤務形態の必要性が高まったことを踏まえた法改正が行われ，時限的な業務にも任期付職員を充てることを認めるとともに，短時間勤務の任期付職員制度も整備された。総務省の調査によると，2019 年 4 月 1 日現在，全国 688 団体で 1 万 5227 人の任期付職員が存在している（中谷 2020）。

地方公務員法に元々規定されていた**臨時職員**や**非常勤職員**の活用も大きく広がった。臨時職員は，緊急時や一時的な業務の増加等に弾力的に対応するため，職員を最長 1 年以内で臨時的に任用するものである。総務省の調査によると，2016 年 4 月 1 日現在，全国に約 26 万人の臨時職員が存在していた（総務省 2017）。非常勤職員は，常時勤務を要しない職員であり，正規職員と同じ一般職に属し，勤務時間を限る特段の必要がある場合に限りその存在が認められる一般職非常勤職員と，顧問，参与，調査員，嘱託員など特定の知識，経験等に基づいて随時，自治体の業務に従事する特別職非常勤職員に区分されていた。同じく総務省の調査によると，2016 年 4 月 1 日現在，一般職非常勤職員は約 16.7 万人，特別職非常勤職員は約 21.6 万人が存在していた（総務省 2017）。

近年，正規職員の数は大幅な削減傾向にあるが，住民ニーズの多様化・複雑化等により業務量はかえって増加したともいわれており，自治体現場では職員不足が深刻化している。そのため，職員定数に含まれず，厳密な能力実証が不要で安易な採用が可能な臨時・非常勤職員をもって補うことが広く行われるようになっていた。しかし，これは制度本来の趣旨を損ねるものであり，なかには，何度も繰り返して採用することで実質上恒久的な任用とするような脱法的運用の指摘がなされるケースも散見されるようになった。そこで，臨時・非常勤職員の適正な任用・勤務条件を確保するため，2020 年 4 月からその任用要件の厳格化を図るとともに，**会計年度任用職員**制度が創設され，その多く（約 62.2 万人）が会計年度任用職員に移行した（大谷 2020，総務省 2020b）。

定年退職者を，従前の勤務実績等に基づく選考により，1 年を超えない範囲内の任期で常勤又は短時間勤務の職に採用する**再任用職員**の活用も進められている。これは，公的年金の支給開始年齢の引上げに伴い，雇用期間の延長を図るとともに，高齢者の能力や経験を活用することで公務の能率的遂行を図ろうとするものである。任期の更新も可能であるが，年金の満額支給開始年齢である65歳が限度である。総務省の調査によると，2020年4月1日現在，約13万5千人の再任用職員が活用されている（総務省2021）。

なお，前述のとおり，地方公務員の定年が65歳まで段階的に引き上げられることとなった。それに伴い，再任用制度は廃止されることになるが，定年年齢の段階的な引き上げ期間中は，定年から65歳までの間の経過措置として現行と同様の制度が存置される。

(2) 有為な人材の確保

2019年7月，第32次**地方制度調査会**がまとめた中間報告によれば，人口減少や高齢化が全国的に極めて深刻となる2040年に向け，職員数の大幅な減少が見込まれるなか，時代に応じた専門知識や課題解決能力を有する公務の担い手が求められるという（地方制度調査会2019）。

このような職員の少数精鋭化は，実は今に始まったことではない。1990年代半ば以降，厳しい財政事情を背景に，各自治体は職員数の大幅な削減を行うとともに，有為な人材の確保に腐心してきた。

かつて，自治体の採用試験は，教養試験や専門試験の成績を重視する「学力重視型」が主流であった。これは，成績主義による任用を強く意識していたためである。その結果，試験勉強が得意な者ばかりが採用され，職員の同質性が高まりがちになっていった。

1980年代頃になると，社会・経済情勢の変化により行政需要の複雑化・多様化が進み，それに対応するため多様な人材が必要とされるようになった。そこで，教養試験・専門試験を引き続き実施しつつ，面接や集団討論などのウェイトを高めた「人物重視型」の採用試験への転換が進んでいった（稲継2000）。

2000年代になると，地方分権改革の進展を受け，自治体職員に課題発見・解決能力，コミュニケーション能力など求められるようになった。そこで，準備の負担が大きい教養試験や専門試験を廃止し，面接やプレゼンテーションなど民間企業と同様の選抜手法を導入することで，従来の公務員志望者以外の層を取り込み，受験者の多様性を確保しようとする「受験者負担軽減型」の採用試験が登場した。

2010 年代に入ると，民間企業の積極的な採用活動の影響等により，自治体の採用試験の受験者数は減少の一途を辿るようになった。そこで多くの自治体は，民間企業に流れた優秀な人材を取り戻そうと，受験勉強が必要な教養試験や専門試験を廃止し，その代わりに SPI（主に民間企業で使われている適性検査）を導入するなどの見直しを行い，公務員試験対策が不要であることを強くアピールするようになった。これは，受験者の負担を軽減する点では従前の「受験者負担軽減型」と同じであるが，その目的が多様な人材の確保（質的拡大）から多数の受験者の確保（量的拡大）に変化したものと考えられる。また，同じく受験者数を確保するため，試験日を他の自治体と重複しないようにずらしたり，年齢上限を上げたり撤廃したりするようなことも行われるようになった。

近年，多くの自治体が受験者数を増やそうとしているのには，「受験者が増えれば，そこに含まれる良い人材も増えるはず」との考えが背景にある。しかし，単に受験者数を増やしても，そのなかに自治体サイドが求める人材が多く含まれるとは限らない。逆に，受験のハードルを下げたことで，安易な気持ちで受験する者を呼び込んでしまい，採用を辞退する者，採用後すぐに辞める者，モチベーションが低い者などが増加するリスクが高まるとも考えられる。

つまり，受験を容易にするだけでなく，やりがいや勤務条件をはじめとする職場としての自治体の実態を正確に知り，覚悟をもって志望してもらうことで，有為な人材を効率的に採用できるようになるのである。そのためには，良い情報もそうでない情報も含めた情報提供を積極的に行うことが求められる。例えば，パンフレットやホームページでの情報提供はもちろん，説明会の開催や学生インターンの受入れなどに積極的に取り組む必要があるが，規模の小さい自治体ではなかなかそこまで手が回らないのか，このような取組みはあまり進んでいないのが現状である（大谷 2019）。

（大谷基道）

第15章

地方自治体の政策過程

本章のねらい

私たちの暮らしは，医療，教育，公衆衛生，交通，消防といった行政が提供する公共サービスによって支えられており，その多くは都道府県や市町村などの地方自治体によって提供されている。それら多種多様な公共サービスを提供するために自治体は，取り組むべき問題を絞り込んで課題を設定し，解決策を練り上げ決定，実施し，その評価を行っている。この一連の流れこそが，自治体の政策過程である。

本章では自治体の政策過程について，政策の体系や流れ，形式と手段，政策過程に関与するさまざまな主体や資源，特色などを具体例も交えつつ描写することにしよう。

第1節　自治体と政策

1．地方自治体の公共サービスと市民生活

とある平日を想定し，地方自治体の提供する公共サービスが，私たちの日々の暮らしにどの程度浸透しているかを考えてみよう。

朝，指定されたごみ収集日であれば，多くの家庭から指定場所にごみが排出されるだろう。排出された家庭ごみは，市町村が収集，運搬，処分することになっている。

利用しない日はほとんどないであろう上水道も，自治体抜きには考えられない。水道事業は，原則として市町村が経営することになっている。また多くの地域では，上水道を排水すると下水道を利用することになる。主として市街地において下水や雨水を処理する公共下水道の設置や維持などは，市町村が行うものとされている。

朝食を摂った後，通勤，通学のために自宅を出る人も多いだろう。自宅を一歩出れば，利用する手段が徒歩，自転車，自家用車，バスなど何であれ，何らかの形で道路を通行するはずである。国や自治体が管理する道路の総延長は 127 万 9,651.9km に達するが，その 1 割強が都道府県道，8 割強が市町村道であり（国土交通省 2019），日常の移動においてそれら道路の果たす役割は大きい。また，移動手段としてよく利用される地下鉄，路面電車，バスといった公共交通機関については，自治体の交通局などが事業を行っていることもある。

あなたや家族の通学先は，国が設置する国立学校，自治体が設置する公立学校，学校法人が設置する私立学校のいずれだろうか。義務教育である小学校と中学校については市町村が設置義務を負っていることもあり，小学校の約 98.4%，中学校の約 91.7%が公立学校であり，高等学校でも約 72.6%が公立学校である（文部科学省 2019）。

日中，都道府県庁や市役所あるいは町村役場の窓口へ行くこともあろう。日本に特徴的な戸籍に関する事務は，市町村長が管掌している。また，住民票を世帯ごとに編成して住民基本台帳を作成する義務を市町村長が負っているため，転入届や転出届の受理などの住民異動も市町村が窓口となる。海外渡航に不可欠な旅券（パスポート）にしても，発給可否を決定するのは外務大臣であるが，発給申請の受理や旅券の交付は都道府県知事らが担っている。

日中あるいは夜間に急に体調が悪くなった場合，救急車を呼ぶことがあるかもしれない。身の回りで火災が発生すれば，消防車の出動を要請するであろう。市町村は区域内の消防に関する責任を負っており，条例に従い市町村長が消防を管理している。

この他にも，印鑑登録，国民健康保険，後期高齢者医療制度，介護保険，児童手当の支給，母子健康手帳や身体障害者手帳の交付，飼い犬の登録，建築確認など，自治体は実に多種多彩な業務を担っている。行政目的別に重複分を除いた国と自治体の歳出の割合（第 13 章図表 13-1）を見ると一目瞭然であるが，多くの分野で自治体が主たる費用の支出者，すなわち公共サービス提供の中心的な担い手となっているのである。

２．政策の体系

全国の地方自治体では，約 276 万人の常勤の地方公務員と約 69 万人の臨時職員・非常勤職員が勤務し，合計すれば国の一般会計予算に匹敵する予算を用いて業務を遂行している。自治体の職員の業務は分野・職種によって実にさまざまであるが，例えば事務系の職員であれば，来庁者の応対，申請書の処理，補助金の交付，関係者との調整，現場確認，会議の運営，説明会の実施といった作業に従事している。彼らが日々こなす具体的な作業が一ないし複数組み合わさって，何らかの事業（事務事業）が推進されるのである。自治体の種類や人口規模によって事業の数は左右される傾向にあるが，少ない場合でも数百件，多い場合には数千件にも上る。

これだけの数の事業がバラバラに進められているわけではなく，目的の共通性などに注目し，一ないし複数の事業をまとめて施策とし，さらに一ないし複数の施策をまとめて政策とし，その体系化が図られることも多い。体系化は一般的に政策－施策－事業の３段階の区分で図られるが，各段階に大・中・小を付すなどして細分化し（(例）大施策・中施策・小施策)，より多段階での整理を試みる自治体もある。通常，自治体の最上位計画に位置づけられる**総合計画**は，2011 年の地方自治法改正によって市町村の基本構想策定義務が廃止された後もほとんどの自治体で策定が継続されており，各自治体の主要な政策の体系を把握する格好の資料となっている。また，行政評価の浸透につれて各自治体における事務事業評価シートの作成・公表も進んでおり，政策の体系における各事業の位置づけを理解するのが容易になってきた。なお，政策という用語が，その体系化をさほど意識しない文脈においては，施策や事業と相互互換的に用いられることもある点に留意しておきたい。

地方自治法は，自治体が「地域における事務」と「その他の事務で法律又はこれに基づく政令により処理することとされるもの」を処理すると定めている（2 条 2 項）。これらの事務のうち，都道府県は広域にわたるもの，市町村に関する連絡調整に関するもの，規模や性質において一般市町村が処理することが適当でないと認められるものを処理し，市町村は都道府県が処理するものとされていないものを処理する（地方自治法２条３項，５項）。この結果，分野にもよるが全体として見ると，都道府県よりも市町村の方が住民と直接接する事務を多く処理することになる。市町村が，基礎的な自治体とされるゆえんである。

地方自治法には他にも，自治体の事務に関する重要な規定として，**自治事務**と**法定受託事務**の区分がある。都市計画の決定，飲食店営業の許可，病院・薬局の開設許可などが自治事務に該当し，国政選挙，旅券の交付，国の指定統計などが法定受託事務に該当する。自治事務と法定受託事務のいずれとも自治体の事務であるが，前者に比べ後者では，国が都道府県や市町村などに対し，あるいは都道府県が市町村などに対し，事務処理を義務づけたり，事務処理を行う際の処理基準の設定や助言・勧告，指示，代執行などの強い**関与**を行うことが認められたりしている。自治事務については法定受託事務に比べ国などの関与が制限されているが，自治事務のすべてが自治体の任意の事務というわけではなく，国民健康保険や介護保険のように自治体に事務処理を義務づけているものもある。自治体の裁量の余地が大きい順に並べると，自治体が任意で行う自治事務，事務処理が義務づけられている自治事務，法定受託事務ということになる。

こうした法律の区分とは関係なく，自治体の政策を類型化することもできよう。例えば田村明は，受動型政策，緊急避難型政策，積極型政策という整理を試みている。受動型政策とは，市町村合併や地域開発政策のような国からの働きかけに対し，自治体としても何らかの対応をすべく立案する政策である。緊急避難型政策とは，宅地の乱開発などの差し迫った具体的な問題に対処するため，法令の不備を補うべく立案する政策である。社会的な要請に合致する先導的政策として，国がそれを追認して自治体に追随することもある。積極型政策とは，老人医療無料化，産業創出，まちづくりなどの分野の先駆的な取組みに見られるような，緊急避難に止まらずいわば平時により積極的な役割を果たそうとして立案する政策である（田村 2000）。

第 2 節　自治体の政策構造

1．政策の流れ

地方自治体の政策過程は，その始期から終期までを一連の流れとしてとらえることができる。よく知られているのが，**課題設定**，**政策立案**，**政策決定**，**政策実施**，**政策評価**という５段階の流れである。

第１段階の課題設定では，地域社会が抱える問題のなかから，自治体が取り組むべきものを発見したり絞り込んだりしていく。右肩上がりで歳入が伸びた時代とは異なり，自治体の財政状況は総じて厳しく，職員数も抑制されている。ゆえに，これらの限りある行政資源をどの問題に投じ，どの問題には投じないのかを決めるこの段階の重要性は，かつてないほど高まっているといえよう。自治体が取り組むべき問題は，首長らがトップダウンで指示することもあれば，日常業務の積み重ねのなかで職員らがボトムアップで提起することもある。単なる要望ではなく具体的な問題と解決策の提案をセットで住民に求め，提案に対する自治体の検討結果や考え方を公表する，政策提案制度を導入する自治体もある。地方議会での質疑，国や他の自治体の動向に加え，マスメディアの報道なども問題発見，絞り込みのきっかけとなりうる。特定地域のニュースを網羅するブロック紙や県紙などの地方紙やローカル局は，自治体の課題設定に対して全国紙やキー局を上回る影響力を有する。

第２段階の政策立案では，課題設定において取り組むべきとした問題について，その解決策を詰めていく。政策立案の自由度は，問題の性質や行政資源の多寡によって幅があり，国の法令や計画，政策の決定権者の選好などさまざまな要素にも左右される。主たる担い手は担当部署の職員であるが，審議会や説明会などで有識者や住民の意見を取り入れたり，コンサルタント会社と契約して情報収集や立案への協力を仰いだりすることも少なくない。第３項で詳述するが，政策立案の段階では住民の参加が盛んに試みられている。計画策定などの政策立案においてしばしば活用されるコンサルタント会社には，大手から中小までの民間企業もあれば，地域の自治体と地方銀行などが共同で設立したものもある。協力の範囲は，基礎的なデータ収集・整理・分析に止まる場合もあれば，計画原案など実質的な政策内容にまで踏み込んで関わる場合もある。

第３段階の政策決定では，政策立案で内容を固めた解決策について，その採否を正式に決定する。首長（執行機関）限りで決定できるものはその決裁により，条例や予算など議会の議決を要するものは議案を上程し採決により決定される。理屈としてはこの段階において解決策が却下されることもあり得るが，解決策を詰めていく過程で段階的に関係者の合意を取りつけており，また議会の議決を要するものについては会派や議員への事前の根回しが済んでいることも多く，否認や否決は例外的といえる。首長限りで決定できるものについて，実際にはそのすべてを首長自らが決裁するわけではなく，各自治体で定めた専決規程により，首長の権限に属する事務の一部について幹部職員らが決裁を代行することも少なくない。なお，少数ではあるが，首長や議会ではなく住民が投票で政策決定を行うこともある。日本国憲法や地方自治法に基づく**住民投票**は法的拘束力を有するので，投票結果がそのまま政策決定となる。自治体が任意に実施する住民投票は，首長や議会の権限との兼ね合いから法的拘束力は有さず諮問的な位置づけに止められており，首長や議会はその結果を踏まえつつ最終判断を行うことになる（第 13 章を参照）。

第 4 段階の政策実施では，多種多様な行政資源を活用して，正式決定された解決策を実行に移す，換言すれば事業を執行していく。決定された解決策では細部まで確定していないことも多く，また事業の対象者をはじめさまざまな主体と関わりながら事業を執行するため不測の事態が生じることもある。そのため政策実施においては，担当者の広範な裁量が許容されることも少なくない。事業の執行を職員のみで担うこともあるが，公共事業のように業者へ工事を発注したり，清掃事業のようにごみ収集を業者に委託したり，介護保険のように介護サービスの提供を事業者に委ねたり，公の施設のように事業者に管理を委任したりと，さまざまな手法によって民間主体の協力を得ることも多い。

第 5 段階の政策評価では，実施された事業がその目標を達成したのか，地域社会が抱える問題の解決に寄与したのかを評価する。以前は 5 段階のなかでさほど重視されていなかったが，行政改革の一環として導入が進み，61.4% の自治体で政策，施策，事業について何らかの評価が実施されている（総務省 2017）。導入自治体の多くは，評価結果を予算要求や予算査定の際に参考にしたり反映したりしており，場合によっては事業の見直しや廃止を迫られることもある。行政内部における事業担当課や行政改革担当課などによる自己評価が中心であるが，一部の事業あるいは内部での評価の妥当性について有識者などによる外部評価を実施する動きも広がっている。また，監査委員による監査や議会による監視も，評価の一翼を担いうる。

政策評価の重視に伴って自治体の現場で強調されることが多くなったのが，**PDCA サイクル**の確立である。これは，政策過程に Plan（計画），Do（実施），Check（評価），Action（改善）という4つの観点を取り入れて，適切な進行管理や継続的な改善を促そうというものである。2014年に国主導で始まった地方創生の取組みにおいて PDCA サイクルの確立が打ち出されたこともあり，政策評価で出遅れていた自治体にもこうした考え方が広がった。しかしながら，Check や Action が形式的なものに過ぎなかったり，そもそも実行されていなかったりと，サイクルが有効に機能していない自治体が目につくことは否めない。

2．政策の時間軸

地方自治体の政策の流れを考える際には，その時間軸に影響する要素を意識する必要がある。

まず，会計年度という要素がある（第12章を参照）。政策を推進していく，すなわち個々の事業を執行していくには，一定の経費がかかる。経費は予算に計上されるが，自治体の予算は4月1日から翌年3月31日までの会計年度を単位として編成される。予算編成は前年度の半ば頃から本格化するので，予備費の使用や予算の流用あるいは補正予算などによる場合を除き，ある年度に執行される事業のほとんどはその前年度に計画されたものということになる。また，一定の条件を満たせば繰越できるとはいえ，基本的に予算は会計年度内に執行する必要があり，複数年度にわたる事業であっても年度単位で進行管理されることになる。

計画期間という要素の影響も大きい。総合計画は，事業担当課の予算要求などの根拠にもなるため，その自治体のあらゆる行政分野を網羅して策定される。総合計画の構成は多様化する傾向にあるが，一般に基本構想，基本計画，実施計画の3層構成をとることが多い。基本構想は，抽象度が高く大まかな方向性を述べた政策レベルの計画であり，計画期間も10年またはそれ以上のものがほとんどである。基本計画は，基本構想をある程度具体的なプロジェクトに分解した施策レベルの計画であり，5〜10年程度の計画期間のものが多い。実施計画は，プロジェクトを具体的な事業レベルに落とし込んだ計画であり，計画期間は 3 年程度である。これら 3 年，5 年，10 年といった計画期間が，政策の流れの 1 つの区切りとして意識される。総合計画の他にも自治体には，法律によって策定が義務づけられたもの，策定する努力義務が課されたもの，任意で策定したものなど，さまざまな部門別・分野別計画が存在する。これらにも目的・目標年次や時期が設定されており，総合計画と同様に一定の区切りとして機能する。

政策決定の権限を握る自治体の首長や議会議員の選挙も，見逃せない要素である。日本国憲法は首長と議員を住民が直接選挙すると定めており，その任期は地方自治法によってともに 4 年とされている。首長にせよ議員にせよ，再選を目指すのであれば，前回選挙の際の公約やマニフェストの達成度合いを含む任期中の成果を誇れるに越したことはなく，任期切れまでの残任期間を意識して政策過程に関わることになる。また，選挙によって首長が交替したり，議会構成の変化により首長と議会の関係が協調的から対立的あるいはその逆に変化したりすると，政策自体や政策過程の流れに大きな影響が及ぶこともある。

選挙といえば，**統一地方選挙**の存在にも留意しておきたい。日本国憲法の施行直前の 1947 年 4 月に，当時アメリカ合衆国の軍政下にあった沖縄県を除く全国の都道府県と市町村において首長および議会議員の選挙が一斉に執行された。それ以来，4 年毎の 4 月に一斉に執行される自治体の選挙を統一地方選挙と称するようになった。統一地方選挙の年に選挙を執行する自治体の数は，首長の在職中の死亡や辞職，不信任議決を受けた首長による議会の解散，議会の自主解散，大規模災害による選挙期日の延長，市町村合併などによって減少してきており，首長と議会の選挙期日が異なる自治体も増えている。それでもなお，直近の統一地方選挙である 2019 年 4 月には全国で首長と議会議員の選挙とが合わせて 1,000 件近く一斉に執行された。統一地方選挙が近づくと政権与党が自治体を対象とする新規政策を打ち出す傾向があるともいわれ，政策過程への影響も大である。

定期的に行われる**人事異動**も，政策の流れに影響しうる。多くの自治体で，事務系，行政職の職員については通常，3～5 年程度ごとにさまざまな分野への人事異動を繰り返してキャリア形成が図られる。職員は多かれ少なかれこの人事異動のスパンを意識しながら担当業務に取り組まざるを得ず，それが政策の内容や進め方・ペースなどに何らかの影響を与える可能性がある。また，新旧担当者のあいだで引き継ぎがなされるとはいえ，裁量の余地が大きい事務であれば担当者の対応に無視できないほどの差異が生じうるし，知識や経験の差あるいはその分野への思い入れの強弱などは，時に政策の見直しの大きな原動力となることもある。

3．政策の形式と手段

地方自治体の政策は，最終的には個別具体的な事業として，政策の対象である住民らと直接的または間接的に関わりをもつことになる。住民たちは，自身に関係のある政策について自治体からの通知や広報などを通して知ることになるが，それ以外にもさまざまな形式で表示される政策を確認することができる。総合計画や部門別・分野別計画では，その計画が対象とする政策の目的・目標や達成手段などが示されている。なお，計画の多くは目的・目標やそこに至るプロセスを示すものであり住民らを直接拘束するものではないが，土地の所有権を制限する都市計画のように法的効果を有する計画もある。また，多くの政策には予算措置が必要なことから，予算書はその会計年度に推進される政策の金銭的な裏づけを表示しているといえる。立法措置をともなう政策であれば，法律や条例，あるいは条例の委任などによる規則が，政策の全体像や細部を表示することになる。実務で多用される要綱や要領も，行政内部の一般的な準則を定めており住民に対して直接法的効果を及ぼすものではないが，補助金等交付事務取扱要領や宅地開発指導要綱などを見ると，補助金の交付基準や宅地開発に関する行政指導の方針といった事業の具体的な方向性を読み取ることができる。これらの他にも，議会における首長の所信表明や首長をはじめとする執行部の答弁も，会議録として記録されることから公式的に政策を表示するものとして位置づけられよう。

こうして表示された政策には，その目的・目標を達成するための手段が必要である。自治体が用いる政策手段は，規制と罰則，税，補助金，融資，保証，広報，アウトソーシング（外部委託）など多岐にわたる。これらの手段はさまざまに類型化できようが，ここでは規制的手法，誘導的手法，連携的手法の3つに分けてみよう。

規制的手法では，政策の対象者の行動に制約を加え，従わない者には何らかのペナルティを課す。具体的には，「しなければならない」または「してはならない」といった義務を課すもの，特定の行為を一律禁止し一定の基準を満たす者には申請に基づき許可を与えるもの，一定の事項について届出を求めるもの，が主だった手段である。地方自治法は，自治体が義務を課したり権利を制限したりするには，原則として条例によらなければならないと定めている。日本国憲法 94 条は自治体が「法律の範囲内で条例を制定することができる」としているが，制定できる条例の範囲については論争がある。今日では，法令と同一目的でより厳しい規制を課す上乗せ条例，法令と同一目的で法令が対象外としている事項を規制する横出し条例，一定規模または一定基準未満を規制対象に含める裾切り条例，などは一定の条件を満たしていれば許容されると考えられている（宇賀 2019）。ペナルティの軽重はさまざまであるが，2 年以下の懲役，禁錮，100 万円以下の罰金，拘留，科料，没収の刑を科す場合は条例で，5 万円以下の過料を課す場合は条例または規則で定めなければならない（地方自治法 14 条，15 条）。例えば，駅前美化などの障害となっているたばこの吸い殻や空き缶のポイ捨てに対して，そうした行為を禁止する条例を制定し数千円から数万円程度の罰金や過料を課す自治体が増えている。

誘導的手法では，何らかの手段により政策の対象者の自発的な行動が促される。経済的な損得感情に訴えかけたり，情報提供によって啓発したりするのが典型的なやり方である。地方税法が定める以外の税である法定外税の新設，地方税の税率変更や減免措置，補助金の支給，制度融資，各種助成，広報誌の配布や説明会の開催などが，代表的な手段である。例えば，近年大きな問題となっている空き家対策では，倒壊の恐れがあったり衛生的でない空き家の解体に対する補助金支給（インセンティブ），固定資産税軽減の適用除外（ディスインセンティブ），空き家の持ち主や利活用希望者に対する相談窓口の設置（情報提供）といった方法が用いられている。また，全国の自治体で導入や制度拡充が相次ぐ子ども医療費助成制度も，一定年齢までの子どもの医療費の自己負担分を助成して子育て世代の経済的負担を減らすことにより，子育て世代の転入や多子出産を促そうとするものである。

連携的手法では，自治体が外部の主体とさまざまな手段を駆使して協力関係を築く。まず，事業の実施を民間に委ねる方法がある。古くから取り組まれてきた民間委託に加え，NPM（New Public Management）の思潮を受けて最近では，公の施設の管理を民間事業者などに行わせる**指定管理者制度**，公共施設の建設・維持管理・運営などに民間の資金や能力を活用する**PFI**（Private Finance Initiative），官民競争入札により公共サービスの提供者を決める**市場化テスト**などが新たに導入された。自治体がNPOなどから提案された事業をともに実施する協働事業の仕組みを取り入れる自治体も，増加傾向にある。こうした事業の実施を委ねる際には，自治体と相手先とのあいだで契約が結ばれることも多い。つぎに，事業の実施ではなく，外部の主体とのコミュニケーションを活発化させ，政策過程への参加を促す方法もある。委員会や審議会への利害関係者や公募委員の任命，計画などの策定において案に対する住民らの意見を募る**パブリックコメント手続**（意見提出手続），参加者が同じ土俵で作業したり議論したりするワークショップなどがある。コミュニケーションの場への参加者は，従来は利害関係者や自発的応募者に限られがちであったが，無作為抽出した住民に案内状を送付し参加を募る試みも広がっている。

これら3つの手法とそれぞれを構成する具体的な手段は，単独で用いられることもあれば，複数を組み合わせて用いられることもある。業務量が増加傾向にあるにも関わらずそれを担う地方公務員の削減が長らく続き，多くの自治体の財政状況もコロナ禍の影響などで厳しさを増しており，自治体が政策に充てることのできる資源は限られている。政策の目的・目標の達成のために最も効果的な手法・手段を見出す能力の重要性は，高まる一方である。

第3節　政策過程の主体と資源

1．住民

地方自治法は「市町村の区域内に住所を有する者は，当該市町村及びこれを包括する都道府県の住民とする」とし，住民はその属する自治体の「役務の提供をひとしく受ける権利を有し，その負担を分任する義務を負う」と規定する（10条）。住民は政策過程に，事業によって生み出されるさまざまな行政サービスの受け手，いわば消費者として関わるとともに，住民税や使用料などの形でその原資の負担者としても関わるのである。ここでいう住民には，個人だけでなく企業などの法人も含まれており，なおかつ人種や国籍，性別，年齢なども問わない。なお，住所を有しない者，すなわち他の自治体の住民であっても，文教施設やスポーツ施設といった公の施設のように利用可能な行政サービスがあったり，固定資産税のように土地や家屋を有していれば負担の義務を負う税があったりする。この場合，住所を有しない者も住民に準じる形で，自治体の政策過程において権利を有し義務を負う主体となるのである。

単に住所を有する者よりも限定して，「日本国民たる」住民，すなわち日本国籍を有する個人に限る形で規定されているのが，自らが属する自治体の選挙に参与したり直接請求を行ったりする権利である。こうした側面での住民は，政策決定の権限を握る首長や議員の選出や解職請求などにより，政策過程に関わるのである。一定年齢以上であれば，自らが首長や議員の地位を志す関わり方もありうるが，首長については住民に限らず日本国民であれば立候補できる。地方参政権に関し，立法政策の問題として一定の定住外国人に認めることは可能とする最高裁判所の判示はあるものの，現行の地方自治法や公職選挙法は「日本国民たる」住民に限定し続けている。他方，自治体が独自に行う住民投票などでは，一定の定住外国人に投票する権利を付与した事例も出ている。住民投票のなかには，選挙権年齢に達していない生徒らの投票を認めたものもあり，こうした自治体では定住外国人や若年層も政治主体として政策過程に一定の関わりをもっているといえよう。

住民はさらに，前節で見た連携的手法の当事者としても政策過程に関わりうる。連携的手法では，自治体の区域内で働いたり学んだり事業活動などを行う者や，区域内に特段の拠点を有しない者が関わることができる場合もあるが，住所を有する者は通常，最も幅広く関わりうる立場にある。

政策過程における住民の強み・資源は，個人か法人かで異なる。個人の場合，納税者としての行政サービスの原資の負担，サービスの受け手・消費者としての利用者視点，有権者としての一票の行使，職業生活や市民活動などを通して獲得した専門的知見や人的ネットワークなどが大きな強みとなろう。法人の場合，個人と共通する原資の負担や利用者視点に加え，区域内での雇用への貢献，機動力や動員力，地域社会が抱える問題の解決に資する資金・技術やノウハウなどを利用しうる。

2．行政

自治体の行政組織は，**執行機関**である首長（都道府県知事・市町村長）と行政委員会，執行機関の**補助機関**である副知事・副市町村長や職員，調停・審査・審議調査などを行う執行機関の**附属機関**からなる。人数で見ると成員のほとんどは補助機関に分類され，彼らは政策過程における実務の実質的な担い手でもあるが，対外的に自治体の意思を表示できるのは執行機関だけである。執行機関は自治体の事務を「自らの判断と責任において，誠実に管理し及び執行する義務を負う」が，特定の事務だけを担う行政委員会に比べ，幅広い事務を担当し自治体を統轄，代表する首長の政策過程における存在感は突出している(地方自治法138条の2，147条)。

政策過程における首長の強み・資源を考えてみよう。まず，選挙によって住民の信任を得たことによる政治的正統性がある。また，地方自治法は首長に包括的な事務処理の権限を与えており，同法149条が例示する議会への議案提出，予算の調製・執行，地方税の賦課徴収，財産の取得・管理・処分などに限られず，広範な事務を執行できる。各種法令に基づき首長が有する許可・認可権限も，政策の推進の大きな武器となる。首長と同じく住民が選挙で選ぶ議員からなる議会に対しても，両者の抑制と均衡を基本としつつ，議決に対して**再議請求**したり一定の場合に議会の権限に属する事項を**専決処分**したりする権限が首長にはあり，優位に立つ。首長の補助機関である首長部局の職員に対しても，首長は任命権者という強い立場にあり，地域における課題の解決を専属的に担う組織を自らの方針の実現のために活用しうる。

とはいえ，首長は政策過程において何の制約もなく振る舞えるわけではない。再選を期すれば，住民の支持を失いそうな政策を推進するのは難しい。財政状況が厳しい自治体が多く，首長の判断による増減が容易な経費は意外と限られている。議会との関係も，馴れ合いに陥る必要はないものの対立が激化すると，議会の同意を要する人事の遅滞や政策の実施に必要な予算や条例の否決，あるいは不信任議決につながるおそれがある。職員に対しても，必要以上に強権的に振る舞えば面従腹背のしっぺ返しを受け，政策の推進力が大きく削がれかねない。

3．議会・議員

執行機関である首長に対して，議事機関として**二元代表制**の一翼を担うのが議会である。議会は，条例で定めた定数の議員を住民が選挙によって選ぶことで組織される。議会の意思決定である議決では，法が特別多数議決を要求している場合を除き，定数の半数以上の議員が出席する会議において出席議員の過半数で決する必要がある。議会は，条例，予算，決算など地方自治法が列挙する事項のほか，一定の制限はあるが条例で独自に議決事件とした事項についても，議決しなければならない（地方自治法 96 条）。また，事務の管理・議決の執行・出納の検査，事務に関する調査，副知事・副市町村長などの人事への同意，監査委員に対する監査の請求などの権限も議会は有する。

政策過程における議会・議員の強み・資源は何だろうか。議会を構成する議員は首長と同じく住民の直接選挙によって選ばれるため，政治的正統性を挙げることができよう。ただし，首長と違い議員は複数選出されるため，支持の広範さでは劣る。また，議員に自営業が多く女性が少ないといった社会の構成とのずれが，住民代表性を弱めているとの声も聞かれる。議会の権限については，議決事項に関する自治法の規定が制限列挙であるものの，かつて機関委任事務制度が存在したときには関与が極小化されていたのと比べると，大きく拡大した。とはいえ，予算の増額修正では首長の予算提出の権限を侵すことができなかったり，首長に再議請求や専決処分が認められていたりと，一定の制約はある。議会が合議体であることは，政策過程における多様な利益の表出を可能とする一方で，組織としての柔軟な対応を難しくしている面もある。

議会・議員は長らく，住民の要望の行政への取り次ぎ，首長提出議案の議決，議会質問による行政の監視を，政策過程における自らの役割と任じてきた。これはこれで重要ではあるが，最近，新たな役割の模索も広がりつつある。例えば，従来は行政への要望や行政が設置した審議会への議会枠委員としての参加などに止まりがちであった政策立案において，積極的な役割を果たそうという動きがある。定数や報酬といった議員自らに関するものではなく住民に直接関わる問題について，会派や議員有志あるいは議会全体で条例案を取りまとめ提出・可決を目指す，政策条例づくりの試みなどである。

4．地域外の関係主体

地方自治体の政策過程は，区域内で自己完結しているわけではない。住民の項でも少し触れたので，本項ではそれ以外の存在感ある主体として国と他の自治体を挙げておこう。

地方自治法は，住民に身近な行政はできる限り自治体に委ね，自治体が「地域における行政を自主的かつ総合的に実施する役割を広く担うものとする」と規定する（1条の2)。しかしながら自治体は，実際の行政活動において国との関係を無視してまったく自由に振る舞うことは難しい。政策の原資である予算の編成は，国の予算編成や制度改正の動向あるいは内閣が作成する地方財政計画の内容に大きく左右される。自主財源に乏しい自治体ほど，国庫支出金などを獲得しやすい事業を優先しがちになる。これまでの地方分権改革により縮減されたとはいえ，法律や政令に基づき国は自治体に対しさまざまな関与が可能である。法的拘束力がないものでも関与の内容に沿った対応をする自治体は少なくなく，自治体の政策に一定の影響を及ぼしている。国の法律や計画が，「しなければならない」，「責務を有する」，「努めるものとする」などと定め，自治体の対応を促すこともある。自治体に対して，国の計画の内容を基本または勘案したりするよう求めたり，国が定めた目標に準拠するよう求めたりすることもある。義務ではなく単に努力義務を定めているに過ぎない場合でも，対応の有無が補助金の申請などとリンクしていると，多くの自治体は国の求めに応じて行動しがちである。

他の自治体との関係も，政策過程を考えるうえで無視できない。まず，都道府県と市町村の関係がある。都道府県に準じた機能を有する政令指定都市にとってはさほどではないとしても，一般の市町村にとって都道府県の存在感は大きい。都道府県は，支出金や貸付金などのかたちで市町村に財政支援を行っており，これらを頼りとしている事業も少なくない。市町村は，国の法令とともに都道府県の条例に違反して事務を処理してはならず，都道府県による条例の適用除外がない限り，県の条例と競合するような政策には限界がある。都道府県は市町村に対し，国と同様に一定の条件下で関与が可能である（宇賀 2019)。計画についても，国の計画と同様，都道府県の計画に沿った対応を市町村に求めるものもある。また，業務に必要な技術的支援や市町村職員の研修受け入れなども，市町村の政策形成能力の向上に一役買っている。市町村が幹部職員に元職や現職の都道府県職員を起用することも珍しくないし，市町村長の一定割合は県職員の経歴を有するなど，両者の人的結合も強い（田村 2003)。

つぎに，市町村相互の関係にも触れておこう。地方自治法には，単独では難しい事務を実施したり事務の効率化を図ったりするために，共同処理するさまざま方法が定められている。**事務の共同処理**の 7 割を占めるのが住民票の写しの交付など事務の一部を他の自治体に委ねる事務の委託であり，都道府県と市町村間のものも 3 割ほどあるが，残り 7 割は市町村間で行われている。共同処理の 2 割弱を占めるのが特別地方公共団体である一部事務組合を設立して事務の処理を委ねる方法であるが，そのほとんどは市町村が設立するものであり，ごみ処理，し尿処理，救急，消防といった私たちの生活に身近な行政サービスの提供を担っている（総務省 2019)。また，以前より都市と周辺農山漁村地域の一体的な日常生活圏における市町村間の連携を促す取組みとして広域市町村圏などが国の音頭取りで推進されてきたが，近年では，人口減少社会において市町村間の協力を深化させようと定住自立圏構想や連携中枢都市圏構想などが打ち出されている。システムの構築や維持管理費用の軽減などを目的として，情報システムの集約化・共同化の動きも進んでいる。

いわゆる平成の市町村大合併が一段落し，さらなる合併を志向しないのであれば，政策過程においてこうした市町村間，都道府県・市町村間の連携を拡大・深化させていくことが不可欠であろう。

第 4 節　政策過程の特色

1．統合と分立

地方自治体では，主任の大臣が行政事務を分担管理する国とは異なり，独任制の執行機関である 1 人の首長が自治体を統轄，代表する。合議制が基本の執行機関である行政委員会は，その所掌する事務について首長から独立的に業務を遂行するが，予算の調整や議案の提出といった権限を有さないなど，首長より権限は限られている。地方自治法は，自治体の執行機関は首長の所轄のもとで相互の連絡を図り一体として行政機能を発揮しなければならず，執行機関の間で権限について疑義が生じた場合は首長が調整するよう努めるよう求めている（138条の3）。すなわち，首長の他に複数の行政委員会を置いて権限の分散を図る**執行機関多元主義**をとりつつも，首長の一定の優位を保障しているのである。これらの制度設計により，自治体の政策を首長の方針下で統合することが可能となっている。

とはいえ，統合には壁もある。日本の地方自治制度は，1990年代以降に地方分権改革が一定の成果を収めた後も，国と自治体が同一の分野でさまざまな政策を展開し，密接な関係を維持する融合型の特徴を維持している。そのため，自治体毎に程度の差はあれ，組織編成や職員の行動様式の面で，中央省庁との関わりをどうしても意識せざるをえない。首長は，自らの権限に属する事務を分掌させるために内部組織を設けることができ，現在，市町村はもとよりかつて標準的な局や部の名称・所掌事務・数などが法定されていた都道府県も，局・部・課といった内部組織の設置・所掌事務について条例で定めることができる。だが，自治体の組織を見ると，局や部あるいは室や課の編成において，中央省庁の組織の編成や業務の割り振りと対応させるのが基本となっている。日常業務において，国・都道府県・市町村の所掌事務が対応する部署間の繋がりは深く，自治体内部でも各部署は自らの権限や人員あるいは予算を任務達成のために維持・増加させようとしがちである。

こうした，いわゆる縦割り行政の問題は，事務を分担させる以上は不可避といえる。自治体でも，首長が直轄する組織の設置，重要政策や分野横断型の政策や関係部署間の調整を所掌する企画・政策系の組織の設置，あるいは時限的なプロジェクトチームの設置などによって弊害の解消を試みており，政策過程において統合と分立のバランスをどうとるか，首長の力量が問われる。

2．模倣と創造

日々の自治体の業務の大半を占めるのは，過去の政策の積み重ねの上に引き継がれてきた定型的な作業，いわゆるルーティンワークである。こうした作業は，大きな環境変動や制度改正などがない限り，現状維持や運用改善が基本となる。それに対し，新たに取り組むべき問題が浮上した場合や，既存の政策の抜本的な見直しが必要となった場合は，新規に政策立案することとなり，担当者は自他に学ぶか，白紙から創造することになる（西尾 2001）。

自他に学ぶとは，担当者が属する自治体の過去の当該分野の政策や他部署の取組みか，国や他の自治体の過去または現在の取組みを参照し，その一部または全部を模倣し政策案を固める方法である。模倣のための情報収集は，自治体内外を問わず意外に容易である。中央省庁は，所掌事務で自治体に関係する政策分野について，さまざまな事例集や報告書をまとめたり，説明会や報告会を開催したりしている。自治体職員向けの研修会や講演会でも，事例研究や事例紹介は定番のテーマである。マスメディアあるいは自治体関係者を主たる購読者とする専門雑誌の記事も，先進的と目される取組み事例を好んで取り上げている。取組みをホームページで紹介する自治体も増えており，電話や現地訪問をせずともそれなりの情報が手に入る。ただし，成功事例を引き写しても，導入した政策の成功が約束されるわけではない。身の丈に合った適切なフィッティングは不可欠である。

白紙からの創造は，自他に学んでも導入可能な解決策を見出せない場合に，既知のノウハウを総動員したり外部の専門家などの知見を活用したりして，まったく新しい政策案を固める方法である。画期的な政策となる可能性がある反面，その影響や効果が未知であることなど不確定要素も多い。場所や期間を限定して試行する社会実験なども，必要となろう。

（藤原真史）

参考文献

[序章]
縣公一郎・藤井浩司編（2016）『ダイバーシティ時代の行政学――多様化社会における政策・制度研究』早稲田大学出版部。
秋吉貴雄（2017）『入門 公共政策学――社会問題を解決する「新しい知」』中公新書。
秋吉貴雄・伊藤修一郎・北山俊哉（2020）『公共政策学の基礎〔第3版〕』有斐閣。
伊藤正次・出雲明子・手塚洋輔（2016）『はじめての行政学』有斐閣。
井堀利宏（2015）『基礎コース　公共経済学　第2版』新世社。
今村都南雄・武藤博己・真山達志・武智秀之（1999）『ホーンブック行政学〔改訂版〕』北樹出版。
今村都南雄・武藤博己・沼田良・佐藤克廣・南島和久（2015）『ホーンブック基礎行政学［第3版］』北樹出版。
ウェーバー，マックス（1960・62）『支配の社会学Ⅰ・Ⅱ』（世良晃志郎訳）創文社。
宇佐美誠（2010）「法をめぐる公共性」山脇直司・押村高編『アクセス公共学』日本経済評論社，59-81頁。
宇都宮深志（1991）「現代行政と執行の理論」宇都宮深志・新川達郎編『行政と執行の理論』東海大学出版会，1-28頁。
大西裕編（2013）『選挙管理の政治学――日本の選挙管理と「韓国モデル」の比較研究』有斐閣。
大西裕編（2017）『選挙ガバナンスの実態 世界編――その多様性と「民主主義の質」への影響』ミネルヴァ書房。
大西裕編（2018）『選挙ガバナンスの実態 日本編――「公正・公平」を目指す制度運用とその課題』ミネルヴァ書房。
大橋洋一（2016）『行政法Ⅰ　現代行政過程論［第3版］』有斐閣。
風間規男編（2018）『新版　行政学の基礎』一藝社。
金井利之（2020）『行政学概説』放送大学教育振興会。
片岡寛光（1976）『行政国家』早稲田大学出版部。
片岡寛光（1990）『国民と行政』早稲田大学出版部。
クールマン，ザビーネ／ヘルムート・ヴォルマン（2021）『比較行政学入門――ヨーロッパ行政改革の動向』（縣公一郎・久邇良子・岡本三彦・宇野二朗訳）成文堂。
佐藤俊一（2007）『政治行政学講義［第2版］』成文堂。
柴田弘文・柴田愛子（1988）『公共経済学』東洋経済新報社。
城山英明（2013）『国際行政論』有斐閣。
新藤宗幸（2008）『新版　行政ってなんだろう』岩波ジュニア新書。
曽我謙悟（2013）『行政学』有斐閣。
田中二郎（1957）『法律学全集6　行政法総論』有斐閣。
田辺国昭（1994）「民営化・民間委託・規制緩和」西尾勝・村松岐夫編『講座行政学第5巻　業務の執行』有斐閣，71-105頁。
辻清明（1966）『行政学概論（上巻）』東京大学出版会。
土岐寛・平石正美・外山公美・石見豊（2011）『現代行政のニュートレンド』北樹出版。
手島孝（1982）『行政概念の省察』学陽書房。
西尾勝（1990）『行政学の基礎概念』東京大学出版会。
西尾勝（2001）『行政学〔新版〕』有斐閣。
西尾隆編（2016）『現代の行政と公共政策』放送大学教育振興会。
原田久（2016）『行政学』法律文化社，2016年。

福田耕治（2012）『国際行政学［新版］――国際公益と国際公共政策』有斐閣。
福田耕治・坂根徹（2020）『国際行政の新展開――国連・EUとSDGsのグローバル・ガバナンス』法律文化社。
牧原出（2018）『崩れる政治を立て直す――21世紀の日本行政改革論』講談社現代新書。
真渕勝（2020）『行政学〔新版〕』有斐閣。
宮本憲一（1998）『公共政策のすすめ――現代的公共性とは何か』有斐閣。
村上弘・佐藤満編（2016）『よくわかる行政学［第2版］』ミネルヴァ書房。
村松岐夫（1994）『日本の行政――活動型官僚制の変貌』中公新書。
村松岐夫（2001）『行政学教科書――現代行政の政治分析〔第2版〕』有斐閣。
森田朗（2017）『新版　現代の行政』第一法規。
Benz, Arthur, and Yannis Papadopoulos (2006) 'Introduction: Governance and Democracy: Concepts and Key Issues', in Arthur Benz and Yannis Papadopoulos (eds.) *Governance and Democracy: Comparing National, European and International Experiences*, Routledge, pp.1–26.
Rothstein, Bo (2009) 'Creating Political Legitimacy: Electoral Democracy Versus Quality of Government', *American Behavioral Scientist*, 53(3): 311–330.

［第1章］

植草益（2000）『公的規制の経済学』NTT出版。
ウルマー，クリスチャン（2002）『折れたレール――イギリス国鉄民営化の失敗』（坂本憲一監訳）ウェッジ。
大住荘四郎（1999）『ニュー・パブリック・マネジメント――理念・ビジョン・戦略』日本評論社。
大住荘四郎（2010）『BASIC公共政策学第7巻　行政マネジメント』ミネルヴァ書房。
片岡寛光（1976）『行政国家』早稲田大学出版部。
行政改革委員会事務局編（1997）『行政の役割を問いなおす――行政関与の在り方に関する基準』大蔵省印刷局。
経済協力開発機構（OECD）（2006）『世界の行政改革 21世紀型政府のグローバル・スタンダード』（平井文三訳）明石書店。
財務省（2019）「日本の財政関係資料（令和元年10月）」〈https://www.mof.go.jp/budget/fiscal_condition/related_data/201910_00.pdf〉。
人事院（2020）「令和2年度 人事院の進める人事行政について～国家公務員プロフィール～」〈https://www.jinji.go.jp/pamfu/R2profeel_files/0_zentai11.9MB.PDF〉。
総務省（2017）「地方公共団体における行政評価の取組状況（2016年10月1日現在）」〈https://www.soumu.go.jp/iken/02gyosei04_04000062.htm〉。
総務省（2018a）「地方公共団体における情報公開条例の制定状況（2017年10月1日現在）」〈https://www.soumu.go.jp/main_content/000542282.pdf〉。
総務省（2018b）「地方公共団体における意見公募手続制度の制定状況（2017年10月1日現在）」〈https://www.soumu.go.jp/main_content/000541279.pdf〉。
総務省（2019）「公の施設の指定管理者制度の導入状況等に関する調査結果」〈https://www.soumu.go.jp/main_content/000619284.pdf〉。
総務省（2020a）「令和2年 地方公共団体定員管理調査結果の概要」〈https://www.soumu.go.jp/main_content/000722878.pdf〉。
総務省（2020b）「地方行政サービス改革の取組状況等に関する調査等」〈https://www.soumu.go.jp/iken/02gyosei04_04000128.html〉。
総務省（2020c）「独立行政法人一覧（2020年4月1日現在）」〈https://www.soumu.go.jp/main_

content/000679614.pdf〉。

総務省（2020d）「地方独立行政法人の設立状況（2020年4月1日現在）」〈https://www. soumu.go.jp/main_content/000550064.pdf〉。

田中一昭（1996）『行政改革 現代行政法学全集⑩』ぎょうせい。

田中一昭編著（2006）『行政改革〔新版〕』ぎょうせい。

地方自治制度研究会編（2015）『地方分権20年のあゆみ』ぎょうせい。

地方分権改革有識者会議（2014）「個性を活かし自立した地方をつくる～地方分権改革の総括と展望～」〈https://www.cao.go.jp/bunken-suishin/doc/260624_soukatsutotenbou-honbun.pd〉。

辻清明（1966）『行政学概論 上巻』東京大学出版会。

辻隆夫（1994）「福祉国家と行政」西尾勝・村松岐夫編『講座行政学第1巻　行政の発展』，有斐閣，35-71頁。

西尾勝（2001）『行政学〔新版〕』有斐閣。

ボベール，トニー／エルク・ラフラー（2008）『公共経営入門――公共領域のマネジメントとガバナンス』（みえガバナンス研究会訳）公人の友社。

宮川公男（2002）「ガバナンスとは」宮川公男・山本清編著『パブリック・ガバナンス』日本経済評論社，4-26頁。

山本清（2005）「パブリック・ガバナンス――公共空間での政策主体」北川正恭・縣公一郎・総合研究開発機構編『政策研究のメソドロジー――戦略と実践』法律文化社，132-149頁。

山本清（2008）「世界と日本のNPM」村松岐夫編著『公務改革の突破口 政策評価と人事行政』東洋経済新報社，13-29頁。

臨調・行革審OB会（1991）『日本を変えた10年――臨調と行革審』行政管理研究センター。

Bovaird, Tony, and Elke Löffler (2002) 'Moving from excellence models of local service delivery to benchmarking of "good governance"', *International Review of Administrative Sciences*, 67(1): 9-24.

Hood, Christopher (1991) 'A public management for all seasons?', *Public Administration*, 69 (1): 3-19.

OECD (2005) *Modernising Government: The Way Forward*, OECD.［平井文三訳（2006）『世界の行政改革 21世紀型政府のグローバル・スタンダード』明石書店］

［第2章］

足立忠夫（1971）『行政学』日本評論社。

伊藤正次・出雲明子・手塚洋輔（2016）『はじめての行政学』有斐閣。

稲継裕昭（1996）『日本の官僚人事システム』東洋経済新報社。

今村都南雄（1976）「組織の分化と抗争」辻清明編集代表『行政学講座第4巻 行政と組織』東京大学出版会，37-82頁。

今村都南雄（1978）『組織と行政』東京大学出版会。

今村都南雄（1983）「アメリカ行政学の受け止め方」『年報行政研究』第17号，99-118頁。

今村都南雄（2001）「問われる日本の行政学」『年報行政研究』第36号，61-72頁。

今村都南雄（2015）「行政学の理論展開」今村都南雄・武藤博己・沼田良・佐藤克廣・南島和久『ホーンブック基礎行政学［第3版］』北樹出版，14-37頁。

今村都南雄・武藤博己・沼田良・佐藤克廣（2009）『ホーンブック基礎行政学〔改訂版〕』北樹出版。

大森彌（1976）「現代行政学の展開」辻清明編集代表『行政学講座第1巻　行政の理論』東京大学出版会，47-84頁。

風間規男（2018）「現代行政学の誕生」風間規男編『新版　行政学の基礎』一藝社，33-39頁。

片岡寛光（1976）「政治理論と行政学」辻清明編集代表『行政学講座第1巻　行政の理論』東京大学

出版会，85-130 頁。
片岡寛光（1983a）「行政学の現状と課題――諸外国の動向と行政理論の試み」『年報行政研究』第 17 号，61-98 頁。
片岡寛光（1983b）『行政学の要点整理』実務教育出版。
田尾雅夫（1990）『行政サービスの組織と管理――地方自治体における理論と実際』木鐸社。
辻清明（1949）「公務員制度の意義と限界――新憲法下の諸制度と基本原理」『国家学会雑誌』第 63 巻第 4 号，39-68 頁。
辻清明（1952）『日本官僚制の研究』弘文堂。
辻清明（1956）『行政学講義（上巻）』東京大学出版会。
辻清明（1961）「行政管理に関する大統領委員会の改革案」『行政研究叢書』第 4 号，19-44 頁。
辻清明（1962）「現代行政学の動向と課題」『年報行政研究』第 1 号，3-33 頁。
辻清明（1966）『行政学概論（上巻）』東京大学出版会。
辻清明（1983）「私の行政学」『年報行政研究』第 17 号，1-9 頁。
辻隆夫（1983）「戦後アメリカ行政学の再整理」『早稲田社会科学研究』第 27 巻，79-106 頁。
手島孝（1976）「行政学と行政法学」辻清明編集代表『行政学講座第 1 巻　行政の理論』東京大学出版会，1-46 頁。
外山公美編（2016）『行政学（第 2 版）』弘文堂。
長浜政寿（1952）『地方自治』岩波書店。
西尾勝（1976）「組織理論と行政理論」辻清明編集代表『行政学講座第 1 巻 行政の理論』東京大学出版会，173-215 頁。
西尾勝（1983）「日本の行政研究――私の認識と設計」『年報行政研究』第 17 号，21-37 頁。
西尾勝（1991）「わが国の行政学教科書の考察」『年報行政研究』第 26 号，1-23 頁。
西尾勝（2001a）『行政学〔新版〕』有斐閣。
西尾勝（2001b）「時代状況と日本の行政学の課題」『年報行政研究』第 36 号，34-41 頁。
真渕勝（1994）『大蔵省統制の政治経済学』中央公論社。
真渕勝（2020）『行政学〔新版〕』有斐閣。
村松岐夫（1981）『戦後日本の官僚制』東洋経済新報社。
村松岐夫（1983）「行政学の課題と展望」『年報行政研究』第 17 号，39-59 頁。
村松岐夫（2001）『行政学教科書――現代行政の政治分析〔第 2 版〕』有斐閣。
森田朗（1988）『許認可行政と官僚制』岩波書店。
森田朗（2000）『現代の行政〔改訂版〕』放送大学教育振興会。
蠟山政道（1950）『行政学講義序論』日本評論社。
Appleby, Paul H.（1975[1949]）*Policy and Administration*, University of Alabama Press.
Goodnow, Frank J.（1900）*Politics and Administration*, Macmillan.
Groeneveld, Sandra, Lars Tummers, Babette Bronkhorst, Tanachia Ashikali, and Sandra Van Thiel（2015）'Quantitative Research in Public Administration Analyzing Its Scale and Development through Time', *International Public Management Journal*, 18(1): 61-86.
Gulick, Luther（1937a）'Notes on the Theory of Organization', in Luther Gulick and L. Urwick（eds.）*Papers on the Science of Administration*, Institute of Public Administration, Columbia University, pp. 1-45.
Gulick, Luther（1937b）'Science, Values and Public Administration', in Luther Gulick and and L. Urwick（eds.）*Papers on the Science of Administration*, Institute of Public Administration, Columbia University. pp. 189-195.
Hood, Christopher（2005）'Public Management: The Word, The Movement, The Science', in Ewan Ferlie, Laurence E. Lynn Jr., and Christopher Pollitt.（eds.）*The Oxford Handbook of*

Public Management, Oxford University Press, pp. 7-26.

James, Oliver, Sebastian R. Jilke, and Gregg G. Van Ryzin (2017) 'Introduction: Experiments in Public Management Research', in Oliver James, Sebastian R. Jilke, and Gregg G. Van Ryzin (eds.) *Experiments in Public Management Research: Challenges and Contributions*, Cambridge University Press, pp.3-19.

Ongaro, Edoardo, Sandra Van Thiel, Andrew Massey, Jon Pierre, and Hellmut Wollmann (2017) 'Public Administration and Public Management Research in Europe: Traditions and Trends', in Edoardo Ongaro and Sandra Van Thiel (eds.) *The Palgrave Handbook of Public Administration and Management in Europe*, Palgrave Macmillan, pp. 11-39.

Rhodes, R.A.W., Charlotte Dargie, Abigail Melville, and Brian Tutt (1995) 'The State of Public Administration: A Professional History, 1970-1995', *Public Administration*, Vol.73(1): 1-15.

Shadish, William R., Thomas D. Cook, and Donald T. Campbell (2001) *Experimental and Quasi-experimental Designs for Generalized Causal Inference*, Houghton Mifflin.

von Stein, Lorenz (1887) *Handbuch der Verwaltungslehre, 1 Bd., Der Begriff der Verwaltung und das System der positiven Staatswissenschaften*, 3 Aufl., J.G. Cotta.

Waldo, Dwight (1948) *The Administrative State: A Study of the Political Theory of American Public Administration*, Ronald Press Company.

Waldo, Dwight (1952) 'Development of Theory of Democratic Administration', *American Political Science Review*, 46(1): 81-103.

Waldo, Dwight (1965) 'The Administrative State Revisited', *Public Administration Review*, 25 (1): 5-30.

Wilson, Woodrow (1887) 'The Study of Administration', *Political Science Quarterly*, 2(2): 197-222.

[第３章]

飯尾潤（2007）『日本の統治構造――官僚内閣制から議院内閣制へ』中公新書。

伊藤正次・出雲明子・手塚洋輔（2016）『はじめての行政学』有斐閣。

大山礼子（2003）『比較議会政治論――ウェストミンスターモデルと欧州大陸型モデル』岩波書店。

粕谷祐子（2014）『比較政治学』ミネルヴァ書房。

金井利之（2018）『行政学講義――日本官僚制を解剖する』ちくま新書。

河合晃一（2019）『政治権力と行政組織――中央省庁の日本型制度設計』勁草書房。

川人貞史（2015）『議院内閣制』東京大学出版会。

砂原庸介・稗田健志・多湖淳（2020）『政治学の第一歩〔新版〕』有斐閣。

曽我謙悟（2013）『行政学』有斐閣。

曽我謙悟（2016）『現代日本の官僚制』東京大学出版会。

高安健将（2018）『議院内閣制――変貌する英国モデル』中公新書。

竹中治堅（2017）「『安倍一強』の制度的基盤――『首相支配』の発展と国政への責任」『中央公論』第131巻第11号，98-115頁。

竹中治堅（2018）「議院内閣制の変容と『忖度』」『中央公論』第132巻第6号，40-49頁。

竹中治堅（2020）「日本の議院内閣制の変容の方向性――権力分立論再考」駒村圭吾・待鳥聡史編『統治のデザイン――日本の「憲法改正」を考えるために』弘文堂，176-205頁。

建林正彦・曽我謙悟・待鳥聡史（2008）『比較政治制度論』有斐閣。

西尾勝（2001）『行政学〔新版〕』有斐閣。

早川有紀（2020）「リーダーの権力はどのように決まるのか――執政制度」木寺元編『政治学入門〔第2版〕』弘文堂，28-46頁。

藤井浩司（1992）「統治構造の基本形態」竹尾隆編『現代政治の諸相』八千代出版，171-199頁。

待鳥聡史（2012）『首相政治の制度分析――現代日本政治の権力基盤形成』千倉書房。
待鳥聡史（2015）『代議制民主主義――「民意」と「政治家」を問い直す』中公新書。
松下圭一（1998）『政治・行政の考え方』岩波新書。
山口二郎（1989）『一党支配体制の崩壊』岩波書店。
Lijphart, Arend (2012) *Patterns of Democracy: Government Forms and Performance in Thirty-Six Countries*, Yale University Press.［粕谷祐子・菊池啓一訳（2014）『民主主義対民主主義――多数決型とコンセンサス型の 36カ国比較研究〔原著第 2 版〕』勁草書房］
Linz, Juan J. (1994) 'Presidential or Parliamentary Democracy: Does It Make a Difference?', in Linz, Juan J. and Arturo Valenzuela (eds.) (1994) *The Failure of Presidential Democracy: Comparative Perspectives*, Vol.1, Johns Hopkins University Press, pp. 3-87.
Poguntke, Thomas and Paul Webb (eds.) (2005) *The Presidentialization of Politics: A Comparative Study of Modern Democracies*, Oxford: Oxford University Press.［岩崎正洋監訳（2014）『民主政治はなぜ「大統領制化」するのか――現代民主主義国家の比較研究』ミネルヴァ書房］
Samuels, David (2007) 'Separation of Powers', in Boix, Carles and Susan C. Stokes (eds.) *The Oxford Handbook of Comparative Politics*, Oxford University Press, pp. 703-726.
Shugart, Matthew S. (2005) 'Semi-Presidential Systems: Dual Executive and Mixed Authority Patterns', *French Politics*, 3(3): 323-351.
Shugart, Matthew S. and John M. Carey (1992) *Presidents and Assemblies: Constitutional Design and Electoral Dynamics*, Cambridge University Press.
Strøm, Kaare, Wolfgang C. Müller, and Torbjörn Bergman (eds.) (2003) *Delegation and Accountability in Parliamentary Democracies*, Oxford University Press.

［第 4 章］

穴見明（1994）「内閣制度」西尾勝・村松岐夫編『講座行政学第 2 巻 制度と構造』有斐閣，1-33 頁。
伊藤正次・出雲明子・手塚洋輔（2016）『はじめての行政学』有斐閣。
伊藤之雄（2016）『元老――近代日本の真の指導者たち』中公新書。
今村都南雄（1994）「行政組織制度」西尾勝・村松岐夫編『講座行政学第 2 巻 制度と構造』有斐閣，39-74 頁。
今村都南雄・武藤博己・沼田良・佐藤克廣・南島和久（2015）『ホーンブック基礎行政学［第 3 版］』北樹出版。
宇賀克也（2019）『行政法概説Ⅲ――行政組織法／公務員法／公物法 第 5 版』有斐閣。
行政改革会議事務局 OB 会編（1998）『21 世紀の日本の行政』行政管理研究センター。
清水唯一朗（2013）『近代日本の官僚――維新官僚から学歴エリートへ』中公新書。
土岐寛・平石正美・外山公美・石見豊（2011）『現代行政のニュートレンド』北樹出版。
内閣制度百年史編纂委員会編（1985a）『内閣制度百年史 上巻・下巻』内閣官房。
内閣制度百年史編纂委員会編（1985b）『内閣百年の歩み』内閣官房。
西尾勝（2001）『行政学〔新版〕』有斐閣。
林茂・辻清明編（1981）『日本内閣史録 1～6』第一法規出版。
坂野潤治（2012）『日本近代史』ちくま新書。
星浩（2014）『官房長官――側近の政治学』朝日新聞出版。
真渕勝（2020）『行政学〔新版〕』有斐閣。
村松岐夫（2001）『行政学教科書――現代行政の政治分析〔第 2 版〕』有斐閣。

［第５章］
石橋順三（2005）「立法府による行政統制の現状と今後の課題」『立法と調査』No.249，18-22 頁。
伊藤修一郎（2002）「行政統制――情報公開・行政手続規制の対比」樋渡展洋・三浦まり編『流動期の日本政治――「失われた十年」の政治学的検証』東京大学出版会，155-175 頁。
今川晃（2014a）「地方分権時代における行政統制の意味の変容」『季刊行政管理研究』第 120 号，5-13 頁。
今川晃（2014b）「行政苦情救済と行政統制――政策と住民相互の議論」『季刊行政管理研究』第 146 号，5-16 頁。
今村都南雄・武藤博己・沼田良・佐藤克廣・南島和久（2015）『ホーンブック基礎行政学［第 3 版］』北樹出版。
会計検査院ウェブサイト「検査の対象」〈https://www.jbaudit.go.jp/jbaudit/target/index.html〉。
風間規男（1995）「行政統制理論の復権」日本行政学会編『年報行政研究 30　地方自治のクロスロード』ぎょうせい，107-125 頁。
風間規男編（2018）『新版　行政学の基礎』一藝社。
片岡寛光（1979）「行政の統制」『早稲田政治経済学雑誌』256・7 号，254-281 頁。
片岡寛光（1983）『行政学の要点整理』実務教育出版。
金井利之（2021）『コロナ対策禍の国と自治体――災害行政の迷走と閉塞』ちくま新書。
新藤宗幸（2019）『行政責任を考える』東京大学出版会。
瀬畑源（2018）『公文書問題――日本の「闇」の核心』集英社新書。
総務省（2019）「行政手続法（意見公募手続）の施行状況に関する調査結果」〈https://www.soumu.go.jp/main_content/000540442.pdf〉。
総務省行政評価局（2020）「総務省の行政相談」〈https://www.soumu.go.jp/main_content/000356782.pdf〉。
竹中治堅（2020）『コロナ危機の政治――安倍政権 vs.知事』中公新書。
外山公美編（2016）『行政学〔第 2 版〕』弘文堂。
西尾勝（1990）『行政学の基礎概念』東京大学出版会。
西尾勝（2001）『行政学〔新版〕』有斐閣。
原田久（2016）『行政学』法律文化社。
藤井浩司（1988）「行政の統制」片岡寛光・辻隆夫編『現代行政』法学書院，279-304 頁。
真渕勝（2020）『行政学〔新版〕』有斐閣。
村上弘・佐藤満編（2016）『よくわかる行政学［第 2 版］』ミネルヴァ書房。
村松岐夫（2019）『政と官の五十年』第一法規。
Finer, Herman (1941) 'Administrative Responsibility in Democratic Government', *Public Administration Review*, 1(4): 335-350.
Friedrich, Carl Joachim (1940) 'Public Policy and the Nature of Administrative Responsibility', in Carl Joachim Friedrich and Edward S. Mason (eds.) *Public Policy*, Harvard University Press, pp. 3-24.
Gilbert, Charles. E. (1959) 'Framework of Administrative Responsibility', *Journal of Politics*, 21(3): 373-407.

［第６章］
伊藤光利・田中愛治・真渕勝（2000）『政治過程論』有斐閣。
今村都南雄・武藤博己・真山達志・武智秀之（1999）『ホーンブック行政学〔改訂版〕』。
ウェーバー，マックス（1960）『支配の社会学Ⅰ』（世良晃志郎訳）創文社。
ウェーバー，マックス（1970）『支配の諸類型』（世良晃志郎訳）創文社。

ウェーバー，マックス（1987）『官僚制』（阿閉吉男・脇圭平訳）恒星社厚生閣。
甲斐祥子（2014）『〔新2版〕現代政治のナビゲーター』北樹出版。
川野秀之・新川達郎・三田清（1983）『現代の行政』学陽書房。
久米郁男・川出良枝・古城佳子・田中愛治・真渕勝（2011）『政治学〔補訂版〕』有斐閣。
小林淳一・木村邦博編（1991）『考える社会学』ミネルヴァ書房。
小林正弥（1998）「官僚制」森田朗編『行政学の基礎』岩波書店，19-35頁。
佐々木信夫（2000）『現代行政学――管理の行政学から政策学へ』学陽書房。
塩原勉・松原治郎・大橋幸編集代表（1978）『社会学の基礎知識――基礎概念の理解のために〔新装版〕』有斐閣。
田尾雅夫編（2010）『よくわかる組織論』ミネルヴァ書房。
辻清明（1969）『日本官僚制の研究〔新版〕』東京大学出版会。
土岐寛・平石正美・外山公美・石見豊（2011）『現代行政のニュートレンド』北樹出版。
中島誠（2020）『立法学――序論・立法過程論〔第4版〕』法律文化社。
新川達郎（1991）「行政活動の理論」宇都宮深志・新川達郎編『行政と執行の理論』東海大学出版会，85-108頁。
西尾勝（2001）『行政学〔新版〕』有斐閣。
長谷川公一他（2007）『社会学』有斐閣。
藤原真史（2012）「ウェーバーの官僚制論」岩崎正洋編『政策過程の理論分析』三和書籍，167-179頁。
細野助博（1999）「経済学から見た官僚制メカニズム」城山英明・鈴木寛・細野助博編『中央省庁の政策形成過程――日本官僚制の解剖』中央大学出版部，40-64頁。
堀江湛編（2014）『政治学・行政学の基礎知識［第3版］』一藝社。
本田弘（1994）『現代行政の構造』勁草書房。
本間康平他編（1988）『社会学概論　社会・文化・人間の総合理論〔新版〕』有斐閣。
牧原出（1994）「官僚制理論」西尾勝・村松岐夫編『講座行政学第1巻　行政の発展』，有斐閣，261-298頁。
真渕勝（2006）「官僚制の変容――萎縮する官僚」村松岐夫・久米郁男編『日本政治　変動の30年』東洋経済新報社，137-158頁。
真渕勝（2008）『改訂版　現代行政分析』放送大学教育振興会。
真渕勝（2010）『官僚』東京大学出版会。
真渕勝（2020）『行政学〔新版〕』有斐閣。
水口憲人（2000）「官僚制とイデオロギー」水口憲人・北原鉄也・真渕勝編『変化をどう説明するか：行政篇』木鐸社，25-50頁。
村松岐夫（1981）『戦後日本の官僚制』東洋経済新報社。
村松岐夫（2001）『行政学教科書――現代行政の政治分析〔第2版〕』有斐閣。
森田朗（2000）『改定版　現代の行政』放送大学教育振興会。
Blau, Peter M.(1956) *Bureaucracy in Modern Society*, Random House.［阿利莫二訳（1958）『現代社会の官僚制』岩波書店］
Crozier, Michel (1964) *The Bureaucratic Phenomenon*, University of Chicago Press.
Downs, Anthony (1967) *Inside Bureaucracy*, Little Brown.［渡辺保男訳（1975）『官僚制の解剖――官僚と官僚機構の行動様式』サイマル出版会］
Dunleavy, Patrick (1991) *Democracy, Bureaucracy and Public Choice: Economic Explanations in Political Science*, Harvester Wheatsheaf.
Gouldner, Alvin W. (1955) *Patterns of Industrial Bureaucracy*, Free Press.［岡本秀昭・塩原勉訳編（1963）『産業における官僚制――組織過程と緊張の研究』ダイヤモンド社］

Merton, Robert K. (1949) *Social Theory and Social Structure: Toward the Codification of Theory and Research*, Free Press.［森東吾他訳（1961）『社会理論と社会構造』みすず書房］
Niskanen, William A. Jr. (1971) *Bureaucracy and Representative Government*, Aldine, Atherton.
Parkinson, C. Northcote (1957) *Parkinson's Law*, Houghton Mifflin.［森永晴彦訳（1961）『パーキンソンの法則』至誠堂］
Peter, Laurence J. and Raymond Hull (1969) *The Peter Principle*, William Morrow & Company.［渡辺伸也訳（2003）『ピーターの法則　創造的無能のすすめ』ダイヤモンド社］
Selznick, Philip (1949) *TVA and the Grass Roots: A Study in the Sociology of Formal Organization*, Cambridge University Press.

［第７章］

伊藤光利・田中愛治・真渕勝（2000）『政治過程論』有斐閣。
井原久光（2008）『テキスト経営学［第３版］――基礎から最新の理論まで』ミネルヴァ書房。
今村都南雄（1978）『組織と行政』東京大学出版会。
今村都南雄・武藤博己・真山達志・武智秀之（1999）『ホーンブック行政学〔改訂版〕』北樹出版。
風間規男編（2018）『新版　行政学の基礎』一藝社。
岸田民樹・田中政光（2009）『経営学説史』有斐閣。
工藤達男・奥村経世・大平義隆（1992）『現代の経営管理論――活動のいずみ』学文社。
國澤英雄（2006）『勤労意欲の科学――活力と生産性の高い職場の実現』成文堂。
桑田耕太郎・田尾雅夫（2010）『組織論〔補訂版〕』有斐閣。
木暮至（2002）『現代経営管理の新展開』同文舘出版。
佐久間信夫編（2011）『経営学概論』創成社。
佐久間信夫・坪井順一編（2005）『現代の経営組織論』学文社。
佐々木土師二編（1996）『産業心理学への招待』有斐閣。
佐々木信夫（2000）『現代行政学――管理の行政学から政策学へ』学陽書房。
鈴木秀一（2002）『入門　経営組織』新世社。
田尾雅夫（1993）『モチベーション入門』日本経済新聞社。
竹尾隆（1994）『現代行政学理論』嵯峨野書院。
角野信夫（2001）『基礎コース　経営組織』新世社。
西尾勝（1976）「組織理論と行政理論」辻清明編集代表『行政学講座第１巻　行政の理論』東京大学出版会，173-215 頁。
西尾勝（1990）『行政学の基礎概念』東京大学出版会。
西尾勝（2001）『行政学〔新版〕』有斐閣。
林伸二（2000）『組織心理学』白桃書房。
村上弘・佐藤満編（2016）『よくわかる行政学［第２版］』ミネルヴァ書房。
村松岐夫（2001）『行政学教科書――現代行政の政治分析〔第２版〕』有斐閣。
森田朗（2000）『改訂版　現代の行政』放送大学教育振興会。
森田朗（2017）『新版　現代の行政』第一法規。
Barnard, Chester I. (1938) *The Functions of the Executive*, Harvard University Press.［山本安次郎・田杉競・飯野春樹訳（1968）『新訳　経営者の役割』ダイヤモンド社］
Clark, Peter B., and James Q. Wilson (1961) 'Incentive Systems: A Theory of Organizations', *Administrative Science Quarterly*, 6(2): 129-166.
Herzberg, Frederick (1966) *Work and the Nature of Man*, World Publishing.［北野利信訳（1968）『仕事と人間性　動機づけ－衛生理論の新展開』東洋経済新報社］
Maslow, Abraham H. (1954) *Motivation and Personality*, Harper & Row.［小口忠彦監訳（1971）

『人間性の心理学』産業能率短期大学出版部]

Mayo, Elton (1946) *The Human Problems of an Industrial Civilization*. Second edition, The President and Fellows of Harvard College.[村本栄一訳（1951）『産業文明における人間問題』日本能率協会]

McGregor, Douglas (1960) *The Human Side of Enterprise*, McGraw-Hill.[高橋達男訳（1966）『企業の人間的側面』産業能率短期大学]

Roethlisberger, Fritz J., and William J. Dickson (1939) *Management and the Worker: An Account of a Research Program Conducted by the Western Electric Company, Hawthorne Works, Chicago*, Harvard University Press.

Roethlisberger, Fritz J. (1941) *Management and Morale*, Harvard University Press.[野田一夫・川村欣也訳（1954）『経営と勤労意欲』ダイヤモンド社]

Salisbury, Robert T. (1969) 'An Exchange Theory of Interest Groups', *Midwest Journal of Political Science*, 13(1): 1–32.

Simon, Herbert A. (1976) *Administrative Behavior: A Study of Decision-making Processes in Administrative Organization*, Third edition, Free Press.[松田武彦・高柳暁・二村敏子訳（1989）『経営行動——経営組織における意思決定プロセスの研究（新版）』ダイヤモンド社]

Simon, Herbert A., Donald W. Smithburg, and Victor A. Thompson (1950) *Public Administration*, Alfred A. Knopf.[岡本康雄・河合忠彦・増田孝治訳（1977）『組織と管理の基礎理論』ダイヤモンド社]

Taylor, Frederick W. (1919[1911]) *The Principles of Scientific Management*, Harper & Brothers Publishers.[中谷彪・中谷愛・中谷謙訳（2009）『科学的管理法の諸原理』晃洋書房]

[第８章]

伊藤正次・出雲明子・手塚洋輔（2016）『はじめての行政学』有斐閣。

宇賀克也（2019）『行政法概説Ⅲ 行政組織法 / 公務員法 / 公物法〔第５版〕』有斐閣。

大森彌（2006）『官のシステム』東京大学出版会。

行政改革推進本部事務局（2006）「公益法人制度改革の概要」〈https://www.gyoukaku.go.jp/siryou/koueki/pdf/pamphlet.pdf〉。

国土交通省（2009）『平成20年度 国土交通白書』〈https://www.mlit.go.jp/hakusyo/mlit/h20/hakusho/h21/pdf/kp210000.pdf〉。

塩野宏（2012）『行政法Ⅲ 行政組織法〔第４版〕』有斐閣。

総務省（2020a）「独立行政法人一覧（令和２年４月１日現在）」〈https://www.soumu.go.jp/main_content/000679614.pdf〉。

総務省（2020b）「所管府省別特殊法人一覧（令和２年４月１日現在）」〈https://www.soumu.go.jp/main_content/000678775.pdf〉。

総務省（2020c）「特別の法律により設立される民間法人一覧（令和２年４月１日現在）」〈https://www.soumu.go.jp/main_content/000678777.pdf〉。

外山公美（2014）「独立行政法人制度の現状と課題」外山公美・平石正美・中村祐司・西村弥・五味太始・古坂正人・石見豊『日本の公共経営 新しい行政』北樹出版，132–148 頁。

西尾勝（2001）『行政学〔新版〕』有斐閣。

真渕勝（2020）『行政学〔新版〕』有斐閣。

村松岐夫（1994）『日本の行政——活動型官僚制の変貌』中公新書。

森田朗（2017）『現代の行政〔新版〕』第一法規。

［第９章］

出雲明子（2014）『公務員制度改革と政治主導――戦後日本の政治任用制』東海大学出版部。
稲継裕昭（1996）『日本の官僚人事システム』東洋経済新報社。
大谷基道・河合晃一（2019）『現代日本の公務員人事――政治・行政改革は人事システムをどうか変えたか』第一法規。
人事院（2009）『平成20年度年次報告書』〈https://www.jinji.go.jp/hakusho/h20/body.html〉。
人事院（2020）『令和２年度 人事院の進める人事行政について――国家公務員プロフィール』〈https://www.jinji.go.jp/pamfu/R2profeel_files/0_zentai11.9MB.PDF〉。
新藤宗幸（2002）『技術官僚―その権力と病理』岩波新書。
総務省（2020）「令和２年地方公務員給与実態調査結果等の概要」〈https://www.soumu.go.jp/main_content/000722714.pdf〉。
内閣人事局（2020）「国家公務員の給与（令和２年版）」〈https://www.cas.go.jp/jp/gaiyou/jimu/jinjikyoku/pdf/r02_kyuyo.pdf〉。
西尾隆（2018）『公務員制』東京大学出版会。
西尾勝（2001）『行政学〔新版〕』有斐閣。
西川伸一（2002）『官僚技官――霞が関の隠れたパワー』五月書房。
藤田由紀子（2008）『公務員制度と専門性――技術系行政官の日英比較』専修大学出版局。
藤原政行（1994）「官僚養成制度と私立法律学校への統制について」『教育学雑誌』第28号，163-174頁。
真渕勝（2010）『官僚』東京大学出版会。
真渕勝（2020）『行政学〔新版〕』有斐閣。
森園幸男・吉田耕三・尾西雅博編（2015）『逐条国家公務員法［全訂版］』学陽書房。

［第10章］

縣公一郎（1995）「法令の制定と省庁の意思決定」西尾勝・村松岐夫編『講座行政学第４巻　政策と管理』有斐閣，115-151頁。
秋吉貴雄・伊藤修一郎・北山俊哉（2020）『公共政策学の基礎〔第３版〕』有斐閣。
アリソン，グレアム・T（1977）『決定の本質――キューバ・ミサイル危機の分析』（宮里政玄訳）中央公論社。
アリソン，グレアム／フィリップ・ゼリコウ（2016）『決定の本質――キューバ・ミサイル危機の分析　第２版Ⅰ～Ⅱ』（漆嶋稔訳）日経BP社。
飯尾潤（2007）『日本の統治構造――官僚内閣制から議院内閣制へ』中公新書。
井上誠一（1981）『稟議制批判論についての一考察――わが国行政機関における意思決定過程の実際』行政管理研究センター。
今村都南雄・武藤博己・沼田良・佐藤克廣・南島和久（2015）『ホーンブック基礎行政学［第３版］』北樹出版。
岩崎正洋編（2019）『大統領制化の比較政治学』ミネルヴァ書房。
上神貴佳・三浦まり編（2018）『日本政治の第一歩』有斐閣。
内山融（2007）『小泉政権――「パトスの首相」は何を変えたのか』中公新書。
大嶽秀夫（2006）『小泉純一郎　ポピュリズムの研究――その戦略と手法』東洋経済新報社。
奥健太郎・河野康子編（2015）『自民党政治の源流――事前審査制の史的検証』吉田書店。
茅野千江子（2017）『議員立法の実際――議員立法はどのように行われてきたか』第一法規。
キングダン，ジョン（2017）『アジェンダ・選択肢・公共政策――政策はどのように決まるのか』（笠京子訳）勁草書房。
サイモン，ハーバード・A（2009）『〔新版〕経営行動――経営組織における意思決定過程の研究』

（二村敏子・桑田耕太郎・高尾義明・西脇暢子・高柳美香訳）ダイヤモンド社。
阪田雅裕編（2013）『政府の憲法解釈』有斐閣。
竹中治堅（2006）『首相支配――日本政治の変貌』中公新書。
辻清明（1969）『日本官僚制の研究〔新版〕』東京大学出版会。
内閣官房内閣人事局（2016）「国会に関する業務の調査（調査結果）」〈https://www.cas.go.jp/jp/gaiyou/jimu/jinjikyoku/jinji_hatarakikata/pdf/chousa.pdf〉。
内閣法制局（n.d.）「法律ができるまで」〈https://www.clb.go.jp/recent-laws/process/〉。
中北浩爾（2017）『自民党――「一強」の実像』中公新書。
中北浩爾（2019）『自公政権とは何か――「連立」にみる強さの正体』ちくま新書。
中島誠（2020）『立法学――序論・立法過程論〔第4版〕』法律文化社。
野中尚人・青木遥（2016）『政策会議と討論なき国会――官邸主導体制の成立と後退する熟議』朝日新聞出版。
ポグントケ，トーマス／ポール・ウェブ（2014）『民主政治はなぜ「大統領制化」するのか――現代民主主義国家の比較研究』（岩崎正洋監訳）ミネルヴァ書房。
堀内光雄（2006）『自民党は殺された！』ワック。
牧原出（2016）『「安倍一強」の謎』朝日新書。
真渕勝（2020）『行政学〔新版〕』有斐閣。
宮川公男（2002）『政策科学入門［第2版］』東洋経済新報社。
森田朗（2006）『会議の政治学』慈学社出版。
Lasswell, Harold D. (1971) *A Pre-View of Policy Sciences*, American Elsevier.
Lindblom, Charles E. (1959) 'The Science of "Muddling Through"', *Public Administration Review*, 19(2): 79-88.

[第11章]

秋吉貴雄（2017）『入門　公共政策学――社会問題を解決する「新しい知」』中公新書。
秋吉貴雄・伊藤修一郎・北山俊哉（2020）『公共政策学の基礎〔第3版〕』有斐閣。
伊多波良雄編（2009）『公共政策のための政策評価手法』中央経済社。
伊藤公一朗（2017）『データ分析の力――因果関係に迫る思考法』光文社新書。
伊藤修一郎（2020）『政策実施の組織とガバナンス――広告景観規制をめぐる政策リサーチ』東京大学出版会。
大橋洋一編（2010）『BASIC 公共政策学第6巻　政策実施』ミネルヴァ書房。
川島佑介（2015）「生活保護行政と福祉マグネット」『季刊行政管理研究』第151号，40-52頁。
片岡寛光（1990）『国民と行政』早稲田大学出版部。
風間規男（2015）「『原子力ムラ』研究序説」『季刊行政管理研究』第150号，3-16頁。
セルフ，ピーター（1981）『行政官の役割――比較行政学的アプローチ』（片岡寛光監訳）成文堂。
総務省（n.d.）「政策評価ポータルサイト」〈http://www.soumu.go.jp/main_sosiki/hyouka/seisaku_n/portal/index.html〉。
総務省行政評価局（2017）『政策評価Q&A（政策評価に関する問答集）』〈http://www.soumu.go.jp/main_content/000359598.pdf〉。
総務省行政評価局（n.d.）「行政評価局調査」〈https://www.soumu.go.jp/main_sosiki/hyouka/hyouka_kansi_n/index.html〉。
高橋克紀（2014）『政策実施論の再検討』六甲出版販売。
長峯純一（2014）『BASIC 公共政策学第11巻　費用対効果』ミネルヴァ書房。
南島和久（2018a）「実施――行政活動とその変容」石橋章市朗・佐野亘・土山希美枝・南島和久『公共政策学』ミネルヴァ書房，163-183頁。

南島和久（2018b）「評価――アカウンタビリティと改善」石橋章市朗・佐野亘・土山希美枝・南島和久『公共政策学』ミネルヴァ書房，185-209 頁。

南島和久（2020）『政策評価の行政学――制度運用の理論と分析』晃洋書房。

中室牧子（2015）『「学力」の経済学』ディスカバー・トゥエンティワン。

中室牧子・津川友介（2017）『「原因と結果」の経済学――データから真実を見抜く思考法』ダイヤモンド社。

西尾勝（2001）『行政学〔新版〕』有斐閣。

西出順郎（2020）『政策はなぜ検証できないのか――政策評価制度の研究』勁草書房。

畠山弘文（1989）『官僚制支配の日常構造――善意による支配とは何か』三一書房。

原田久（2010）「生活保護政策における『過誤回避』・試論」『季刊行政管理研究』第 132 号，3-14 頁。

平田彩子（2017）『自治体現場の法適用――あいまいな法はいかに実施されるか』東京大学出版会。

藤井誠一郎（2018）『ごみ収集という仕事――清掃車に乗って考えた地方自治』コモンズ。

藤原真史（2012）「リプスキーの第一線公務員論」岩崎正洋編『政策過程の理論分析』三和書籍，181-193 頁。

真渕勝（2020）『行政学〔新版〕』有斐閣。

真山達志（1991）「政策実施の理論」宇都宮深志・新川達郎編『行政と執行の理論』東海大学出版会，211-236 頁。

真山達志編（2016）『政策実施の理論と実像』ミネルヴァ書房。

森田朗（1988）『許認可行政と官僚制』岩波書店。

森脇俊雅（2010）『BASIC 公共政策学第 5 巻　政策過程』ミネルヴァ書房。

山谷清志（2006）『政策評価の実践とその課題――アカウンタビリティのジレンマ』萌書房。

山谷清志（2012）『BASIC 公共政策学第 9 巻　政策評価』ミネルヴァ書房

リプスキー，マイケル（1986）『行政サービスのディレンマ――ストリート・レベルの官僚制』（田尾雅夫・北大路信郷訳）木鐸社。

ロッシ，ピーター・H，マーク・W・リプセイ，ハワード・E.・フリーマン（2005）『プログラム評価の理論と方法――システマティックな対人サービス・政策評価の実践ガイド』（大島巌・平岡公一・森俊夫・元永拓郎監訳）日本評論社。

Hargrove, Erwin C. (1975) *The Missing Link: The Study of The Implementation of Social Policy*, The Urban Institute.

Pressman, Jeffrey L., and Aaron Wildavsky (1984 [1973]) *Implementation: How Great Expectations in Washington Are Dashed in Oakland; Or, Why It's Amazing that Federal Programs Work at All, This Being a Saga of the Economic Development Administration as Told by Two Sympathetic Observers Who Seek to Build Morals on a Foundation of Ruined Hopes*, 3rd ed., University of California Press.

[第 12 章]

秋吉貴雄（2016）「時間のなかの会計検査制度――異質な制度進化の歴史分析」『法学新報』122 巻 7・8 号，1-26 頁。

小林麻理（2013）「政府における予算改革の意義と課題――業績予算への道」『早稲田商学』434 号，445-473 頁。

内閣府（2020）「中長期の経済財政に関する試算（2020 年 7 月）のポイント」〈https://www5.cao.go.jp/keizai2/keizai-syakai/r2point7.pdf〉。

財務省（2020a）「令和 2 年度特別会計ガイドブック」〈https://www.mof.go.jp/budget/topics/special_account/fy2020/2020-zentaiban.pdf〉。

財務省（2020b）「我が国の財政事情（令和3年度予算政府案）」〈https://www.mof.go.jp/budget/budger_workflow/budget/fy2021/seifuan2021/04.pdf〉。

財務省（2021）「日本の財政関係資料（令和3年4月）」〈https://www.mof.go.jp/budget/fiscal_condition/related_data/202104_00.pdf〉。

財務省（n.d.）「財政に関する資料」〈https://www.mof.go.jp/tax_policy/summary/condition/a02.htm〉。

新藤宗幸（1995）「予算の編成」西尾勝・村松岐夫編『講座行政学第4巻　政策と管理』有斐閣，191－234頁。

西尾勝（2001）『行政学〔新版〕』有斐閣。

森田朗（2017）『新版 現代の行政』第一法規。

横山彰・馬場義久・堀場勇夫（2009）『現代財政学』有斐閣。

［第13章］

磯崎初仁・金井利之・伊藤正次（2014）『ホーンブック地方自治［第3版］』北樹出版。

市川喜崇（2012）『日本の中央—地方関係：現代型集権体制の起源と福祉国家』法律文化社。

岩崎美紀子（2004）「基礎自治体改革の二つの命題——『民主政』と『効率』」『地方自治』第683号，2-31頁。

宇賀克也（2019）『地方自治法概説（第8版）』有斐閣。

岡本三彦（2012）「自治体の政策過程における住民投票」『会計検査研究』第45号，115-128頁。

北村亘（2016）「大阪都構想をめぐる政治過程——「有効な脅し」による都構想の推進」『レヴァイアサン』第59号，9-34頁。

北村亘・青木栄一・平野淳一（2017）『地方自治論——2つの自律性のはざまで』有斐閣。

ブライス，ジェームス（1929）『近代民主政治 第一巻』（松山武訳）岩波文庫。

全国知事会総合戦略・政権評価特別委員会憲法と地方自治研究会（2016）『憲法と地方自治研究会報告書』〈http://www.nga.gr.jp/ikkrwebBrowse/material/files/group/2/kenpohoukokusyo.pdf〉。

総務省（2010）『「平成の大合併」について』〈http://www.soumu.go.jp/gapei/pdf/100311_1.pdf〉。

総務省（2019）「超過課税の状況（平成31年4月1日現在）」〈https://www.soumu.go.jp/main_content/000696140.pdf〉。

総務省（2020a）『令和2年版　地方財政白書』〈https://www.soumu.go.jp/main_content/000675969.pdf〉。

総務省（2020b）「法定外税の状況（令和2年4月1日現在）」〈http://www.soumu.go.jp/main_content/000493610.pdf〉。

総務省（2020c）「地域審議会・地域自治区・合併特例区一覧（令和2年4月1日現在）」〈http://www.soumu.go.jp/main_content/000253454.pdf〉。

土岐寛・平石正美・斎藤友之・石見豊（2009）『現代日本の地方自治』北樹出版。

土岐寛（2003）『東京問題の政治学［第二版］』日本評論社。

戸谷雅治（2019）「『国と地方の協議の場』の課題」『年報公共政策学』第13号，239-257頁。

成田頼明（1979a）「地方公共団体の国政参加（上）——その理論的根拠と範囲・方法」『自治研究』第55第9号，3-13頁。

成田頼明（1979b）「地方公共団体の国政参加（中-1）」『自治研究』第55巻第11号，3-14頁。

成田頼明（1980）「地方公共団体の国政参加（中-2）」『自治研究』第56巻第4号，3-15頁。

日本都市センター（2008）『市町村合併に関するアンケート調査（2008年度（416団体回答））』〈http://www.toshi.or.jp/app-def/wp/wp-content/uploads/2013/09/syukeikekka2.pdf〉。

原田光隆（2010）「地方公共団体の国政参加をめぐる議論」『レファレンス』2010年9月号，117-137頁。

山崎重孝（2004）「新しい『基礎自治体』像について（上）」『自治研究』第 80 巻第 12 号，36-66 頁。
山下茂（2010）『体系比較地方自治』ぎょうせい。
宮脇淳（2010）『創造的政策としての地方分権――第二次分権改革と持続的発展』岩波書店。
吉村弘（1999）『最適都市規模と市町村合併』東洋経済新報社。

［第 14 章］
池田雅則（2015）「明治の判任文官層――キャリア形成としての教育史における研究対象」『兵庫県立大学看護学部・地域ケア開発研究所紀要』第 22 号，1-14 頁。
礒崎初仁・金井利之・伊藤正次（2014）『ホーンブック地方自治［第 3 版］』北樹出版。
稲垣浩（2015）『戦後地方自治と組織編成――「不確実」な制度と地方の「自己制約」』吉田書店。
稲継裕昭（2000）『人事・給与と地方自治』東洋経済新報社。
稲継裕昭（2011）『地方自治入門』有斐閣。
大谷基道（2016）「公務員制度――地方自治体における任用形態と人材の多様化」縣公一郎・藤井浩司編『ダイバーシティ時代の行政学――多様化社会における政策・制度研究』早稲田大学出版部，190-206 頁。
大谷基道（2019）「ポスト分権改革時代における自治体の職員採用」大谷基道・河合晃一編『現代日本の公務員人事――政治・行政改革は人事システムをどう変えたか』第一法規，135-155 頁。
大谷基道（2020）「地方公務員制度」新規採用研修研究会編『自治体職員スタートブック［第 3 次改訂版］』学陽書房，123-163 頁。
大谷基道・稲継裕昭・竹内直人（2019）「アンケート調査結果から見た地方自治体の人事行政運営の実態――能力・実績に基づく人事管理，再任用，給与決定に関する国の関与」『獨協法学』第 108 号，165-200 頁。
総務省（2017）「地方公務員の臨時・非常勤職員に関する実態調査結果の概要（平成 28 年 4 月 1 日現在）」〈https://www.soumu.go.jp/main_content/000476560.pdf〉。
総務省（2020a）「令和 2 年地方公共団体定員管理調査結果の概要」〈https://www.soumu.go.jp/main_content/000723820.pdf〉。
総務省（2020b）「地方公務員の会計年度任用職員等の臨時・非常勤職員に関する調査結果（令和 2 年 4 月 1 日現在）」〈https://www.soumu.go.jp/main_content/000724456〉。
総務省（2021）「令和元年度地方公務員の再任用実施状況等調査」〈https://www.soumu.go.jp/main_content/000736290.pdf〉。
田尾雅夫（2015）『公共マネジメント――組織論で読み解く地方公務員』有斐閣。
竹内直人（2019）「遅い昇進の中の隠れた早い選抜――自治体ホワイトカラーの昇進パターンと組織の機能」大谷基道・河合晃一編『現代日本の公務員人事――政治・行政改革は人事システムをどう変えたか』第一法規，157-178 頁。
地方制度調査会（2019）「2040 年頃から逆算し顕在化する地方行政の諸課題とその対応方策についての中間報告」〈https://www.soumu.go.jp/main_content/000637227.pdf〉。
中谷建文（2020）「地方公共団体における任期付採用制度の運用状況に関する調査結果について」『地方公務員月報』685 号，49-91 頁。
橋本勇（2020）『新版 逐条地方公務員法［第 5 次改訂版］』学陽書房。
服部泰宏（2016）『採用学』新潮社。
松本英昭（2017）『新版 逐条地方自治法［第 9 次改訂版］』学陽書房。
圓生和之・大谷基道（2017）『はじめて学ぶ地方公務員法』学陽書房。
村松岐夫（2001）『行政学教科書――現代行政の政治分析〔第 2 版〕』有斐閣。

[第 15 章]
稲継裕昭（2011）『地方自治入門』有斐閣。
今井照（2017）『地方自治講義』ちくま新書。
宇賀克也（2019）『地方自治法概説 第 8 版』有斐閣。
北村亘・青木栄一・平野淳一（2017）『地方自治論――2 つの自律性のはざまで』有斐閣。
国土交通省（2019）「道路統計年報 2019（2018 年 4 月 1 日現在）」〈https://www.mlit.go.jp/road/ir/ir-data/tokei-nen/2019/nenpo02.html〉。
佐藤竺監修・今川晃・馬場健編（2009）『市民のための地方自治入門――サービスの受け手から自治の担い手へ［新訂版］』実務教育出版。
柴田直子・松井望編（2012）『地方自治論入門』ミネルヴァ書房。
総務省（2017）「地方公共団体における行政評価の取組状況等に関する調査結果（2016 年 10 月 1 日現在）」〈https://www.soumu.go.jp/menu_news/s-news/02gyosei04_04000001.html〉。
総務省（2019）「地方公共団体間の事務の共同処理の状況調（2018 年 7 月 1 日現在）」〈https://www.soumu.go.jp/menu_news/s-news/01gyosei03_02000046.html〉。
田村明（2000）『自治体学入門』岩波書店。
田村秀（2003）『市長の履歴書――誰が市長に選ばれるのか』ぎょうせい。
西尾勝（2001）『行政学〔新版〕』有斐閣。
松本英昭（2015）『要説 地方自治法 第九次改訂版』ぎょうせい。
文部科学省（2019）「令和元年度学校基本調査（2019 年 5 月 1 日現在）」〈https://www.mext.go.jp/b_menu/toukei/chousa01/kihon/kekka/k_detail/1419591_00001.htm〉。

索　引

【サ行】

【タ行】

【ナ行】

【ハ行】

【マ行】

【ヤ行】

【ラ行】

【ワ行】

執筆者紹介（執筆順）

西岡　晋（にしおか　すすむ）　編者，担当：はしがき，序章，第10章，第11章
東北大学大学院法学研究科教授
主要業績：
『日本型福祉国家再編の言説政治と官僚制――家族政策の「少子化対策」化』（ナカニシヤ出版，2021年）
『大統領制化の比較政治学』（共著，ミネルヴァ書房，2019年）
『ダイバーシティ時代の行政学――多様化社会における政策・制度研究』（共著，早稲田大学出版部，2016年）

廣川嘉裕（ひろかわ　よしひろ）　編者，担当：はしがき，序章，第6章，第7章
関西大学法学部教授
主要業績：
『政府－NPO関係の理論と動向――日・英・米におけるパートナーシップ政策を中心に』（関西大学出版部，2017年）
「観光まちづくりの概念・論点と活動事例に関する研究――地域固有性・内発性・持続可能性の観点を中心に」『関西大学　法学論集』第71巻第2号（2021年）
「観光による地域活性化の要素と活動における課題――地域資源の発掘と活用の問題を中心に」『関西大学　法学論集』第69巻第1号（2019年）

大藪俊志（おおやぶ　としゆき）　担当：第1章，第8章
佛教大学社会学部公共政策学科准教授
主要業績：
『ダイバーシティ時代の行政学――多様化社会における政策・制度研究』（共著，早稲田大学出版部，2016年）
『現代政治の理論と動向』（共著，晃洋書房，2016年）
「行政システムの変容―1980年代以降の行政改革―」『経済学論纂』第58巻第3・4合併号（2018年）

河合晃一（かわい　こういち）　担当：第2章，第3章
金沢大学人間社会研究域法学系准教授
主要業績：
『政治権力と行政組織――中央省庁の日本型制度設計』（勁草書房，2019年）
『現代日本の公務員人事――政治・行政改革は人事システムをどう変えたか』（共編著，第一法規，2019年）
David Brown and Jacek Czaputowicz（eds.）*Dealing with Disaster: Public Capacities for Crisis and Contingency Management*（共著，The International Institute of Administrative Sciences，2021年）

堀田　学（ほった　まなぶ）担当：第 2 章，第 5 章
新島学園短期大学キャリアデザイン学科准教授
主要業績：
『対立軸でみる公共政策入門』（共著，法律文化社，2019 年）
『地方自治の基礎』（共著，一藝社，2017 年）
『ダイバーシティ時代の行政学――多様化社会における政策・制度研究』（共著，早稲田大学出版部，2016 年）

藤原真史（ふじはら　まさふみ）担当：第 4 章，第 15 章
山梨大学大学院総合研究部生命環境学域社会科学系准教授
『政策過程の理論分析』（共著，三和書籍，2012 年）。
「国土計画における地方」『季刊 家計経済研究』第 82 号（公益財団法人家計経済研究所，2010 年）
「パブリックコメント手続の 10 年」『都市問題』第 100 巻第 12 号（公益財団法人後藤・安田記念東京都市研究所，2009 年）

大谷基道（おおたに　もとみち）担当：第 9 章，第 14 章
獨協大学法学部教授
主要業績：
『東京事務所の政治学――都道府県からみた中央地方関係』（勁草書房，2019 年）
『現代日本の公務員人事――政治・行政改革は人事システムをどう変えたか』（共編著，第一法規，2019 年）
『災害連携のための自治体「応援職員」派遣ハンドブック―東日本大震災のデータと事例から』（共著，公人の友社，2021 年）

寺迫　剛（てらさこ　ごう）担当：第 11 章
ノースアジア大学講師
主要業績：
『政府間関係の多国間比較――中間政府への権限移譲の実態』（共著，慈学社，2021 年）
「ドイツ，テューリンゲン州における中層官庁の制度発展――TLVwA は生き残れるか」『秋田法学』第 62 号（ノースアジア大学法学研究所，2021 年）
「東日本大震災からの復興期間最終年の復興庁――設置期限延長に至る過程」『季刊　行政管理研究』第 172 号（(一財)行政管理研究センター，2020 年）

松岡清志（まつおか　きよし）担当：第 12 章
静岡県立大学経営情報学部講師
主要業績：
『ダイバーシティ時代の行政学――多様化社会における政策・制度研究』（共著，早稲田大学出版部，2016 年）
『地方自治の法と行財政』（共著，八千代出版，2012 年）
『コレーク政策研究』（共著，成文堂，2007 年）

宇野二朗（うの　じろう）　担当：第 13 章
横浜市立大学国際教養学部教授

主要業績：

「これからの地方公営企業はどのように位置づけられるか」『都市問題』第 110 巻第 10 号（2019 年）

「再公営化の動向からみる地方公営企業の展望」『都市とガバナンス』第 25 号（2016 年）

「地方公営企業の連携を考える」『地方財政』第 54 巻第 2 号（2014 年）

行政学

2021年10月15日　第1版第1刷発行　　検印省略

編著者　西　岡　　晋
　　　　廣　川　嘉　裕

発行者　前　野　　隆

発行所　株式会社 文　眞　堂

東京都新宿区早稲田鶴巻町533
電　話　03（3202）8480
FAX　03（3203）2638
http://www.bunshin-do.co.jp/
〒162-0041 振替00120-2-96437

製作・モリモト印刷

価格はカバー裏に表示してあります
ISBN978-4-8309-5138-1 C3031